博物館の理念と運営
利用者主体の博物館学

布谷　知夫　著

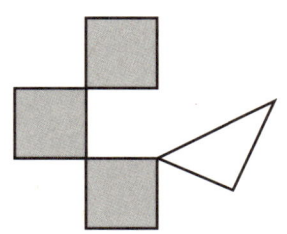

雄山閣

博物館の理念と運営
―利用者主体の博物館学―

目　次

第1章 序論 ———— 1
　第1節　研究目的 ——— 2
　第2節　英米の博物館と利用者とのかかわり ——— 4
　　1　イギリスの博物館の歴史と利用者との関係
　　2　アメリカの博物館の歴史と利用者との関係
　第3節　日本の博物館の歴史から ——— 12
　　1　博物館前史
　　2　啓蒙のための博物館（明治時代）
　　3　通俗教育（社会教育）の発達と地方の博物館の誕生（大正時代）
　　4　近代型の博物館の始まり（昭和初期）
　　5　地域からの博物館作り（第二次世界大戦後）
　　6　明治100年を記念した博物館群（昭和40年代）
　　7　地域とむすびついた博物館をめざして（昭和50年代）
　　8　博物館多様化の時代
　　9　日本の博物館の理想像
　第4節　英米と日本の博物館 ——— 26
　第5節　博物館のイメージ ——— 29
　第6節　先行研究からわかる博物館像 ——— 34
　　1　博物館の種類についての議論
　　2　総合博物館とは

第2章 利用者の視点に立った博物館の理念 ———— 39
　第1節　人はなぜ博物館に行くのか ——— 40
　第2節　「総合博物館」から「テーマ博物館」へ ——— 47
　第3節　「環境」をどう考えるか ——— 50
　第4節　参加型博物館であるための条件 ——— 55
　　1　問題の設定
　　2　博物館における参加型活動の位置付け
　　3　第三世代の博物館とは
　　4　博物館が参加型であるための条件
　第5節　博物館を活動の場とするボランティアの位置付け ——— 66
　　1　日本におけるボランティアの議論の変遷と特徴

2　博物館でのボランティアに関する議論と意味付け
　　3　博物館でのボランティアのあり方

第3章　利用者の視点に立った博物館の実践ーーーー 81
　第1節　博物館で行なわれる研究の特徴ーーー 82
　　1　学芸員による研究
　　2　学芸員と博物館にかかわる人
　第2節　博物館利用者との関係（普及から交流へ）ーーーー 93
　　1　交流の事業
　　2　住民参加型調査と博物館利用者の自主的な活動
　　3　学校と博物館との連携事業
　第3節　利用者にとっての博物館資料ーーー 120
　　1　博物館資料と研究およびその利用
　　2　博物館資料としての情報
　　3　博物館の図書室
　第4節　来館者と展示とのかかわりーーー 160
　　1　作る側の視点
　　2　地域の情報をわかりやすく展示する
　　3　展示室での展示解説
　　4　企画展示
　　5　子どもの利用と博物館

第4章　使いやすい建物とはーーーー 183
　第1節　博物館の建物ーーー 184
　第2節　ハンディキャップ対応の考え方ーーー 196
　第3節　ショップとレストランーーー 198

第5章　結　論ーーーー 203
　要約　209
　引用文献　215
　あとがき　233

第1章 序　論

　日本における博物館に関する議論は、この10年ほどの間に非常に活発になってきている。その議論のひとつの特徴は、利用者を意識した博物館のあり方が求められ、また実践的な課題として議論がされはじめたことである。本書ではこれまでの議論を振り返りながら、利用者の視点に立った博物館とはどのような理念を持ち、どのような実践活動を行なうべきであるのかを論じるものである。

　序章では、日本がある時期にモデルにしてきたと言われている英米の博物館と日本との比較や、日本では博物館がこれまでどのように捉えられてきたのかといったことを分析し、「利用者の視点に立った博物館」について議論をするための基礎的な基盤を明らかにしようとするものである。

「空から見た琵琶湖」と「琵琶湖40年」展示。1万分1の航空写真とこの40年を象徴する出版物、映画、おもちゃ、電化製品などの展示。

第1節　研究目的

　博物館を取り巻く状況はここ数年、大きく変わりつつある。時代的な話題としては不況のために閉館になる博物館が目立ったり、類似施設との競争に負けているというような話も多い。しかし一方で、博物館に関する議論が盛んになり、海外から博物館学の研究者が多数来日して日本の研究者や現場の学芸員と交流をし、また博物館の積極的な評価作業が始まったことで、博物館界全体の活性化が図られようともしている。
　このような議論の中で、もっとも特徴的なことは、議論のテーマが博物館の運営ではなく、博物館とその利用者とのかかわりについて、行なわれるようになったことである。博物館の機能の中では生涯学習機関としての部分が注目をされるようになり、日本の博物館の将来像を日本博物館協会 (2001, 2003) がまとめた二つの文書のタイトルにおいても、「市民とともに創る新時代博物館」という言葉が使われている。
　しかし利用者とのかかわりを求める議論は、博物館の持つ学習機能のみに議論が集中して、逆に博物館の総合的な部分について目を向けていない場合が目立つ。博物館が生涯学習において大きな効果を発揮でき、たくさんの利用者が集まる理由は、単なる面白い学習のプログラムを博物館が持っているからではなく、博物館の研究や資料の集積を背景とした情報の発信があるからである。博物館は楽しい場所であることが求められるようになっているが、その楽しさは、テーマパークなどのように、だれに対しても同一の楽しみ方を、一過性で提供するのではなく、博物館に蓄積されている情報を使って、多様な利用者が、その人なりに選んだ楽しみ方ができ、その結果が自己学習につながるような楽しみ方ができることであり、それが博物館ならではの楽しみ方である。
　博物館利用者とのかかわりを議論するためには、学習活動だけではなく、博物館のすべての機能について点検を行ない、その機能を生かした博物館らしい活動ができるようにする必要がある。もちろん、これまでの博物館学の中でも、さまざまな議論は行なわれてきたが、これまでの議論はどちらかというと、博物館を運営する側の視点で、どうすればトラブルを起こさずに運営できるのか、

資料を保存できるのか、というような内容であり、非常に技術的なことが多かった。

　利用者の視点を持って、改めて博物館のありようを考えるためには、学習活動について検証するだけではなく、博物館が行なう、研究活動・資料整備活動・展示活動・交流（学習）活動などのすべての活動分野にわたって、改めて利用者の視点で見直してみることが必要である。そのような作業によって始めて、例えば資料の収集の目的などのような、なんとなく常識のように考えられてきた博物館の活動にも見直しの必要があることが分かるであろう。そしてそれは博物館とは何か、ということを改めて議論することにつながる。

　筆者の布谷は、1996年に開館した滋賀県立琵琶湖博物館の開設準備と開館後の運営に携わり、「利用者のためにある博物館」の姿について議論を続けながら、実際の博物館運営に当たってきた。本書は滋賀県立琵琶湖博物館を主な事例としながら、筆者が考える「利用者のための博物館の理念」とはどのようなものであり、さらにそのような博物館が行なう博物館事業とはどのようなものであるのか、ということについて明らかにしようとするものである。

第2節　英米の博物館と利用者とのかかわり
　　　　　－その歴史的な経過からわかること－

　日本の博物館はそのもっとも初期から英米などの博物館をモデルとしてきた。したがって、博物館と利用者との関係について考えるためにも、英米の博物館での利用者とのかかわり方がどうであったのかということを確認しておくことが必要である。ここでは英米の博物館の近年の歴史を簡単に見ながら、博物館と利用者のかかわりについての考察を行なう。

1　イギリスの博物館の歴史と利用者との関係
　人は大昔から物を集め、整理し、ある程度の量が集まると人に見せてきた。そのような営みは人の本能としてあったに違いない。物を集めて公開するという博物館的な施設の萌芽的な形態はそれまでにもあったのだろうが、普通は博物館の歴史の最初にあげられるのはギリシアのムセイオンである。このムセイオンは芸術家や詩人や学者が自由に集まる場であり、貴族の青年の研究と教育の場であり、結果として資料や文献が集まり、博物館的な機能とともに、図書館でもありまた動植物園的な機能も持っていたと言われている。
　その後、ヨーロッパ社会の発展にともなって、貴族のコレクション収集と公開、小国家ごとのコレクションの収集と公開が行なわれ、やがて保存と公開の場として博物館が位置付けられるようになる。国の威信の高揚をかけたコレクションの場となり、また世界支配の象徴としてのコレクション公開の場となっていった。そして後の近代社会ではこれに加えて教育普及の場としての博物館が誕生する。
　イギリスは大英博物館に象徴されるように、伝統的な博物館活動を行なってきた国であり、大量の資料の蓄積と、その資料の研究が博物館の柱となってきた。しかし1970年代の深刻な経済危機によってすべての事業の見直しが行なわれ、70年代後半のサッチャー政権によるいわゆるサッチャー改革によって、博物館においても利用者を増やすことを意識的に追求することが課題となり、マーケティング調査の実施や、時代的な要請としての環境を取り上げた展示などが行なわれるようになってきた。そして19世紀の「芸術作品や芸術活動に注目

することによって人々の精神を教育する」(アンダーソン, D. 1999:100-389) というような博物館の目的から、「博物館の資料・知識をすべて教育資源」と位置付けて、博物館を教育の場とするようになっている。

また1997年に成立したブレア政権も「政策の最重要課題は、1に教育、2に教育、3に教育」というスローガンを掲げており、博物館は教育施設であるという姿勢で臨んでいる。

こうした中でDavid Andersonが1997年にまとめた報告書 "A Common Wealth" は博物館を学習センターと位置付けて、その機能を効果的に発揮できるようにするにはどうしたらいいかをまとめたもので、博物館を教育的、社会的、経済的、そして精神的な価値に関する公共教育のための資源、諸国民の富として位置付け、博物館の教育活動を発展させるための12の戦略目標をあげている。この報告書はイギリスの博物館の目指すべき方向として位置付けられ、1999年には "A Common Wealth: Museums in the Learning Age" として改定版が出版されている。

そしてこのような流れを受けて、イギリス博物館協会による博物館の定義は、1984年には「博物館とは、公共の利益のために、物質的な証拠とその関連情報の収集、記録、保存、展示、解説を行う施設である」とされていたものを、1998年には「博物館は、社会から委託された資料や標本を収集・保存し、利用しやすくする組織であり、そのコレクションにより、人々が知的興奮や学習、楽しみを得ることを可能にしてくれる施設である」という内容に変更され、教育に特化した定義になっている。

このようにイギリスにおいてもこの10年ほどの間に急速に、しかも国家の政策として、博物館は教育の施設と見られるようになってきたようである。上記の新しい定義には、研究ということがまったく触れられていないが、もともとイギリスの博物館は、大学等と同格で研究を行なってきた経過があり、博物館の活動として取り上げる場合には、研究はしていて当たり前であるため、研究以外の事業部分の活動だけが強調されているのではないかと思える。しかし、そうはいいながらも、研究部分での予算の削減は深刻なようであり、資料整備や研究よりも、教育には予算がつきやすいという状況になっている (栗原 2001)。

しかしここにおいても博物館の教育として何に重点を置いているのか、ということは見ておく必要があるだろう。イギリス政府の言う教育重視の中では、博物館に対して、文化の多様性、社会的弱者やマイノリティ、身体障害者を排

除することのないように求めており、"A Common Wealth"ではその内容をも含めて、「博物館はすでに学習時代に入っている」として、あらゆる場、あらゆる機会に教育を行なうというような内容となっている。

しかしアンケートの結果に示されている教育活動を行なっている博物館の率が必ずしも高くないことや、1990年から1995年の間に、大学生が100万人から400万人になった、というような記述は、そういうイギリスの社会が博物館に期待している背景として、注目できるように思われる。

また「知は成長し、富を産み出す」ものであって、その牽引車が博物館であるという基本的な考え方は、やはり博物館と利用者との関係において、利用者が博物館を活用して主体的な学習を進めるという姿勢にはならないように思えてならない。博物館と利用者との関係は、対等であるはずであり、一方的な教育ではないと考える。やはり「A Common Wealth」の議論では博物館は学校を補完する、あるいは学校に代わると言いたいような知識教育のための施設を目指そうとしているようであり、全体的な議論にも、博物館の利用者の個人的な活動が見えてこない。

イギリスの博物館教育の中心となっているレスター大学の研究者たちがまとめた"The Educational Role of the Museum"の編集者であるHooper-Greenhill, Eilean (1994:1-6) は、この本のイントロダクションの中で、博物館の展示の主要な効果のひとつは教育であること、そして昔は博物館の教育は、学校の子どもたちに教育をすることを意味したが、今日では、博物館の教育は、学校と地域への両方の、幅広い利用者へのサービスを含んでいる、としながら、博物館は生涯教育への対応が大切で、博物館の教育は展示と教育プログラムであるとしている。そして、展示は企画開発や来館者調査、教育普及、管理・運営と総合的に位置付けて考える必要があることを強調している。そして同書の第二版 (1999) では、コミュニケーション、カルチュラル・スタディーズ、ポスト・モダニズム、構造主義などについての議論も含めており、やはり地域の多様な人々を受け入れる施設としての博物館を意識した議論が行なわれている。

こうした議論の基本は、学校と地域（生涯学習）を対象とした教育にあり、その地域のすべての社会的階層が利用できるようにすること、そのための展示と教育プログラムという方向性を持っているようである。教育についての議論であるために博物館の運営全体についてはあまり触れられていないということはあるだろうが、博物館の利用者個人がどのように博物館を活用し、その結果、

その個人が自らの学習の成果としてどう変わるのか、ということは、これらの議論からは見えてこない。つまり教育学的に見た博物館利用とその効果の研究ではあっても、利用者の自主性やその利用者の変化という面からの分析ではないように思える。

2 アメリカの博物館の歴史と利用者との関係

アメリカの博物館の歴史の概略を簡潔にまとめると（SpiessⅡ、Philip D. 1996:38－47; Zeller, Teeey 1996:48-50; Washburn, Wilcomb E.1996:60-63）以下のようになる。

アメリカは、その国の歴史が若いため、博物館の歴史もそれほど長いわけではない。むしろその初期にはアメリカという国のアイデンティティーを確保するために、大富豪が寄付をして、大規模博物館を建設するというようなことが各地で行なわれた。

初期の博物館は、ヨーロッパの博物館と同様に、珍しいものを陳列するための展示場としての機能が強く、1910年代に入って資料研究や整理の専門家の養成が行なわれるようになり、博物館としての考え方なども整備されてくる。やがて、第一次世界大戦のころから博物館は啓蒙の場として位置付けられるようになり、やはりヨーロッパの博物館の展示手法や分野別の博物館などに学んで、さまざまな形態の博物館展示や博物館が作られるようになっていく。そして第二次世界大戦前後からは、博物館は教育機関あるいは一種の娯楽機関としての扱いを受けるようになり、大量の博物館資料とその研究成果を蓄積しながらも、展示施設としての面が強く注目され、その後もこの時期の博物館の社会的な位置は長く続くことになる。

なお、戦時中には男子館員の多くが軍務等に就いて不在となってしまったために、女性が中心になって運営する博物館が多数生まれ、やがて終戦後には、それらの女性職員の多くは職を失うことになるが、それらの高学歴で高所得の女性たちが、博物館のボランティアとして博物館活動に参加するようになり、中流階級の女性のボランティアの場として評価を受けることになっていく。そしてこのことは、博物館という場をアメリカの中産階級の文化的な価値観を来館者に与える場としての博物館像を作ることにつながっていったという指摘がある。

これに対して、1950年代や1960年代になると、博物館も社会問題を反映して、

アフリカ系アメリカ市民やヒスパニック等の少数民族問題が展示され、博物館の裾野を広げることになった。1966年には全米博物館法が制定され、それにのっとって各種の助成金制度が作られ、一方で、助成金によって、博物館の統制が行なわれることにもなる。

政府や企業からの助成金などの後押しも得て、1970年代には、環境問題などの社会問題を展示する施設としても発展するが、その後の石油ショックによって、博物館界は大きなダメージを受ける。

そのようなことから、博物館の社会的な位置付けなどが改めて議論されたのが、1980年代である。より多くの来館者を求めて、それまでの研究者スタッフが中心の博物館から、マネージメントの重視、展示室での教育専門担当者の出現など、現在のアメリカの博物館の際立った特徴は、ほぼこのころに確立したといえそうである。博物館は十分な資金を企業から受けるためにも、地域社会や市民の要求にこたえるためにも、教育を重視することになり、市民社会からの要求にこたえて、教育専門職の充実が求められることになった。この時期に、博物館の教育職と研究職の位置は逆転し、博物館の運営の中心は教育専門職の手に移っていったといえる。

そして博物館はますます来館者を増加させることを目的とした運営に特化し、教育を博物館の中心的な課題として打ち出すことになる。しかし一方で、大型の持ち込み展示が多数になっていき、博物館での研究の質の低下、学芸職員の地位の低下などが起こっている。

アメリカの博物館では教育機能が非常に重視されているということは定評となっている。そして現在の博物館の姿をもっとも端的に示しているのは、"Excellence and Equity"(Hirzy, Ellen Cochran 1992:1-27) というAAM(American Association of Museums)の文書である。この文書は1989年に作られた「博物館教育に関する特別委員会」の報告書を1991年のAAM理事会で採択し、決定したものである。博物館教育に対する報告書とは言いながら、博物館の発展のための、中期戦略計画書というような内容である。

この報告書はタイトルにあるように、博物館という場の卓抜さを生かしながら、地域社会のあらゆる利用者に対して公平な対応ができるような博物館、ということを目指すもので、10項目の行動計画が述べられている。しかし内容的には、卓抜さについては、1984年に出されたAAMの報告書「新世紀の博物館」を

引用してコレクションの大切さに触れて、別の項目で学術研究にふれている程度で、一方の公平さの方にページを費やしており、公平性の維持、利用者の多様さ、文化の多様さということが繰り返し述べられている。博物館を利用する地域社会に対して、平等に公共サービスとしての博物館教育を行なうことを強調する意図がある。

　そしてこの前後にはアメリカの博物館の動向を見ることができるようないくつかの論文なども出されている。"Museums and Communities: The Politics of Public Culture"は1991年に行なわれたシンポジウムの論文集、2冊のうちの1冊であり、イントロダクション（Karp, Ivan 1992:1-17）で、多様な博物館と多様な歴史と文化、そしてその両者の関係が課題とされ、本文の17の章では、多様な文化を博物館ではどのように表現し、利用者から意見を聞き、地域とかかわっていくのか、またその資料をどう表現するのか、という視点で書かれた文書が寄せられている。

　またthe Journal of Museum Education に掲載された論文集 "Patterns in Practice: Selections from the Journal of Museum Education"（1992）もこの時代のアメリカの博物館での議論が反映されたものであるが、例えばBrown, Claudine K.（1992:3-9）は、多文化社会の中で、博物館はそれぞれのグループに目を向けた教育活動を行なう場としている。そして同じ論文集 "Transforming Practice: Selections from the Journal of Museum Education1992-1999"（ed. Hirsch, Joanne S. and Lois H. Silverman 2000:）においても、この10年間で博物館が変わったこととして、博物館の専門性を生かしてCommunityや異なる文化の中でそれぞれに対応した役割を演じるという社会的な対応を行なうようになっていることをまず第一に挙げており、本文に掲載されているエッセイでも、多文化の中での展示のあり方や展示を見る視点、若い人たち、子どもの博物館など多くの事例が挙げられているが、全体的なキーワードはCommunityであり、博物館と地域社会とのかかわりについて論じられた論文が多い。1980年代の後半から1990年代には、多民族社会であるアメリカの事情を反映して、すべてのCommunityに対応できる博物館のあり方を、一方では文化論として、そして一方では非常に政治的な背景を持ったものとして議論がされている。

　そして博物館で行なう教育については、"Excellence and Equity"（1992:1-27）に見られるように、教育を博物館の諸活動の中軸にすえ、社会の多様性を反映させて、利用者に提供する学習機会を増やし、解説においても、利用者が多彩

であることを意識して、知的・文化的視点の多様性を明らかにすることがうたわれている。

　博物館の利用者が博物館でどのように学ぶのかということを体系的に述べたのは、Fork, J. H. and Dierking, L. D.（1992）であろう。彼らは、博物館の建物や展示のほか、すべての機能が来館者の学習に関連しているとして、博物館の利用効果について論じている。しかしこのとき、基本的な対象は家族連れでの博物館の見学であった。彼らは "Learning from Museum"（2000:1-14）においては、多くの学習の機会がある中で、個々の学習ニーズに対して効果的に博物館が対応することについて論じ、博物館は利用者がなぜ博物館を利用するのか、何を求めているのか、博物館の展示室に何をもとめるのかを理解して、対応する必要があることを述べている。

　以上に述べたような幾つかの論文やAAMの報告書では、博物館にとって教育機能はもっとも大切であることが主張されている。しかしその対象は多様な文化をもった地域社会であり、さらに基本的には、博物館来館者への教育活動、例外的に学校での授業や移動展示である。ここで議論されていることは、ほぼ博物館が利用者を教育する、もっとはっきり言えば、学校教育が行き届かず、博物館には来ないような人々に、どのようにすれば博物館を訪ねてもらえて、教育に参加してもらえるのか、というような視点で議論がされているように思える。例えば先の "Transforming Practice" の中で、非公式の学習（informal learning）の章で学習への動機付けについて論じたもの（Paris, Scott G. 2000）でも、個人が学ぶ際に博物館から提供する情報やプログラムを、その個人の知識の内容にどうかかわらせることができるのか、というような議論がされている。

　そのため博物館の利用者といいながらも、博物館は個人にとっての自主的な学習の場とは捉えられておらず、利用者個人が博物館を活用してどのように変わっていくのかはほとんど触れられていない。また博物館の教育活動に対して、博物館の資料や研究者の研究成果がどのようにかかわるのかというような、博物館の教育以外の機能とのかかわりについては、議論がほとんどされていない。

　そしてJohn Forkらの議論においても個人とはいいながら、集団の中の「ある人」であって、その個人の顔が見えてくるわけではない。このような点は現在の日本の博物館の現状や求められている議論とはかなり異なることである。日本での博物館の学習についての議論の中心は、個人の学習意欲とその評価であり、特に利用者が主体となる自主的な学習をどうすすめるのか、ということで

あろう。
　さらにアメリカの博物館での教育職と研究職の分担は、その両方の業務をすべて行なっている日本の学芸員の現状とは異なるため、議論を比較することはほとんどできない状態である。
　なお、このようなアメリカでの、地域社会から博物館がどのように見られているか、どのように利用してもらうのか、という議論から、展示評価（Museum Evaluation）というひとつの分野が発展することとなった。展示評価は研究ではなく、展示を利用者に迎え入れてもらうための実践的な調査活動であるが（American Association of Museum 1987:1-94; Borun, Minda and Randi Korn. 1999:1-177; Diamond, J.1999:1-192;Hood, M. 1986:24-31）、現場での展示評価の発展にあわせて、展示評価にかかわる研究も行なわれるようになっている。
　展示評価の基本的な考え方は、博物館の展示が来館者にどのようなメッセージを伝えることができるのかを動線調査や来館者へのアンケートなどから調べ、その結果から博物館の意図がより正確に伝わるように展示の改善をしていくという実践的な作業であり、事前調査や事後の調査など、さまざまなテクニックが開発されている。
　しかしこのような展示評価の研究あるいは現場での評価は、その内容の性格上、やはり展示の意図が伝わっているかどうかを技術的に調べる作業として行なわれており、展示の改善には効果をあげているものの、展示のあり方についての議論には向かわず、博物館が行なう教育活動やその他の博物館の事業などとの関連は論じられてはいない。
　なお、展示評価については古くから日本にも伝わってきていたが、その内容についてはほとんど具体的な形で論じられることはなかった。しかしごく最近になって、詳しい内容（三木美裕 1999:633-701;滋賀県立琵琶湖博物館・滋賀県博物館ネットワーク協議会　2000:1-209）が紹介されるようになっている。
　英米の博物館は長い歴史を持ち、日本の博物館のモデルとされた時期はあったが、その背景となる社会状況には大きな差がある。特に利用者とのかかわりについては、英米の博物館はより教育的であり、学校教育の補完をするような、知識の伝達を大きな課題としており、学校とは離れた生涯学習の場となっている日本とはかなり異なっている。

第3節　日本の博物館の歴史から

　日本には非常に多くの博物館が存在しており、その規模や設置目的などもさまざまである。そしてかつては日本の博物館は英米の博物館をモデルにして作られてきたという側面もあったが、すべてがそうであるわけではなく、やはり日本社会を反映した博物館作りがされ、利用者とのかかわりがあったはずである。そうした結果として、今後、どのような博物館が必要なのかという近年の活発な博物館に関する議論が起こってきているということがいえる。ここでは利用者と博物館とのかかわりを中心にしながら、日本の博物館の歴史を概観し、今日の議論の背景を確認しておきたい。

　日本の博物館の歴史については、すでに多くの研究例（椎名 1988:1-366、1993:1-195;伊藤 1978:82-218;吉見 1992:1-300;岩淵 19951-224 など）があり、明治以前からの博物館的な施設あるいは博物館の萌芽的な施設などの紹介が行なわれ、また明治以後の万国博覧会からはじまる近代的な博物館の歴史の詳細も分かってきている。中でも伊藤の時代を追った課題の整理や椎名の博物館史の議論は詳細を究めており、学ぶところが多い。しかしここではそれらの中身にはふれず、博物館と利用者とのかかわりかたという観点を足がかりにして、日本の博物館における時代ごとの特徴だけを簡単に述べる。なお、個別の歴史的な経過については先に引用した文献に拠るものである。

1　博物館前史

　日本において、博物館の歴史の最初にあげられることが多いのは、正倉院であろう。光明皇后が東大寺に施入したとされる宝物庫で、天皇家の四季の儀式の道具や、その時代のさまざまな生活用品などが保存され、時代の最先端の技術や大陸から伝わってきた品物や技術などをうかがい知ることができる。しかしこの正倉院は基本的には保存のための施設であって、公開されることはなかった。それに対してその後の社寺の保存施設での宗教用具の保存と公開、あるいは出開帳などのいわば移動展示による本尊の公開などは博物館的な機能と言

われることがある。

　江戸時代に行なわれた物産会や薬品会などは、後の博覧会と同じ様な位置付けがされ、日本全国からさまざまな自然物や物産を集め、公開し、記録集もつくられるなど、常設ではないこと以外は、現在の博物館の展示機能に近いものであると考えられてきた。そしてこの様な会は江戸以外でも全国の各地で行なわれていた。日本においてもこうしたさまざまな経過を背景として近代の博物館が生まれてきたと考えるべきである。

　最近の議論の中で、日本の博物館は、外国からの導入であり、そのための弱点があるという様なことが言われているが必ずしもそうではないと考える。そういう意味では、今後の博物館はどういう施設であるべきなのか、あるいはどういう施設が望まれているのかは、こうした日本の博物館の歴史の中からも見えてくるのではないか。

2　啓蒙のための博物館（明治時代）

　江戸時代末期には日本からも海外に使節が派遣され、世界の各地の博物館を見学してきたという記録がある。そのような記録では、博物館というものが何をしている所なのかが必ずしもよくわからず、百貨館、博物所、などのいろいろな名前で呼び、その印象が書き記されている。博物館という言葉を使い、広くひろめたのは福沢諭吉の『西洋事情』で、その中で、アメリカの施設を博物館という名前で紹介し、本が当時の大ベストセラーになったことによって一般に博物館という用語が浸透していったとされている。

　その後パリで行なわれた万国博覧会への出品（1867年）なども契機となって、明治の初期に創設された文部省に博物局ができ、文部省博物館の名前で最初の博覧会（1872年）が行なわれた。この博覧会は好評のため、会期終了後も10日に2日だけは公開するというような処置がされている。1873年には統一国家としての対外的なアピールの場と位置付けてウィーン（1873年）での万国博覧会に出品し、この準備のため全国各地から出品物を集めており、この出品が契機となってその資料を展示する博物館が必要となり、当初の湯島の博覧会場から山下門内へ、次いで上野に場所を移してやがて（内務省）博物館の誕生へと続いている。

　この時期の博物館は最初は全国から珍しい物品を集めて来館者に見せて知識を広めること、その後は動植物や歴史美術などを集め、同じく知識の普及とい

うことが目的であった。また明治初期の混乱期が終わって、旧藩を自由に行き来ができるようになったため、全国各地の珍しい物や工芸品などを紹介する事で、日本の国のアイデンティティーを高める事を目的としていた。その意味では政府からの一定の知識を材料にした啓蒙のための施設として博物館が位置付けられていたと考えられる。

この時期の博物館には大きく二つの流れがあり、ひとつは文部省が設置した教育博物館（現在の上野の国立科学博物館の前身）と、もうひとつは内務省が設置した博物館（現在の上野の東京国立博物館の前身）で、この両者は幾度も名前や内容を変えながらも日本の博物館の草分けの時代の中心博物館としての機能を現在まで持ち続けている。

そして教育博物館はより学校教育に側面から貢献する事を大きな目的として教材開発や資料の貸出、教員研修などを行ない、全国各地に同様の主旨の県立教育博物館が作られた。また博物館は歴史美術の博物館としての内容を固めながら、奈良、京都の帝国博物館（後に帝室博物館）や全国各地の歴史博物館へとつながっていく。

3 通俗教育（社会教育）の発達と地方の博物館の誕生（大正時代）

大正時代は、大正デモクラシーの時代である。近代市民社会の確立とさまざまなイデオロギーの台頭に対して、通俗教育（社会教育）の必要性が主張され、また第一次世界大戦に際しては、子供のころから科学知識を身につける事の必要性が同時に為政者の意識となり、そのための科学教育の施設としての博物館が見直された。

そのため珍しい物や教育的な物を見てもらうための展示だけではなく、一般公衆を教育するための施設として、生物や地学的な展示や、物理化学を含めて、生態展示や、触って操作できる展示などが工夫されていった。また展示だけではなく、現在の博物館が行なっている講演会などの初歩的な催しも行なわれるようになっている。

教育博物館は、東京教育博物館という名前で再出発し、社会教育施設としての性格を明確にし、後には自然科学の博物館としての位置付けがされた。また全国各地で一般向けの博物館として地方博物館が誕生し、また文化財の保護と公開という考え方が広まり、地方の博物館の誕生とも結びついていった。また学校内の博物館的な施設作りや、科学技術系の博物館作りなども各地で行なわ

れるようになっていった。

　この時期の東京大正博覧会には1000万人に近づくような入館者（伊藤1978:1111）があり、博覧会等への参加が契機となって、博物館というものに対する認識に変化が現れて、学ぶ場としての博物館が一般化してきつつあった時代といえるであろう。

　公立の地方の博物館のほか、企業、個人などさまざまな設置者による博物館作りが行なわれるようになり、大正年間には全国でおよそ160ほどの博物館（伊藤　1978:113）が設立されていたという。

4　近代型の博物館の始まり（昭和初期）

　第二次世界大戦前の時代は、ファシズムと言論思想統制の時代であり、自由がなかった時代とされている。しかし、博物館の世界では、その制約を強く受けた部分と、博物館がその中でも発展していった部分とがある。

　日本中が、思想統制されるなかで、博物館においても、資源の獲得や国内産業の発展に資するための展示や活動が期待され、あるいは聖戦の意義の徹底などが目的とされた。また戦時中の博物館に関する答申では、「国が発展するためには科学の発達は欠かす事ができないため、博物館で科学好きの人を育てる」というようなことが博物館運営の目的としてうたわれるようになっていた。したがって博物館はそのような制約の中とはいえ、当時の社会教育の場として期待され、新しい博物館作りも各地で行なわれていた。

　一方で東京科学博物館は、資源確保の目的とはいえ、昭和15年（1940年）には研究部が設けられ、学術研究機関としての位置付けを持ち、学芸官（研究者）を置き、海外学術調査の実施や研究報告書の発行などを行なっている。また一般社会教育としての事業や講演会などが各地の博物館で行なわれるようになり、現在の博物館の日常的な事業のスタイルがほぼこの時代にできあがっていった。

　昭和初期には文部省から全国に博物館設置の要請が出され、数年の間に各地に博物館が誕生している。そしてこのような博物館の組織として、昭和2年には博物館事業促進会（現在の日本博物館協会）が作られ、第1回の博物館並類似施設主任者協議会（現在の全国博物館大会）が開催された。

　また、個人や会社の博物館などが作られていき、現在も日本の博物館として活躍している斎藤報恩会博物館や白鶴美術館、日本民芸館などが設立されたのもこの時代であった。各地の郷土博物館も地方や農村部での教育の場として重

視されていた。しかしながら敗戦が近づくと共に、博物館は国家の総動員体制の中に位置付けられる事で社会的な認知を得る事ができるようになると同時に、逆にその具体的な活動を行なうことは困難となり、閉館に追い込まれ、活動を停止した博物館も多い。

5　地域からの博物館作り（第二次世界大戦後）

　戦後のこの時期は、全国的に活発な博物館作りとともに、利用者自身が博物館を作り、運営をしていくような、地域からの博物館作りがされた時代である。そういう意味では利用者が楽しめる、利用者のための博物館の原型はこの時代にすでにあったと考えられる。

　戦後の法体系の整備の中で、教育基本法が作られ、そのもとに社会教育法が作られ、さらに図書館法とともに博物館法が作られて、現在の博物館の体系が整備され、また学芸員の制度が確立し、学芸員が博物館の運営の中心になるという現在のスタイルができあがった。

　1946年（昭和21年）の日本博物館協会の調べた博物館数は137館、1953年では201館、1956年には216館へと博物館の数も増えていった（伊藤、1978:170）。

　この当時には、市町村単位で自分たちの博物館をつくろう、という動きが全国各地で起こった。まったく新たに市町村立の博物館を作ろうという動きや、あるいは戦前に設置されていたものの、戦中にはまったく活動が停止してしまっていた博物館を住民の要望と努力で建て直すというような活動が非常に目立った時期である。

　小学校の資料室の充実を当初の目的にして資料を集め、そのエネルギーがやがて地域の博物館へと結晶していった大井沢博物館、青年達が中心になって自分たちの博物館を作るために運動を起こし、地域を動かした結果として誕生した大町山岳博物館、博物館を作ろうという人たちが、博物館後援会を作り、機関誌を出し、各地に働きかけた結果、できあがった大阪市立自然科学博物館、米軍の空爆演習地反対運動を契機として、新しい町づくりを考える中で、観光だけではなく、地域を見直すための博物館を作ろうという声によって作られていった秋吉台自然科学博物館、公民館に寄贈された地域住民のコレクションが元になって作られた萩市科学館など、同じように地域の声が発端になって作られた博物館は、函館や網走から熊本、鹿児島まで、全国各地に作られていった。このような博物館は、利用者自身の希望により、多くの場合には資金の一部も

寄付金を使い、活動の目的や実際の運営にも住民の声を生かして作られており、そのような博物館という場が地域の文化やまとまりの中心となり、そのスタートの発端にかかわっただけではなく、その後も利用者の声を生かした活動がされていた。そしてそれらのうちの多くの博物館は、その後に展示や建物の作り替えなどをしながら、現在も日本の博物館の中心になって活躍をしている。

　この時代は急速な博物館建設の時代でもあり、私立の博物館や公立の博物館が数多く作られている。近代的な展示手法などはなく、建物も新たに建設をするというよりは公民館や学校の建物をそのまま使用しているような博物館が多いために、あまりこれらの博物館について話題に取り上げられる事がなかった。しかしこの時代の博物館の多くは既に述べたように住民が自分たちの手で作り上げ、その運営にまで参加するような形で進められたものが多い事は特筆すべき事である。現在において理想と考える博物館の運営スタイルである。利用者にとっての博物館を考えるための実例として留意すべきであり、その個々の内容がどのようなものであるかを検討することが、今後の博物館のありかたを考える上で重要である。

戦後期の博物館作りの例
大阪市立自然史博物館（千地 1975:2-14）

　大阪市立自然史博物館は、1948年に大阪市立自然科学博物館として誕生した。この博物館の場合には、その下地もあったのだろうが、大阪市に自然科学系の博物館が欲しいという市民の声が高まり、その結果として博物館ができてきたという典型的な経過をもっている。そのためまず最初に作られたのが大阪市立自然科学博物館後援会であり、アマチュアの研究者が中心となって一般市民や大学の教員を巻き込んでいわば行政への圧力団体として活動をし、同時に博物館ができるまでの間にすでに後援会としての観察会や調査活動、資料収集などの博物館の日常活動にあたる活動などを独自に始めた。

　1948年に自然科学博物館として開館した時には、実際にはまったく形だけの開館であり、市立美術館の奥の一つの部屋を確保し、館長と事務員一人だけの体制でスタートしている。しかしそのような体制であっても、後援会は開館後に自然科学研究会と名前を変えて博物館のバックアップを行ない、市民向けの自然観察会や当時としてはほとんど例のなかった、地域の総合調査などを行ない、やがて増員されていく学芸員とともに、博物館作りそのものを利用者の立

場で協力して作り上げていった。

　やがて小学校の跡地で、その校舎を博物館の建物として開館したのが1958年（昭和33年）の事であり、学芸員数は5人であった。この小学校の跡地はあくまで仮の博物館建物であり、将来は新しい施設を作ることが約束されており、その新館の建設に向けて、博物館としての活動を活発に行ない、当時、他の博物館ではあまり注目されていなかった研究を重視して成果を上げ、普及活動においても日本を代表する博物館としての評価を得る博物館となっていた。スタートが市民の声によって始まったことに象徴的であるように、日常活動においても市民と共に活動を行なうという姿勢が貫かれており、利用者の支持を受けた博物館として定着した日常活動を行なっていた。

　大阪市の事情で、新館が作られるのは1974年（昭和49年）まで待つことになり、新館がスタートする段階で、大阪市立自然史博物館という日本では最初の自然史博物館を名乗り、大阪自然科学研究会も、その名称を大阪市立自然史博物館友の会と変え、後援会的なスタイルから、博物館からは独立した博物館利用者の会、としての性格を明らかにした会として再スタートした。

釧路市立博物館（澤 1985:1-33）

　釧路市立博物館の前身である釧路市立郷土博物館が建設されたのは昭和11年（1936年）であった。釧路市の市長や助役などを含む有力者が中心になって教育会や各分野の研究会などの後押しで設立趣意書が作られ、中心となった担当者の努力の結果であったようである。

　第二次世界大戦中に休館となりながらも博物館には戦争の被害は少なく、まもなく開館したが、敷地を市役所が使用することになって移転し、昭和24年には市内のデパートのフロアーを使って再開したものの、短期間で閉鎖に追い込まれた。

　その後地域のサークル活動や文化活動の参加者や、市内の教育関係、会社、団体などからの博物館移転新設の要望や陳情などが相次ぎ、昭和26年に市関連施設を移転改築して、新たに開館した。このときのスタッフは館長1、事務職2、臨時職員1であり、全国のこの時期の博物館の多くがそうであったように、博物館活動の専門職員の数は極端に少なく、職員とともに博物館の利用者が博物館を手伝って運営をしていくというような体制であった。この様な体制で刊行物の発行や講習会、展示会などを順次行なっている。また市内小中学校の理科担

当教員とともに児童向けの講習会や採集会などを行なっていたということも、当時としては先進的な活動であったと考えられる。

　釧路市立博物館はその後も地域の規模の大きな発掘調査の中心となることで全国からの研究者や利用者のセンター的な活動を行ない、また市内の様々な専門家や考古学の研究会などのメンバーなどがいつも集まる活動場所となっていった。

　昭和30年代の中ごろからは再び新館移転の必要が生じてそのための準備などが行なわれて、その後のさまざまな動きの中で昭和58年に新しい建物のもとで再び開館をしている。この館の活動も利用者に支えられた活動を進めており、現在も博物館の初期の雰囲気を色濃く残した活動スタイルを持っている。

野田市郷土博物館（野田市郷土博物館 1999:5-25）

　野田市は江戸時代からも江戸に近いという土地柄からか、文化的な活動が活発に行なわれていた地域であり、戦前にも社会教育関連の団体、図書館の建設と読書会の開催など、さまざまな活動が行なわれ、戦後にも多くの文化団体が市内に生まれ活動していた。昭和22・23年当時にはそのような団体が、読書会、邦楽、囲碁、文学会、俳句など30近くあった。昭和23年にそのような会の代表が集って市の文化活動についての話し合いを持ち、その結果として、野田地方文化団体協議会が結成されている。この協議会には、民間の文化団体とともに、市の関係団体や地元の文化団体なども参加していた。この協議会としての町づくり運動、文化祭、その他のさまざまな活動の中から、郷土博物館の建設の希望がまとまり、昭和23年の市教育委員会への要望書の提出、昭和25年の郷土博物館建設の陳情書へと結びついていく。

　市長と議会議長へ陳情書を提出した後に、協議会では会の内部に「郷土博物館建設促進特別委員会」が設置され、毎週1回の会議を持ちながら、具体的な博物館の構想を練るとともに、博物館に展示収蔵する資料の収集も始めている。そして昭和26年、27年と市の教育委員会との共催で企画展示を行なう等の博物館としての活動を始めている。このような活動も基本的には民間の博物館を希望するものによるボランティア活動であった。

　そして昭和29年市議会の決議により「野田市郷土博物館建設準備会」が設置され、この準備会のメンバーのほとんどは文化団体協議会のメンバーが就任していた。市としての正式の準備会の発足によって博物館準備もより具体的、活

発に進められていった。この準備会の議論によって、博物館の運営方針や展示内容などを決め、資料の収集や研究なども進めていった。こうして昭和34年に博物館は開館を迎えた。

　野田市の場合は、市民の文化団体が中心になり、行政と地元の企業とが一体となって協力することで、博物館の建設にこぎつけた例であろう。

　以上に挙げた三つの例は少しずつ状況は異なるが、基本的には行政が一方的に博物館作りをするのではなく、将来の利用者である住民が声を上げ、具体的な博物館の基礎作りを行ない、初期の運営方針作りや日常活動にも直接参加して、その結果として博物館が作られた例であり、その後の博物館の運営も利用者の声を生かした活動が行なわれるようになっている。このような例はこの時代の博物館作りの特徴である。

6　明治100年を記念した博物館群（昭和40年代）

　1968年には明治100年を記念して国家規模の100年記念事業が行なわれ、その事業の中で、地域や府県を見直すための博物館作りが全国的に行なわれた。特に県立クラスの博物館が順次建設された時期である。また各地の歴史民俗資料館への国庫補助が行なわれたこともあって、1960年代の後半だけでも200館を超える博物館が新設された。1970年代に入ると博物館の数は1000館を超え、1973年には公立博物館設置基準が作られ、博物館の整備についての基準が決められた。この1000館という数字は博物館協会などによるいわば公式の数字であり、現在でもそうであるように、登録されていない私立の小さな博物館などを含めるとかなりの数になるものと思われる。

　この時期は、全国のどこの町にも博物館がある、というような状態になって、博物館が市民権を得るようになった時代ともいえるだろう。しかし逆に博物館新設のムードにのって、各地域に博物館を作ろうとしたため、どの博物館も国立博物館のミニチュアといわれるようにテーマが同じであって、個々の博物館の特徴が明確でなかったり、博物館としての日常の活動がほとんどないような博物館ができたため、博物館のイメージが上がった時代とはいえない。

7　地域とむすびついた博物館をめざして（昭和50年代）

　地域博物館という用語が使われるようになったのはこの時期である。地域の

博物館というものは当然ながらこれまでにも各地にあったわけだが、これまでの地域は暗黙のうちに、行政区画としての地域を意識して、その区割りされた地域を活動の場とする博物館運営が行なわれてきた。そしてそのような博物館のスタイルは、国立博物館の地方版とでもいうような、歴史や自然科学の知識をもれなく展示することを目指し、その地域の特徴は必ずしも打ち出せていないような博物館が多かった。そしてそれらを地方博物館あるいは郷土博物館と呼んでいた。

　それに対して、自然条件で区分されるひとつの地域を想定し、その地域内では、一定した自然条件とそれを背景とした人の暮らしがあるため、その地域というものの成り立ちを対象とした博物館作りが意識的に行なわれ、あるいはそのような博物館の意義が主張された（浜口・小島 1977:1-2）。そういった考え方は人の暮らしの全般にわたったものであると同時に、地域の人が主体となった考え方であるために、博物館の運営や日常の活動プログラムにおいても一貫して地域の住民が主体となるような方針が打ち出された。

　神奈川県の平塚市博物館はそのような意味での地域博物館を強く主張した博物館で、地域を想定した事で、地域と共に歩み、地域の中心となって利用される博物館作りが注目を集めた。

　またこの時代は生涯学習の時代を目前にして、戦前、戦後からの伝統のある博物館が利用者と結びついた活動を着実に行なうようになっており、日本の各地の博物館の中の中心的な存在となっていった。

　しかし、一方ではこの様な新しい博物館像が生みだされながらも、他方では、全国的には博物館の数はうなぎ登りに増加する中で、日本の博物館全体としては目立った方向性が見いだされていない時期なのかも知れない。このころから日本は「博物館王国」と揶揄的に呼ばれるようになったが、博物館の数が増えた分だけ博物館相互の横の繋がりは希薄になり、博物館界としての目標がはっきりしないような時期といえそうである。

8　博物館多様化の時代

　現在の博物館の数は、日本博物館協会の名簿によっても5000を超えており、数がはっきりしている登録博物館と相当博物館の数だけでも平成11年度で1049であり（国立教育政策研究所社会教育実践センター　2002:448）、類似博物館も含め、またそのような位置付けがされていない博物館も含めた総数は、1万とも2万とも

言われるような現状がある。そして博物館の数は毎年100以上増加し、すべての市町村で博物館が作られていく勢いである。またこれまでに比べて、テーマをしぼった博物館や、特定のモノを扱う博物館、企業がメセナ活動として取り組む企業博物館、など非常に多様な活動内容をもった博物館が次々と作られている。

この様な中では、ある意味ではあるべき博物館の姿も一様なものではなく、博物館ごとに独自の運営方針を持ち、それぞれの博物館が自由に博物館としての活動に取り組んでいるという状態が生まれてきている。博物館の事業ごとの重み付けも博物館の方針によって異なり、もちろんそれにしたがって行なわれる事業の内容なども千差万別である。そういう意味では現代は、その多様さを生かして活発な活動を行ないながら、博物館の幅を最大限まで広げる中で、同時に博物館とは何をする所なのかを改めて現在の状況にあうように考え直す事が必要になっているのではないか。

そのために一方では、行政評価や大学評価と同じような形で、博物館の評価なども行なわれるようになり、博物館ごとに個別の理念の確認が求められるようになってきている。そして他方では、博物館の社会的な役割などについての議論が改めて始まり、利用者の立場に立った博物館についての議論も本格的に行なわれるようになった（布谷・芦谷 2000b:37-40）。

9　日本の博物館の理想像

明治以後の日本の博物館の大まかな流れを見ると、博物館はその時代の社会の動きを反映して、その時代の要請に基づいて運営されてきたことがわかる。そのような中で、ごく最近になって注目を集めている利用者の立場での博物館作りということについても、その萌芽的な動きが過去の歴史の中にもあることがわかってきた。

ここでは日本の博物館が考えてきた理想像についての議論を確認して、今後の博物館の議論を進める。

博物館の一つの理想像として、「第三世代の博物館」という用語とそれによる博物館イメージが議論されている。その用語については後に詳しく検討を加えるが、それは博物館の利用者の立場に立って参加と体験を運営の柱にしたような博物館といった意味で使われている。

もともとは、竹内順一（1985:75-87）が博物館の運営方針によって博物館を区別

し、王様の宝を見せてやるというような博物館を第一世代、研究・保存・公開が行なわれて、多くの人に見てもらいたいということを目指す第二世代、そして市民の参加を目指す博物館を第三世代とした。

　伊藤寿郎（1986:241）はこの用語を使って、第一世代を「国宝や天然記念物など、稀少価値を持った資料（国宝）の保存を運営の軸とする博物館」、第二世代を「資料の価値が多様化するとともに、その資料の公開を運営の軸とする博物館」、そして第三世代を「社会の要請にもとづいて、必要な資料を発見し、あるいはつくりあげていくもので、市民の参加・体験を運営の軸とする博物館」と定義し、この第三世代の博物館について、いくつかの事業においては部分的には実現している博物館があるものの、第三世代の博物館というものは概念の博物館であって日本にはまだ実現していない、と述べた。

　博物館の理想像を総合的に議論した例は他にはほとんどなく、この議論は博物館の現場には非常に大きな影響を与えた。それは、日本の博物館が目指すべき方向や理想像のようなことがほかには示されておらず、博物館の現場での期待とうまくあったためである。しかしこの第三世代の博物館に対する直接の議論は、この言葉を使った伊藤（1993:141-148）および諸岡（1990:58-102）以外にはほとんどなく、布谷（1998:18-19）が参加型博物館との違いを検討した例と、嘉田（1998:10）がその議論をすすめて、第三世代の博物館を目指してきた琵琶湖博物館にとっての追加されるべき新しい課題として「地域課題に応える」ということがある、という議論を行なっているぐらいであろう。

　そして最近には高橋信裕ら（1996:40-47）が、現在の博物館像から考えられる博物館の諸活動の在り方について第四世代の博物館という用語を使い、その博物館像を示しているが、いわゆる第三世代の議論が博物館の運営の理念や思想にかかわる区分であったのに対して、第四世代とされる考えは第三世代の延長線上にあって、より具体的な運営の課題を提案した内容であり、博物館の理念の

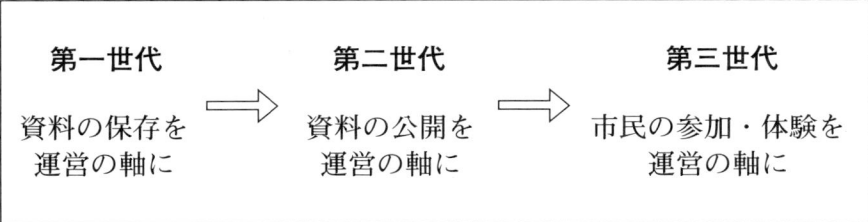

図1　伊藤による三つの世代の特徴

上では第三世代との関係は必ずしも明確ではないといえる。
　しかしこのような理想的な博物館像を求めるということは、非常に意味のあることである。目標ぬきには目指すべき方向は明確にできない。そして博物館全体だけではなく、個々の博物館が、その博物館の運営方針なりの理想像を求める必要がある。日本の博物館の理想像を海外の大規模博物館に求める議論が行なわれることがあるが、歴史も社会通念もまったく異なる外国の博物館の現状は博物館として理想に近い形に成熟したものであったとしても、日本の現状の中で、その形のみを理想とし、また姿をまねても、現実には運営ができるものではない。日本の博物館をめぐる現状やまた日本独特の社会や生涯教育の体系の中で、日本の博物館のスタイルを見いだすことが必要である。それは、現実には博物館の職員の数が少なく、学芸員以外の専門職員は普通はおらず、なによりも博物館という場の社会的な認知が低いという日本の独特の博物館をめぐる状況の中で、どのような状態を理想の博物館像とするのか、ということを考える必要がある。
　その意味では、例えば大規模で職務分担がはっきりとして、展示やデザイナーや保存科学や教育、資料整理などの専門家と学芸員とが協力して博物館を運営していくことを理想像とするよりも、そのような専門家の協力を求めながらも、日常の博物館活動のなかで、博物館利用者との結びつきをどう強めていくか、というところに博物館の理想像を求めるということが、日本の博物館の現在の方向であると考える。
　最近になって「参加型の博物館」という用語を使って、目指すべき博物館像のひとつとすることがある。「参加型」の内容についてはまだ議論が始まった段階であるため、後に検討を加えるが、第三世代の博物館の議論でいう、利用者が主体となって活動をする博物館というような意味である。ではそのような博物館が日本にはまったく無かったのかというとそうでもない。つまり、利用者が主体的に博物館にかかわっていくという博物館は、すでに述べたように戦後の地方での博物館設立の動きや地域博物館を意識した博物館作りの運動の中に、日本でもいくつかの例がある。日本における理想的な博物館像を大規模なヨーロッパやアメリカの博物館の現状に求めるのではなく、利用者の博物館へのかかわりというところに求めるならば、まさしく参加型と呼び得る博物館を志向する動きは存在したのである。
　日本の博物館でも、社会からの要請を背景にして博物館作りと運営が行なわ

れてきた。しかし当初は学校の教育との結びつきのあった博物館は、戦前のある時期からは社会教育の場として学校からはほとんどはなれて活動を行ない、特に戦後まもなくの博物館が地域の中で住民の手で活発に作られていく時代を迎えて、博物館の性格は主として個人の自主性を重んじた活動の場となっていき、現在もこうした基本的な博物館と利用者との結びつきは、変わっていない。

第4節　英米と日本の博物館

　これまで英米と日本の博物館の近代の歴史を振り返りながら、博物館が利用者をどのように位置付けてきたのかということを概観してきた。その中から、英米と日本の博物館の利用者とのかかわりについての考え方を比較しておきたい。

　博物館における利用者とのかかわりについては、英米において一歩先んじて、利用者に対応する展示ということが強く言われるようになっており、英米の博物館の運営姿勢は利用者対応にシフトしている。また博物館の研究者以上に、教育担当の部局が運営の中心となり、博物館の運営方針は、利用者をどう獲得し、どう教育するかということに向けられている。

　しかし、ここで考えるべきことは、英米の博物館で言う利用者とは、特に多様な文化や多様な地域社会にもれなく対応できる博物館ということが強く意識されていることである。

　Community という言葉は、地域社会や共同社会と認識されることが多いが、英語での意味は、大きな社会の中にあって、共通の特徴のある集団のことである。そして英米の場合には、地域社会（Community）という場合には、単にある地域に住んでいる人の集団ではなく、あくまで多様な文化などで区分される集団を意味する言葉である。博物館利用者について考える際には、まずCommunityへの対応を考える。もちろん、博物館を利用するのは個人であり、実際の博物館からの対応は、個人への働きかけであることは当然であるが、これは純然とした階級が今も存在するという事情や、多民族、多文化など、社会階層が非常に多様な社会において、博物館がすべてのCommunityに対応できるようにすることが課題となっているためである。つまり博物館が、特定のCommunityの中の一員として存在する個人に対して、どのように働きかけることができるか、という議論であり、博物館を利用する一個人が、何をすることでどう変わっていくのか、という視点は弱いように思える。

　例えばアメリカを中心にして各国で行なわれている利用者研究（Audience research）や来観者研究（Visitor studies）においても、基本は来観者個人に対し

て博物館のメッセージをどのように伝えることができるのか、ということを議論しているが、その前提としては、博物館に来る人たちの多くが、高学歴、高収入という社会的、経済的な特定の階層であり、その多くは白人であることが研究結果として示されており、その結果の是非も含めて議論（Fork, J. H. and Dierking, L. D. 1992:30-33, 山下雅之 1997:3）が行なわれている。

　日本の博物館の場合は、その積極的な利用者は、特定の分野に関心を持った利用者グループであることが多い。1970年代になって地域博物館という概念が注目を集めたが、それは自然や文化が単位となった地域を意識したものである。しかし現実にはその単位はもともと市町村にもあてはまるものである場合が多く、地域博物館の根幹はその地域を意識した人を博物館が育て、活動に巻き込むことであった。その手段としては、観察会や研究会、同好会などが使われたことについては、それまでの日本の博物館のスタイルを継承したものである。

　日本での来観者調査などの動きはごく最近になってからであるが、その理由は日本の博物館はどちらかというと展示室での活動を重視せず、博物館が提供する「普及活動」の分野で、利用者とつながることに伝統的に力を入れてきた結果である。

　地域の利用者などという場合でも、多くの場合には対象とするのはその地域の中の個人であり、博物館と団体や研究会との付き合いの場合にも、基本は個人と博物館の中のスタッフとの結びつきから議論が始まるのが普通である。日本の博物館の現在の課題のひとつは、地域社会と博物館とが結びついて、町づくりを目指すというようなことがあるが、この場合にも、博物館の側の対応は、まず地域の中のキーパーソンとなるような人との結びつきを強める中で、博物館の持つ資料や情報を活用して、地域の情報を収集し、地域を見直していくような活動をしていく人を増やしていこうとしている。

　また高等学校や大学への進学率が非常に高い日本と比べると、やや進学率が低く、貧富の差が大きい英米では、博物館の役割は学校教育を補完する、あるいは学校以上に教育を行なうことが重視されているようである。そういう意味での学校と連携した教育活動や、移動展示、そして学校団体を博物館で受け入れるためのスタッフの存在などが話題になるが、その内容は学校と同様の教育であり、基本的な知識の体系を博物館の資料やスタッフの力で伝えるということになっている。この点では博物館の役割が上記のように学校教育の補完に当たるところが大きい。

これに対して日本の博物館の場合には、先の一般の利用者に対してそうであったように、特定の知識を伝えるという教育活動には重きをおいていない。逆に現在では、多くの科学的、あるいは歴史的な知識や情報は、テレビの映像や数多くの出版物で大量に発信されており、博物館の展示などで知識として提供できる内容は新鮮味に欠けると言わざるを得ない。したがって博物館の利用者との結びつきは、より自主的な自己学習を促すという方向になっており、個々人に向けての情報発信や切っ掛けを作ることで、その個人の学習の手助けをすることになっている。また個人の自己学習にかかわることが課題になるために、博物館の側の対応は、学習活動として独立して行なわれるよりも、博物館の収蔵資料に基づいた学芸員との共同の研究、博物館にかかわるサークルや研究会などの、博物館活動の全体的な部分にかかわりを持つことになるために、利用者とのかかわりは、展示だけあるいは研究だけではなく、博物館のすべての機能が対応しなければ、完結できないものである。

　また日本でも学校との連携の事業が最近は注目を集めており、出前授業や学校の体験学習などを行なうようになっているが、学校との連携事業を行なう場合にも、その内容は知識を伝えるという意味での教育活動にはならないのが普通である。学校のカリキュラムからまったく外れてしまうことはないにしても、博物館での学習はいろいろな体験活動などを通して、子どもたちが自分の暮らしや身の回りの自然などについて、あらためて気がつくことが出来るような発見の機会として行なわれることが多い。知識を伝えるよりも、博物館資料と体験を通して、子どもたちの好奇心を刺激し、地域の課題や博物館に関心を持ってもらうことを目的にして行なわれているといえる。

　このように博物館と利用者との関係ということについては、博物館がめざす活動の目的は、日本の博物館と英米とではかなり異なるものである。現在の日本の状況は、利用者本位に方針転換をした英米の後を追っているようにも見えるが、本質は、このようにかなり異なっており、またすでに述べたように博物館スタッフの問題や社会的な博物館の位置付けなども、日本と英米などでは同列には扱えないような点が多い。

　したがって、利用しやすい博物館の姿とはどのようなものか、ということを目的とした本書では、日本の博物館に特化した議論として進めていく。

第5節　博物館のイメージ

　博物館の在り方や、博物館の今後目指すべき方向についての議論をするに当たって、まず多くの人々が博物館についてどのように考えているのかを見ておきたい。
　人々が博物館にどのようなイメージを持っているのかを確認するために、博物館のイメージ調査を行なってみた（布谷 1997:9-12）。これは博物館の側がどのように博物館の在り方を考えていても、利用者の考え方を知っていなければ、博物館の独り善がりになってしまって、意味がないのではないかと考えたためである。来館者アンケートなどの本格的な調査の方法もあるが、最も単純な方法を選んだ。調査の方法は、博物館という言葉を聞いて頭に浮かんでくる言葉を何でも幾つでも自由に書いてもらう、というものである。いろいろな機会に人々に白紙を渡して、博物館のイメージを書いてもらった。その結果およそ600人分のデータが集まった。残念ながら大人だけのデータであるが、老人会から博物館学を学んでいる学生まで、いろいろな年齢と階層、あるいは興味の幅を含んでいる。
　人によって10ほどの言葉を書いている人やひとつだけの人とさまざまであったり、たくさんの言葉を書いている人でも博物館に対してプラスのイメージと思える言葉とマイナスのイメージと思える言葉の両方を書いている場合もある。また例えば「静か」というような言葉は、その言葉一つだけでは、書いた人の意図が分かりにくく、プラスともマイナスとも読み取れる。そのような曖昧さを含んではいるが、書かれた言葉をいくつかの範疇に区分した。
　まずたくさんの言葉の中から、同じ言葉を整理して、すべての使われている言葉のリストを作った。そしてその中から、博物館という場に対するイメージを書いている言葉（423）を、博物館にとってプラスと思われる言葉（135）とマイナスと思われる言葉（288）とに区別し、またそのほかに博物館の展示物に関する言葉（131）と、博物館の利用方法に関する言葉（59）とを選び出した。

プラスのイメージの言葉

　135のプラスと思える言葉をさらにいくつかの範疇に分けると、発見の場のイメージ（新しい発見、不思議、未知の世界、初めての出会い、など）、落ち着いた場所のイメージ（ゆったり、快い音楽、心しずか、優雅、なつかしい、いつまでもいたい、など）、期待感のイメージ（驚き、おもしろい、胸のときめき、わくわくする、など）、知的興味のイメージ（貴重な遺産、知らないものがある、知恵の宝庫、文化に一役、知る楽しみ、など）、感動の場（きれい、感動、大きい、楽しい、びっくり、など）、そしてどれにも区別しにくい言葉（子供に見せたい、近代的、何でもある、まじめ、しゃれたお土産、など）などがある。博物館をプラスのイメージで見ている人は、このように、博物館を、発見、落ち着いた場所、期待感、知的興味、感動、などで代表される場と考えているようである。

　そしておよそ600人のうちで同じ言葉が書かれた回数が多いものは、貴重な遺産（24人）、楽しい（17人）、何でもある（12人）、興味（11人）などが多くの人が書いた言葉であった。

マイナスのイメージの言葉

　288のマイナスのイメージの言葉を同様にいくつかの範疇に区分してみると、ふんいきのイメージが悪い（うすぐらい、陰気、かたくるしい、暗い、ちかよりがたい、ガランとしている、地味、楽しくない、しめっぽい、マイナー、眠くなる、ひっそり、など）、内容が難しい（ややこしい、解説が多い、つまらない、むつかしい、そんをした印象が残る、面白くない、など）、イメージが古臭い（古い、いついっても同じ、かすかなカビくささ、マンネリ化、ほこりをかぶっている、など）、つまらない（手で触れられない、体験的要素が少ない、見るだけ、多くのちまちました展示、みるところがない、など）、特別な場所のイメージ（一部の人が行くところ、大きな声で話せない、少し距離がある、めったに行かない、入館しにくい、子供を静かにさせなければならない、など）、場所（車でなければ行けない、遠い、身近にない、など）、疲れる（歩きくたびれる、疲れる、たいくつ、など）などがあげられている。このようにマイナスのイメージについては、雰囲気が悪い、難しい、古臭い、つまらない、（自分とは縁のない）特別の場所、遠い、疲れるなどのイメージが持たれているようである。

　そして同じ言葉が書かれたもので多いものは、かたい（43人）、静か（43人）、古めかしい（31人）、難しい（30人）、暗い（29人）などと続いている。

この様にプラスのイメージの言葉に対してマイナスのイメージの言葉のほうが、ほぼ倍に近く使われるという結果であった。この結果は現在の多くの人々の博物館に対する考え方を反映しているといえるだろう。発見の場として期待し、また珍しいものに出会える楽しい場というプラスのイメージを持つ人の倍の人々が、かたく、古めかしく、暗いという博物館像を持っているのである。この事はかなり重要な事ではないだろうか。そしてこの結果は、実際にも現在の日本の博物館の現状を反映していると考えざるを得ないであろう。もちろん実際には博物館に行っていない人もアンケートに答えていただろうが、人に聞いたイメージなどでそういう場だと思い込んでいるのであろう。

博物館は本来は「美の殿堂」であり「知識の殿堂」であって、博物館発祥の地とされるギリシアの時代から、その時代の最先端の知識と美をかねそなえた場所であったはずである。歴史的にも、各国はその国の威信をかけて博物館作りを行なってきたし、我が国の場合にも、明治以後、国を挙げて万国博覧会に出品し、国立博物館を作り、近年には全国の自治体がきそって博物館作りをしてきたはずである。時代の最先端のはずであった博物館が、なぜそれほどまでにマイナスイメージの強い場所となってしまったのだろうか。

もちろんその事に対する考察はこれまでにも行なわれており（諸岡 1990:9-10; 伊藤 1993:138-139）、基本的にはそれぞれの時代の人々の要求の変化に対応しなかったために、時代に取り残されてしまった、というように言われている。そしてより博物館的なイベントである万国博覧会やそれに類するイベント、テーマパークなどの楽しさを知った人々は、博物館には足を向けなくなり、その結果として博物館はますます来館者からの刺激を受けることがなくなってしまい、古めかしいままの変化をしない場となってきたといわれている。

しかし多くの人々の要望がはっきりしているのであれば、博物館はその要望を生かしながら人々の支持が得られるような博物館らしい活動と展示を行なうことができるはずである。

展示物のイメージ

博物館と聞いて頭に浮かぶ言葉として展示してある資料の名前を挙げる人がかなりあった。数が多かった順に並べると、歴史（98人）、化石（90人）、恐竜（53人）、古いもの（28人）、文化（25人）などであり、そのほかに数の多いものとしては、模型、ミイラ、つぼ、レプリカ、古文書、ゾウ、剥製、昆虫、はにわ、

動植物標本などと雑多なものが挙げられている。このアンケート調査を行なったのが琵琶湖博物館の開館前であるため、琵琶湖博物館のイメージが挙げられた資料はほとんどなく、あえて挙げるなら丸子舟とビワコオオナマズぐらいのものである。

挙げられている資料の大半は、歴史博物館で展示されている資料であり、残りのほとんどは自然史系博物館の中の地史に関する化石などの資料があげられている。多くの人が持つ博物館像はやはり古い時代の物が展示されているところ、というイメージを強く持っているようである。

博物館の利用方法

博物館がどういう目的で利用されているか、ということを博物館のイメージとして挙げた言葉は59であった。

それらは展示に関すること（展示、見学、テーマにそって、見て学ぶ、視覚的、など）、博物館の情報（情報、検索、ビデオコーナー、インフォメーション、歴史が分かる図書館）、教育の場（生涯学習、学習する、知らないことが分かる、小学校の社会見学、など）、研究（研究センター、研究対象がある、調査研究センター、など）などのほか、遺跡などの保全、資料にかかわること、施設に関すること、などが挙げられている。

全体としては、分からなかったことが分かる場所、というイメージと、小学生の学習の場、というイメージとが特に強いようである。研究と言う言葉がでてくるが、具体的ではなく、博物館の展示以外の活動については、内容はほとんど知られていないように思われる。

その他の博物館イメージ

雑多な博物館のイメージが158の言葉で示された。大英博物館やスミソニアン、メトロポリタンなどの有名な博物館の名前、梅棹忠夫、南方熊楠、ラマルク、インディージョーンズなどの人の名、民族学、進化論、人類学など学問分野、展示のケースなど、建物のイメージ、そのほか、まとめようがないほどにありとあらゆる言葉が挙げられており、博物館のイメージの混沌さを示しているが、その幅の広さが逆に博物館への支持につながるのではないかと感じられる。

ここでは人が博物館をどのように考えているのかということを、簡単なアンケートの結果から整理を行なった。大多数の人はやはり博物館を縁の遠いもの

と考えていることが分かった。そのため、身近にあって利用される博物館のあり方を考えるためには、博物館とは何であるのか、人はなぜ博物館に来るのか、あるいはなぜ来ないのかということを根本から考え直していくことが必要である。

第6節　先行研究からわかる博物館像

　日本の博物館の歴史や一般的な利用者のイメージと合わせて、現在の日本の博物館がどのような状態にあるのかを考えるために、現在の博物館の置かれている状態を、博物館の種類を区分するという視点から見て、その中からあらためて博物館の目指す方向についても考察を行ないたい。

1　博物館の種類についての議論
　博物館をいくつかのタイプに分類することは、博物館の体系を考えるための初歩の作業として、これまでにも議論が積み重ねられてきているが、これに関する議論はある程度まで終了したと考えられているのか、ここしばらくは新たな議論がされていないようである。しかし、それは、既存の博物館の種類分けということが、解決をみたということではない。まして、ここ数年の非常に多様な博物館の誕生とその数の増加は、博物館の種類を考える際には、さらに複雑な問題を投げかけてさえいる。また近年の、研究を非常に重視する立場の千葉県立中央博物館や兵庫県立人と自然の博物館などのような大規模博物館の出現は、日本のこれまでの博物館に対する考えを一新するものであり、日本の博物館の社会的役割や評価を大きく変える切っ掛けとなっている。このような博物館の変化は、単に規模だけの問題ではなく、博物館の性格や目的を考え直す切っ掛けにもなる。

　博物館の分類ということは、単に博物館の種類の分類というにとどまらず、博物館の日常の活動スタイルまでも逆に規制していくような性格を持っており、博物館にかかわりを持っている者にとっては重要な問題である。新井（1979a:27）は「博物館はいろいろな角度から分類できるし、そうすることによって性格や特徴、志向目標や路線を明確化することができるであろう。当該博物館がどの座標上に位置しているか、位置すべきかを知ることはきわめて重要なことである。」と述べているが、これは博物館の分類ということと博物館活動との関係を強く意識すべきであることを明確に示した意見であろう。

　これまでの最も一般的な議論は、あつかう資料の種類によって博物館を分類

するという方法であった。例えば日本博物館協会の場合は、通常の分類として総合博物館、美術系博物館、歴史系博物館、自然史系・理工系博物館、動物園、水族館、植物園と7種類に分けているし、多くの研究者や博物館関係者も同様の方法を取っている。

また新井（1979b:124-134）によれば、博物館の分類にはさまざまな基準が考えられ、例えば、機能による分類には、a 全機能型、b 保存機能重視型、c 教育機能重視型、d 研究機能重視型、e レクレーション重視型、資料の展示場所による分類では、a 館内展示型、b 屋外展示型　c 現地保存型、資料の収集範囲による分類では、a 歴史資料収集型、b 現代資料収集型、c 地域資料収集型、d 広域資料収集型、この他、利用対象者や管理者で分ける場合などをあげている。このように基準を変えるとどの様にも分類ができるということも、また共通認識としてあったと思われる。例えば、新井（1979a:26）は、1978年現在で全国の1553の博物館の名称を整理し、名称だけから分類をして、150余りの分類ができる、とも述べている。

伊藤（1986:248-249;1993:11-12）は、博物館を分類する座標軸をどこに置くのかを明示しないでは、思いつきの言葉の遊びになりがちであるとした上で、①形態別分類、②機能・条件別分類　③目的別分類　④世代別分類の、四つの側面から分類すれば理解しやすい、と提案している。伊藤の提案は、伊藤独自の世代別分類という考えが含まれているが、これは博物館界全体の発展の中での博物館活動の位置付けをしようとするものと考えた方が妥当なものであり、興味深い考えではあるが、博物館の分類と同列ではないように思える。他の三つの分類については、全体としてみれば、これまでのいくつかの分類法の整理という範囲をでていない。

以上の様なさまざまな考え方の多くは、分類基準となるあらゆる座標軸が考えられ、博物館の性格を規定していくという立場で考えると、あまり有効には使えないことになってしまう。つまり博物館の分類の目的が単なる整理ではなく、博物館活動のスタイルを客観的に表すものであるとすれば、このような基準の座標が自由に変わるような分類はまったく意味がなくなってしまう。したがって、博物館の発展にともなって、博物館の分類も新しい基準や考え方を導入することが必要になってくるだろう。その意味では先の世代別分類という考えは、そのような試みのひとつと思われる。

また例えば、浜口哲一（1992:1;2000:172-175）は遠足博物館と放課後博物館とい

う名で博物館を分け、実際の博物館活動の重点の置き方を反映した分類として提案をしている。つまり、都道府県などのように比較的広い範囲を対象とし、遠足や家族にとってのひとつのイベントとして見学に行くような遠足型と、地域を活動対象として、日常活動の上でも地域とむすびついていることで、放課後に繰り返し見学に来て、また博物館の活動に参加するような放課後型である。この場合には、大きな二区分であるが、博物館の規模、活動対象から日常活動の姿勢までを含んだ点で、ひとつの分類の視点と言える。

2 総合博物館とは

これまでの博物館の分類の中で最も普通に行なわれてきた、あつかう資料によって分類をする、という中に、総合博物館という分類がある。この総合という言葉には特に厳密な定義があるわけではなく、自然や歴史など、他の範疇にはおさまりきらないもの、あるいはふたつ以上の分野を含んでいる博物館を総称して呼んでいる。したがって総合博物館と呼ばれるものの中身は千差万別であるが、普通には、自然、歴史、美術、理工の中の幾つかの組み合わせが行なわれているようである（加藤 1977:143）。しかし総合とはいうものの、多くは博物館の建物の中に、いくつかの分野の展示室があるという総合が多く、展示の内容においても、また博物館の日常活動においても、違った分野がむすびついた総合が行なわれている博物館はごく少ない。

　加藤・内山（1990:44）は、博物館の設置基準では総合博物館を「人文科学及び自然科学の両分野にわたる資料を総合的な立場で扱う博物館」と定めているが、人文科学と自然科学の資料を一堂にあわせた博物館というだけでは「総合的な立場で扱う」という意味が理解できず、また「それぞれの諸科学が互いに連携しあい、一つの研究過程から、その成果に至るまでの融合された結果は浮き彫りにされていない」ので、ただ独立したコーナーがあるだけでは総合博物館とは言えないと述べている。総合博物館という言葉をつかいながら、複合博物館とか、並列博物館、集合博物館などと呼ばれる所以である（加藤 1977:196）。そして後には「本当に博物館に求めるものというと、大衆の明日に生きる糧を得るためであるから、広義的な意味での大自然に生きる人間社会の知恵の構造を分析したものであり」、そのためには個別の学ではなく「人間社会における政治・経済・社会・文化の過去と現在を追究する仕組みが必要とされる。その役を果たすのは総合博物館である」（加藤 1996:105）と述べている。そしてその総合

性の例として上山春平の唱えた照葉樹林文化論や、博物館においては秋田県立博物館がとなえた郷土学（秋田学）をあげている。

　総合博物館が単なる学問分野の並列ではなく、多分野で共通した課題を扱い、同時に内容的には人間社会の過去と現在、そしておそらく未来を扱うものであることには大きな異論はない。

　しかしながら、総合博物館の分類を展示ではなく博物館の日常活動のスタイルを反映する分類という立場で考えると、展示の中身が幾つかの分野の総合であるだけでは、それは本当の意味での総合博物館とは言えない。博物館としては、日常活動の内容での総合が行なわれていなければ、例えば自然系と歴史系とのふたつの博物館があるということと、内容的には同じである。これまでの総合博物館についての議論が、博物館の活動を反映した分類にはなっていないというべきである。

　例えば博物館の主催する観察会のテーマが個別の専門分野以外で行なわれるという例は非常に少ない。秋田学（地域学）を意識していたはずの秋田県立博物館（秋田県立博物館 2000:18）においても、観察会に当たる博物館教室という事業が2000年に16回行なわれているが、そのテーマだけを見ると「楽しいしぼり染め」「葉っぱの図鑑つくり」「後三年合戦の跡をたずねて」「ファミリー自然観察会」などとその特定分野の会が行なわれている。またおなじく企画展示では「雑木林わんだーらんど」「環状列石はかたる」「おもしろ博物誌（新収蔵品展）」など、自然系と歴史系とが個別に事業を行なっているようである。そして少なくとも県立の総合博物館の多くが同じ傾向である。

　もちろんそのような分野ごとの事業に参加することで、その分野に対する興味を伸ばす人も多いだろう。しかしそれはどちらかというとその分野に少し興味を持った人に対する対応であって、まったく博物館に初めてくる人が興味を持つ内容とは限らない。少なくとも自然系あるいは歴史系博物館が行なっている事業とまったく同じであり、博物館ではあっても、総合博物館の意味はないということになる。

　総合博物館においては、分野別の事業とともに、他分野が入り混じったような事業展開が可能である。一般的な意味での観察会においても、自然観察会だけである必要はなく、その地域の自然を生かした人の暮らしや地場産業などを見ることができる。地場産業は、その地域の自然や気象条件、地形あるいは歴史的な背景をもって営まれているはずであり、そのような全体を見ることがで

きるような事業のほうが、全体がわかって、だれにとっても興味深い内容になる可能性がある。

　そして普通の人にとって、もっとも一般的に興味がある話題は、「暮らしの成り立ち」ということのように思われる。暮らしこそ自然や歴史などと区分ができるものではなく、総合領域そのものである。総合博物館はその部分でのより積極的な試みを行なう必要がある。現実には、どのようなテーマにおいても、そのテーマの中の暮らしの話題を抽出できる。それを意識的に行なう姿勢を持つことが必要なのである。

　総合博物館というからには、複数の分野が展示されているだけではなく、複数の分野があることの利点を生かして、新しい価値観を産みだすような展示や博物館活動を想定するべきだろうと考える。

　ここでは先行研究の中から博物館の種類を整理することで、利用者が利用するための基本的な博物館のあり方をまとめた。博物館は多様なものではあるが、普通の人とのかかわりを考えると、単に展示が総合というだけではなく、やはり本当に地域に根ざした総合的な活動を行なうような博物館が求められていることがわかる。

第2章　利用者の視点に立った博物館の理念

　博物館が利用者の視点に立ったものであれ、あるいはそうでないにしても、いずれにしても博物館の運営にとっては、その博物館が何をするために存在するのかという理念を明確にすることが必要である。これまで博物館では設置条例などに、市町村の文化の向上と地域の情報を蓄積することを目指すというような、理念というよりも博物館の一般的な目標のようなものをあげて理念としてきた。しかし博物館は、研究、資料収集、教育学習、展示などを総合的に行なう機関であるため、その博物館が、だれのために、何をすることを目的としているのか、ということを明確にする必要がある。なかでも利用者の視点をもって運営される博物館は、従来の博物館とは異なる新しい姿勢を持って運営される博物館であるために、なおさらのこと、その理念がどのようなものであるのかということは問題となる。

　この章では、利用者から見た博物館の位置や、博物館の持つべき課題とともに、参加型と呼びうる博物館の条件や、その課題をもっとも端的にあらわすであろう博物館ボランティアの問題などを通して、利用者の視点に立つとはどのような運営理念を持つことなのかを具体的に論じる。

「オピニオンコーナー」　絵馬の形をした紙に意見を書いてもらい、貼り出して読んでもらう。

第1節　人はなぜ博物館に行くのか

　利用者のための博物館の姿を考えるための前提として、博物館に来る人が何を求めて博物館に来るのか、あるいは逆になぜ人は博物館に来ないのかを明らかにする必要がある。この分析のなかから、人が利用しようとする博物館像が明らかになるはずである。

　博物館とは何か、ということは、これまでの多くの博物館学の議論の中で論じられてきた。様々な見解や視点があるが、その共通した考え方として、博物館を歴史的あるいは社会的な背景を持った存在として評価したうえで、現実の姿は、国際博物館会議（ICOM）や博物館法第2条の博物館の定義によって、日本の博物館の姿を規定している。そしてその博物館法の定義によって、博物館が行なう事業は「資料収集保管、普及教育、展示、調査研究」の四つであるということになっている。これらの四つの事業のバランスはともかくとして、博物館が行なう仕事の内容はおのずから明確である。
　倉田・矢島（1997:11）は、この「博物館とは何か」という問に関して、その本質論として「博物館がある環境における存在理由を問うものである。またその存在理由を構成する本質、特徴はいかなるものであるかを問うことでもある。さらに本質を問うことは、同時に博物館の限界を問うことにもなろう」と述べ、その存在理由は社会の変化、そしてその変化によって異なる社会の要請によって異なるものであるとしている。
　博物館学の立場からすれば、おそらくそのとおりであろう。そして、あるいは、だからこそ、現代の社会において、博物館がどのようなものであるべきかということが一番の関心事であり、そのことを議論する必要がある。現代の博物館に対して世の中はどの様な期待をし、要請をしているのか、そして博物館の側はその期待や要請に応えるためには、どのような運営方針をもち、日常の事業を起こしていけばいいのか。そのような課題を整理して日常の方針とする事で、博物館は現代社会の中でその存在意義を主張することができる。
　博物館に関する議論はもちろんこれまで数限りなく行なわれており、まとま

った議論や出版物も数多い。特に近年は博物館学に関する議論は活発であり、一時のように博物館学などという学問はあるのか、等といった発言は聞くことが少なくなった。しかしそれにもかかわらず、ひとつの問題は、博物館の現場からの発言が非常に少ないことである。博物館の現場ではどちらかというと日常の現実的な課題に追われて、博物館がどうあるべきかなどを論じるよりも、目の前の課題の処理を行なうので精一杯というのが現実ではある。しかし理想像を設定して、それにどう向かっていくのかを考えることは、博物館の現場にとっても大切なことではないだろうか。理想像がなければどこに向かって行くのがいいのかが明確にならない。現実的でないことは考えたくないという現場での意見がありそうであるが、逆に現実への対処だけに追われていては、新しいビジョンなどは浮かんでこないであろう。博物館学が研究者と現場とで分離してしまうのではなく、現場の現状を理解しながら、現場でも通用するような博物館の考え方を作り上げていくことが必要であろう。そのためには、現場の学芸員がもっと意見を述べることが大切である。

　そのような現場の立場から考えると、今後の博物館の在り方を考える上で、重要と思われるキーワードは「利用者」である。これまでの博物館に関する多くの議論は、そのほとんどが博物館を運営し、管理する視点での議論であったように思われる。そのために議論の中心は事業の分類や運営方法、資料の保存管理、展示作りの技術などであった。そしてそのような議論はかなりの密度で行なわれてきた。しかしそのような議論において、利用者がどう利用するのか、利用者にとって利用しやすいのかどうか、というような視点をあわせて議論することができていなかった。

　しかし博物館が生涯教育機関として位置付けられ、多くの利用者を迎え入れようとしている現在、人がなぜ博物館を利用しようとしているのか、他の多くの施設や場ではなくて、なぜ博物館を利用しようとするのかを考えることが必要である。そして博物館で行なわれているそれぞれの事業についても、利用者が利用する、ということを前提として、整理しなおしてみることが必要である。

　博物館の事業が先に挙げた四つであるとすれば、その四つの事業のどの部分においても利用者がおり、利用しようとするであろう。したがって博物館の事業が進んでいけば、利用者とのかかわりもより深くなっていくはずである。たとえば博物館法第二条の定義でも、「一般公衆の利用に供し」とあり、利用者のいない博物館というものは考えられない。

そして博物館という場は本質的に利用される事で事業が進み、博物館自体が成長していくものなのである。学芸員だけで博物館の事業ができるものではない。利用者がいて、展示を見て意見を言い、博物館に情報を伝え、博物館に意見を述べ、資料を寄贈し、学芸員を利用しながら学芸員を助けてくれる、そういう利用者がいることではじめて、博物館は活性化していくのである。もちろん博物館の運営に責任を持つのは学芸員であり、学芸員が中心になって博物館の運営をしていくのは当然であるが、博物館の運営は利用者との共同作業であり、何よりも利用者にうまく活用してもらうために行なうという視点を持ち続けることが大切である。

　そういう利用者の立場で博物館を見直すことで、博物館はより多くの利用者を迎えることができるはずである。それらの利用者の視点を考える上で最も大切なのは、利用者はなぜ博物館を利用しようとするのかということである。その答えは、博物館では「楽しく学ぶ」事ができるということではないだろうか。フォーク，J.H. and Lynn Dierking（1992:20-29）はその著書の中で、「人は学ぶために博物館に来るのではない。人は楽しむために博物館に来るのである。しかし人は楽しさの中でこそ学ぶ」という主旨のことを述べている。

　おそらくこれが利用者と博物館とを結ぶ本質的な部分である。博物館はきわめて多くの年齢、階層、異なる経験や知識を持った人々を対象としている。それらの人々をすべて受け入れ、だれでも楽しく学ぶ事ができる場というものは博物館以外にはないであろう。

　人は自分が主体的に参加し、考える事で好奇心を満足させ、楽しいと感じる。自分の予測どおりに発見があるとそのことに満足感を感じ、楽しいと感じる。博物館はこれまで教養と教育の場でありすぎたのではないだろうか。もちろん、教育の場であることを博物館に期待する人々も数多くいることは事実である。しかしその期待を裏切らないようにしながら、楽しい場を演出することは十分可能である。

　博物館の利用者をあえて大別すると、特定の目的を持って博物館を利用しようとする人たちと、特定の目的はなく、団体見学のコースであったり、ドライブのついでに立ち寄るような利用の仕方の人びとに区別することができる。

　「目的を持った利用」の場合には、博物館としての基本的な機能を充実し、博物館からの情報発信の確かさ、資料の充実とその利用のしやすさ、などによっ

て、利用者に満足感を与え、次の利用に結びつけ、博物館の固定した利用者とすることができるであろう。しかし「無目的」の来館の場合には、多くの場合には二度目の来館は期待できず、さらにいえば一度でも来館してもらえればいいほうで、ついでに博物館に寄る機会すら作らず、博物館などとは一生縁がないと思っている人の方が多いのである。

　たとえば滋賀県立琵琶湖博物館（2001）のアンケート調査では、来館の動機を、博物館前の看板を見て、あるいはドライブの途中で寄ってみた、というように書く人が2割程度ある。また団体の来館者が全体の約4割あり、北陸の温泉地に行く途中で寄るなど、博物館来館の動機の弱い団体も多い。また時事通信社（1999）によれば、滋賀県内で琵琶湖博物館を利用したことがない人が約6割あり、そのうちの3割の人は将来も博物館に行くつもりはないということである。

　また博物館という言葉を聴くとどんな言葉が頭に浮かぶか、という博物館のイメージ調査では（布谷　1997a:9-12）、イメージについては423の言葉が集まったが、すでに述べたように、プラスのイメージの言葉（新しい発見、驚き、ゆったり、など）は135、マイナスのイメージの言葉（陰気、つまらない、古い、など）は288と、マイナスのイメージの言葉の数は、プラスの数のほぼ倍であった。このことだけを見ても、博物館という機関は、まだ多くの人にとって、積極的に行ってみようと思う場所ではないようである。

　実際には「目的利用」と「無目的」の両極端の間には、博物館や自分の学習に関してさまざまな考えの人がおり、その利用の形態が異なりながらも、博物館の側は、ついでの機会があって展示室に立ち寄った人に、博物館利用の楽しさを知ってもらい、次の機会を作り、また展示を見るのとは違った博物館の利用の仕方と、その楽しさを知ってもらうようにする必要がある。その意味では、「目的利用」の場合には総合的な博物館の機能をより多様に充実させることで対応できるが、「無目的」の場合には、これまでとは異なった努力が必要とされていると考える。

　それは初めて展示室を訪れた人に、博物館とは楽しいところだ、と感じてもらうことである。余暇の時代、生涯学習の時代と言われるようになり、人は自分の好きなように時間を使うことができるようになりはじめたと言われている。しかし、世の中には、テレビやビデオ、遊園地、テーマパークなど、楽しい催しの場所が数多く存在する。このような中から、博物館に来てもらい、他の場所以上に博物館とは楽しい場所であると感じてもらわないと、博物館のファン

は生まれないのである。

　この時の博物館の楽しさとは、学ぶ楽しさを実感できるという楽しさではないだろうか。学ぶということは強制的な学習ではない。自らが目的を持って調べ、発見をするという過程が楽しいのであり、また自分が考えていたことについての新たな知識を加えることができ、しかもそれを自分で選択して選ぶことができるという状態にあることで人は満足し、楽しさを感じる。これが、博物館こそが提供できる、テレビやテーマパークなどとは質の異なる楽しさである。人の行動はその人の意思によるものであり、その行動の結果が満足いくものであれば、自らの存在に自信を感じ、喜びを感じるものである。博物館とはそのような満足感と喜びを与えることができる場である。

　例えば、琵琶湖博物館には「琵琶湖のおいたち」という展示室があるが、この部屋の展示テーマの一つに「自然史研究室」がある。ここではフィールドでの調査と展示されている展示物とをつなぐ意味で、調査してきたデータを解析し、研究する場である研究室を公開する形の展示が作られており、地学系の四人の学芸員の研究デスクが作られ、研究機器なども設置してある。来館者は、それまで展示室にあった展示の裏には、このような研究があることを知り、同時に自分も研究者になった気持ちで研究機器に触り、学芸員の電話の声での説明などを聞くことができる。

　地学が特に好きではない人にとっても、展示の背景に隠れていることの面白さがわかる。また研究者のデスクには例えば引出しを開けてみようとは書いていないが、引出しを開けるとそこにも展示物が入っており、ちょっと驚きを持って資料をみる、などの隠れた展示がいくつかあり、興味を引きつけることで楽しく学ぶことができるように意識して展示が作られている。

写真1　「自然史研究室」の展示　　　　写真2　彦根市の古い民家の移築展示

また別の展示室では、滋賀県の民家を1軒移築してあり、この展示のテーマは、昔からの水の利用方法ということであるが、この民家の土間からカマド（と呼ぶ食事をする部屋）に上がる板の間の部分がある。この民家には自由に立ち入ってもいいようにしている。例えば、この板の間には、何も表示などはしていないが、来館者の中で昔のことをよく知っているお年寄りが、この板の間の板の下は普通はイモの貯蔵庫になっていた、と思ってその板を動かすと、実際にその下にはイモのレプリカが入っており、昔の記憶の通りに復元されていることが分かる。合理的な日本の民家の知恵を学ぶとともに、そこまで復元してあり、かつその事が自分で発見できたことの印象は非常に強いものとなる。そしてこの展示は家族三世代の交流の場ともなっており、またお年寄りの会と小学校の団体などが一緒になると、お年寄りが一生懸命に子供たちに説明をしているという状態になる。静かに学ぶ場どころではなく、会話の絶えないにぎやかな展示となっている。

　これらの展示は、そのコーナーの展示を担当した学芸員は、必ずしも面白さを強調しようとしたわけではなく、自分たちが調べていることをわかりやすく人に伝えたいと考えて作ったものであるが、結果としては研究者が面白く思っている内容を展示にすることで、利用者にとっても面白い展示になったものである。

　そして展示室には展示交流員という博物館のスタッフがおり、展示を楽しむためのアドバイスをしたり、展示を見て気が付いたことや自分が知っていることを聞いてくれる。あるいは各所に自分の意見を書き込むコーナーがあり、また人の意見を読んで、間接的に意見の交換ができる。この様に展示に参加することで展示を楽しんでもらおうという意図である。

　博物館の展示室は、これまで知識を教えてあげることを考えすぎたのではないだろうか。たくさんの知識をいかにして伝えるか、ということを考えすぎて、この楽しさということまで考えなかったのではないだろうか。展示室における、知識に裏うちされた意外性と発見の楽しさ、そしてその背景にある博物館の基本コンセプトとメッセージ、そして学芸員の研究成果、これらが総合的に組み合わさることで初めて「無目的」の博物館利用者にとっても博物館とは楽しいところだと感じてもらうことができ、次の博物館利用へとつなげることができる。

　この節では、楽しい場所がたくさんある中で、人が博物館に来るのは、博物

館は楽しく学ぶことができる場であるためであることを幾つかの例によって示した。人はだれもが本来は学ぶことを求めているものであり、博物館は楽しみながら自主的に学ぶ場として活用されている。

第2節 「総合博物館」から「テーマ博物館」へ

　多くの人が個別の目的を持って楽しく利用することができる博物館を想定すると、その扱う内容は、あらゆることを扱うのではなく、特定の絞り込んだテーマが必要である。この節ではそのようなテーマについての考え方について議論を行なう。
　これまで総合博物館とよばれてきた博物館に対して、全体に統一したテーマを持つことと、展示手法としても自然と歴史、そして人の暮らしを組み合わせた展示をあつかうという点で、また日常の博物館活動においても従来の分野にとらわれず、分野を組み合わせた幅広い活動をするような博物館を、筆者はこれまでの博物館の世界での範疇にある総合博物館ではなく、現代的な別のタイプの博物館として位置付けたい。
　このような意味で、本来の用語でいけば総合博物館と呼ぶべきものであることを前提としつつも、「テーマ博物館」という用語の博物館を定義して、提案する。
　テーマ博物館として考える要件のまず第一は、明確な統一テーマがあることである。もちろんテーマを持たない展示などはあるはずもなく、そういう意味では、博物館というものはテーマにしたがって展開されるものであろう。とはいうものの、一般的な地域の自然や事象ではなく、メッセージとして使える博物館としてのテーマを持ち、その一貫したテーマのもとにストーリー性のある展示を行ない、かつ博物館活動を行なう館は、少ない。何よりも運営する側がそのテーマをはっきりと意識しながら、事業などを進めていくことが必要である。
　テーマ博物館の二つ目の要件は、従来から言われている意味で総合博物館であることである。一つの分野だけの博物館の場合には、ひとつのテーマに的を絞った博物館は、従来の用語では、専門博物館と呼ばれている博物館が最も近いものである。総合博物館の組合わせは、どの組合わせでも考えられないことはないが、自然と人間との組合わせが、ストーリーを組むうえでは最もわかりやすい組合わせであろう。そして自然と人間との組合わせで、その両者を合わ

せてテーマを持つということになると、そのテーマは、いきおい人の暮らしと自然にかかわった部分に視点を持ったものになることは必然である。

　二つ目の考えを前提にすると、テーマ博物館の三番目の要件は、人と自然との接点に視座をもとめてテーマ設定を行なうということである。特に博物館が今後の生涯学習の拠点としての役割を強く持つことを考えると、現代社会の中で最も大きな問題の一つである「環境」をあつかうことは大きな課題として取り上げるべきである。博物館とその利用者とのかかわりは、展示室での一度だけのかかわりではなく、できうることであれば、利用者が博物館の場や情報を活用して、新たな活動に参加できるようなものでありたい。そしてそのような活動は、個人の自己学習とともに、利用者のさまざまな活動がやがて重なり合う中で、町づくりへとつながっていく（金山喜昭 1999）という性質を持つ。この時の利用者の視点は自分が暮らす場での「生活環境」ということを非常に大切な共通の課題（嘉田由紀子 1995）とすることが、もっとも普通であり、またふさわしい。博物館のテーマや活動も、「生活環境」にかかわったところに設定するのが、現在の社会の中で、博物館に対して期待される社会的な要請である。

　例えば琵琶湖博物館の場合には、全体での展示イメージを決める中で、展示の大枠を「琵琶湖のおいたち」「人と琵琶湖の歴史」「湖の環境と人びとのくらし・淡水の生き物たち」という三つの展示室にすることを決めた。この三つの展示室を内部では、地史・歴史・環境と省略して呼んでいる。

　この区別は展示の作り方によって区別されているために分野別の区別になっているように見えるが、本来は分野の区分ではなくて、時間軸の区分である。すなわち、人の影響のない時代のこの地域での大地の動きと生物の変化、人が琵琶湖の周囲にくらすようになってからの琵琶湖と人の暮らしとのかかわり、

写真3　保護増殖センター　　　　　写真4　一般展示室と水族をつなぐ展示

三つ目の展示室がそういう過去の琵琶湖をざっと振り返ったあとで、では現在はどうなっているのかを確認しようという現在の環境を取り扱う展示室である。「湖の環境と人びとのくらし」展示室のテーマは「暮らしの中での環境」であるために、生物や人の暮らしにかかわる話題が展示されており、博物館の展示スタイルとしては自然系でも歴史系でもない。

　また琵琶湖博物館には水族展示が併設されているが、この水族についても単独の水族館ではなく、「環境」展示室の一部としている。空調や乾燥が不可欠の博物館の展示と水がある水族の展示とは本来はあいいれないところがあるが、展示を見る人が一般展示と水族を一体と思えるような展示とし、水族展示と一般展示とをあわせて全体を環境展示とした。

　特に淡水魚には、絶滅の危機に瀕している種類も多いために、博物館という場でそういう魚類を保護増殖しているという活動も紹介することで、現在の生物が直面している現状をあわせて示そうとしている。

　このような多分野を「生活環境」というテーマで一体的に展示することで、博物館のテーマ性が明確になる。そして日常の活動の中でも同様に、できるだけひとつの分野だけで区別されるような活動にはならないことを目指している。

　この節では、利用者にとって意味のある展示として明確なテーマを持った展示の必要性を取り上げ、実はそのテーマは展示だけではなく、博物館のすべての活動の中でのテーマとなることで利用者にとってわかりやすい博物館となること、そしてそのテーマは、暮らしの中の環境とすることが、博物館が社会的に期待されている内容であることを示した。

第3節 「環境」をどう考えるか

1 博物館での「環境」の捉え方

　現在の博物館にとって、その運営やテーマの課題として、「環境」を避けて通ることはできない。どのようなタイプの博物館であったとしても、博物館が地域の人々とともに活動し、また地域の人々に情報発信をして、情報や資料を活用してもらうということをその役割としている以上は、現代社会の最も大きな課題である「環境」という問題は、すべての博物館活動の場で課題となっている。ここでいう環境とは、人々の暮らしの場での環境を意味しており、一部には自然環境を含みながら、広い意味での生活環境ということになる。つまり、人が暮らしの中で実際に認識している「環境」をどのように考え、博物館の活動の中の課題とするかということである。

　これまで博物館の展示や活動の中のテーマとしては、「環境」はほとんど取り上げられていない。そして特に取り上げられている場合には、地球規模の環境問題が取り上げられており、展示を見る人に対しては、啓蒙の立場での展示になってしまっている。つまり展示を見る人にとっては、大事な問題であることはわかっていても、特に自分に関係した展示として認識できるわけではない。

　しかし生活環境の変化、そしてそれに伴う自然環境の悪化は、非常に大きなものがあり、現在の博物館からのメッセージのひとつとして、自分の生活を見直し、地域に目を向けなおすということが挙げられるべきである。筆者は、現代は社会的にも博物館に対してはそのことが期待されていると考えている。

　しかし、地球規模の環境問題を取り上げても自分が直接に関係した課題として認識しにくいのと同様に、地域で起こっている環境問題であっても、現代社会の出来事は個人とのかかわりが非常に分かりにくく、自分の問題として捉えられないようになっている。したがって、地域の環境について考える場合でも、自分の生活とどのように関係しているのか、ということを各個人の生活の中に示すことが必要である。

　例えば、滋賀県においては、琵琶湖の水質問題は県をあげての大きな課題である。水質を維持するために、これ以上は富栄養化させないようにするために、

県は広報手段を使って、家庭の生活廃水から有機物を出さないように、生活の中で気をつけるべきことを宣伝している。これは例えば環境省が地球の温暖化が起こらないように、暮らしの中から二酸化炭素を出さないようにするための詳細な注意事項を発表しているのと同じである。しかしそのような注意を見て、確かにそのとおりと思って、実行する人はそれほど多いわけではない。そうしたスローガンのような啓蒙活動では、自分の暮らしとの関係が分かりにくいためである。

県のような行政は、必要があれば条例や規則などを作ってでも規制をし、その規制に従ってもらうように広報手段を使って啓蒙を行なう。しかし、博物館はそのような啓蒙の機関ではない。たとえば琵琶湖の水の問題に対しても、直接にこうしようというような提案をするのではなく、琵琶湖で何が起こっているのか、なぜそれが起こったのか、これからどうしたらいいのか、というようなことを一緒に考えることができるような機会を作り、あるいはそれを考えるための情報を発信していく。自分たちの暮らしを将来はどのようにするのかということを、日常の事業を通して一緒に考えていく場、あるいはそういうことを考えるための情報を準備して発信する場が博物館である。

一緒に足元にある情報を集め、地域の人々と話し合い、結果として地域の人々が、その地域の将来像を考えるような切っ掛けを作る。博物館活動の目標が町づくりにつながること（金山喜昭 1999:37）であるといわれるのは、博物館のそのような側面を言い表している。そして町づくりを考える時にもっとも大切な課題である生活環境について、それぞれの人の暮らしの現場で考えるようにすること（嘉田 1995:74-98）が博物館に期待されている。

2 琵琶湖博物館の形成と「環境」

琵琶湖博物館のテーマである「湖と人間」の背景には、環境について共に考える博物館、という考え方がある。たとえば基本構想の設置理念の部分にも、「われわれは琵琶湖を守ることが自身の生命と生活・文化を守ることであるという認識のもとに、過去の苦い経験の反省の上に立って、新しい時代にふさわしい人間と湖との共存関係をきずいていかなければならない」（滋賀県立琵琶湖博物館 1997:60）という記述があるが、この認識が設置理念の基本にある考え方である。

博物館は来館者に対して教育をする場ではなく、来館者の持っている情報と

博物館が持っている情報とを相互に交換し、その過程を通じて人と情報のネットワークを作ることができる場であると考えてきた。むしろ展示や博物館の活動に参加する中で、問題があることに気付き、自分で発見することができるような博物館からの情報発信が必要である。そのような立場で考えると、環境に対する捉え方、あるいは展示の仕方もまた、博物館の理念に従って、一貫した姿勢と工夫が必要である。

そもそも環境に対する捉え方は、人によってかなり大きな差が見られる（脇田 1997:6）。都市的な便利な環境がいい、という人もいれば、いわゆるUターンとよばれるように、農村的な環境を求めてわざわざ都会から引っ越してくる人もいる。琵琶湖の望ましい状態や水質についても人によってかなり意見が異なる。まして今や人間だけで事を決めてはいけない時代である。琵琶湖にくらす多くの魚やその他の生物たちは、人間の主流の考え方とはまた違った琵琶湖の姿を望んでいるかもしれない。

かつては少しでも便利な生活を追及して、交通網や電化製品の開発、そして携帯電話などと、次々と新たな便利な製品が出来上がり、それを求めることがよいことであると考えられてきた。しかし暮らしの中の便利さを追い求める中で、そういう生活の矛盾も生じ始めている。博物館では、そのような矛盾を含めて、生活の現場での数多くの話題を提供し、環境について考える場を作りたい。

たとえば、飲料水は現在では水道の蛇口をひねるとすぐに手に入れることができる。しかし、水道がひろく普及したのは、滋賀県では1960年代のことで、それまでは水を手に入れること自体が大変なことであった。河川や井戸水から良質の水を継続して利用するためには、毎日の苦労が多く、はやく水道がほしいというのが、多くの人の声であった。現在はそういう希望はかなえられたが、かわりにみんなで管理して生活用水や飲料水を得ていた川の水が汚染され、結果として水道水の汚染が問題となっている。生活の中に起こした変化によって引き起こされるプラスの面と、予想外のマイナスの面とが生じることがあり、その両方の情報を提供することで、初めて一人一人が自分の将来のあり方を考えることができると考える。

あるいはホタルは多くの人が最も好む生物の一つであるが、ホタルがいるような環境には必ずカがいて、ホタルを見に来た人を刺す。カだけを退治してほしいという声が上がるが、それはどう考えたらいいのだろうかというような、

現実の生活の中に起きている矛盾について考える場となることができる。

　環境に対する考え方は非常に多様であり、それは個別の人の生活観や価値観と結びついている。そのような個人的な考えと社会的な課題とが共存するために、環境ジレンマといわれるような意見と行動とが一致しない（嘉田　1995：91）ような抜き差しならない状況に追い込まれる。したがって、博物館で環境を考えるということは、博物館の側から「こういう環境がふさわしい、こういう環境に皆でしよう」というようなことを提案するのではなく、まず環境というものに対する多様な考え方があり、自分の考えている考え方はその一部であるということを理解してもらい、そのことを通じて自分自身はこれからどういう環境があればいいのかを考えることができるような材料を配置し、自分で考えるという姿勢を持ってもらうという提起をすることである。

　環境について考えるというと多くの例では環境問題について考え、その問題に対する解決策を教えるということが結論になる場合がある。あるいは特にわかりやすく、また責任のあり方がわかりにくい世界規模の問題、たとえば地球温暖化や熱帯林の減少などを説明して、それに対して、一人一人が日常的に気をつけようというような博物館の展示を見ることがあるが、それは単なる啓蒙であり、博物館が取るべき方法ではない。

　個別の社会問題としての環境問題を扱うのではなく、各個人の実際の体験の中から、各個人が考え、選ぶ環境のあり方をみんなで一緒に探すというような作業を行なう場を作るべきである。

　博物館の側から良い環境について提案をするのではないという視点は、環境についても博物館が教えてあげるということではなく、来館者が自分の身のまわりの事例を頭に浮かべ、博物館からの情報を取り入れながら、自分が知っていることを博物館に教えるということを可能にする。博物館の展示と運営の基本にある、環境について共に考えるということは、このように環境を捉えることで、利用者が自分が知っている情報を博物館に伝え、あるいは新たに皆で調べてその結果を考えるというように、主体的に博物館に参加するというスタイルにつなげることができる。琵琶湖博物館では、このような考え方を基礎にしながら「環境」についての議論を行なう場を作ろうとしてきた。

　この節では、現代の博物館にとっては、明確にテーマを持つことが必要であり、そのテーマは暮らしの中にある生活環境であり、これは現代の博物館への

社会的な要請であること、さらにその課題は教育的・啓蒙的に伝えてもほとんど意味がなく、博物館では利用者一人一人の足元にある情報に目を向けるという方法で、関心を高めていくというような方法で行なわれることを示した。

第4節　参加型博物館であるための条件

　利用者が博物館にかかわることができる博物館が、参加型博物館という名称で呼ばれていたことがある。しかし、参加型博物館という用語が使われながら、その定義や具体的な活動の内容についての共通認識があるわけではなく、この用語を使う人がそれぞれに違ったニュアンスで使ってきた。ここでは利用者が博物館の活動全体に参加できる博物館を考えるなら、参加型博物館とはどのような博物館であるのか、ということを総合的な角度から論じることで、参加型博物館の定義を行ない、利用者の視点に立った博物館というものの理念を明確にすることを試みる。

1　問題の設定

　生涯教育の時代をむかえ、博物館には従来からの社会的な役割に加えて、新たに生涯学習機関としての役割が強く求められるようになってきた。もとより博物館とは社会教育機関でありながら同時に研究機関であるという本来的な位置付けが与えられており、博物館の社会的な位置付けについてはさまざまな議論が続けられている。しかしこれまでの博物館に関する議論では、博物館を管理する立場から見て博物館とは何か、という議論が行なわれる例が多く、利用者の立場から見た議論があまりなされていなかったのではないかと思われる。

　そのような議論はすでに榊原聖文（1992:22）が日本の博物館学の議論を整理する中で「博物館利用者の顔が見えてこない」と指摘しており、例えば博物館学の学会である全日本博物館学会の博物館学雑誌に掲載されたことのある歴代の論文においても、博物館利用者が展示や日常の活動に参加することを論じたものは、浜口哲一・他（1977:1-4）と布村昇（1980:19-21）しかない。

　ところが、近年の博物館界でよく使われるようになっている用語として「参加型博物館」があげられる。この参加型博物館という用語は、現在の博物館への期待とよくイメージが一致しているため、ここ数年間に新たに開館し、あるいはリニューアルした博物館で「参加型」をうたわない博物館はないのではないかと思われるほどである。

しかしながら、その「参加型」の中身をみると、それは博物館界として共通した認識が存在するわけではなく、個々の博物館ごとにそれぞれがイメージする博物館の運営形態があり、それを「参加型」と名付けているというのが現状である。したがってその内容は、展示を触ることができる、というようなことから、展示室内の公開ワークショップの開催等、さまざまである。

博物館における参加型という概念については、現在のところまったく議論がされていないといっても過言ではないであろう。例えば最近の博物館学の教科書を意図して作られたと見られる文献を見ると、『博物館ハンドブック』（加藤、椎名・編 1990）では、利用者とのかかわりについては「市民とのコミュニケーション」という項目で博物館が行なうワークショップ等について論じている（若宮 1990:156-157）のみで、参加型という言葉やそれに類する内容は扱われていない。また『博物館学教程』（大堀・編 1997a）においては、参加型という用語については、展示の項目の中で参加型の展示が増えてきている事が論じられているのみであり、内容的にも触れられていない。『ミュージアムマネージメント』（大堀・編1996）では、角野幸博（1996a:32-36）と高田公理（1996:90-94）が利用者の視点での報告、浜口哲一（1996:1-5）が博物館の事業の中での利用者について論じているが、全体としては博物館における参加型についての議論はされていない。『新編博物館学』（倉田・矢島 1997）においても、博物館にかかわる事項について詳細な記述がなされているが、利用者側の視点については書かれていない。

いくつか行なわれている議論は、展示を体験学習の場として位置付けるものである。例えば高井芳昭（1988:7-18）などでは単に展示を見るということから、展示物と人との境を取り除くという視点で、さまざまな体験学習のプログラムの実施について論じ、あるいは大村和男（1994:1-4）は体験学習の発展型として、参加体験型ミュージアムと名付けて展示室内でも体験を重視する展示について論じている。

博物館における参加性ということは、博物館の現場あるいは設置者である行政がその言葉のムードを選択して使用しているように思われる。しかしながら博物館における参加型についての議論は、従来の博物館学で主として議論がされてきた内容が、博物館運営のあるべき姿はどの様なものであるかということであったのに対して、利用者の視点を持って博物館の運営を吟味しなおすという点を中心的に含むという点において、今後の博物館学の議論の中で、非常に重要な課題と位置付けられるものであると考える。

2　博物館における参加型活動の位置付け

　滋賀県立琵琶湖博物館は、開館準備期間中から参加型の博物館作りを基本理念の中心においてきた（布谷 1997b:32-33）。そして開館以後、新聞や雑誌等でも参加型の博物館として紹介されることが多い。例えば、柴田勝重（1997:60）は、世界各地の博物館の最近の動向を「環境問題の展示とハンズオン展示である」とした上で、「日本も参加型博物館登場」という小タイトルで琵琶湖博物館を取り上げて紹介している。そして、この紹介の内容が、参加型博物館と銘打ちながらも「見るだけ展示から見学者もその中に入り込んで何かを起こそうとしている」展示として紹介されている事は象徴的であると考える。

　すなわち、参加型という用語は、ここでは展示室においてハンズオンであり、あるいは一緒に考える事を目指した展示をもっている博物館というような意味合いで使われているのである。参加型という用語は、博物館利用者の立場で博物館について考えるための用語になり得るものであると思われるが、今のところは展示のみに関する使い方がされていることが多い。

　また展示における参加の根拠としてハンズオンという用語が使われている。ハンズオンは染川香澄（1994）の冊子などがきっかけとなって日本で使われるようになった用語であるが、その具体的な展示の例が「子どもの博物館」であったために、ハンズオンの意味が「自由に触れることで楽しい展示」というようなニュアンスで使われるようになり、現在も大変に混乱して使われている。さらに旧文部省の「親しむ博物館事業」（文部省生涯学習局 1999）でハンズオンの用語が事業の目的のようにして使われ、日本の博物館界で一般化したものである。柴田がいうハンズオンは、「触って考えられる展示」というぐらいに使われている。

　触れる展示というだけであれば、例えば日本でも大正時代の博物館展示の手法として提案されて（椎名 1988:154）おり、新しい考えではない。山本哲也（2002:20-21）は用語の混乱を整理して、現在ハンズオンといわれている用語には、場合によって、参加型展示、体験展示、知覚型展示、実践型展示、などと言い換えられる内容が混在していることを指摘している。いずれにしても安易に使われることが多く、厳密な用語の整理をすることが必要である。

　筆者はこの参加型という用語を、展示ではなく、日常の博物館活動における活動姿勢としてとらえてきた。すなわち博物館が単なる展示施設ではないことは明らかであるように、博物館の活動理念も当然のこととして展示ではなく、

博物館活動全体で評価し、表現すべきと考えるのである。

　例えば博物館の機能において、大きく研究をどう位置付けるのか、あるいは博物館の四つの事業の関連性については、博物館学の中ではさまざまに議論がされてきている。研究においては、研究を大学や研究施設にいわばまかせて、博物館はその成果を生かす場とすべきという意見は根づよくあったが、新井重三（1973:1-20）や千地万造（1978a:4）などで博物館の研究の位置付けはすでに明らかになっていると考えられる。千地は「研究調査は収集・保管・教育の諸機能とともに備えなければならない基本的な機能と考えなければならない」「調査研究と資料収集との関係はともにからみ合って機能するものであり、収集機能がまず働いて、調査研究機能がそれに付随するのではなく、むしろ基本的には調査研究の産物として資料が収集され、その結果がさらに次の段階の資料収集にひきつがれてゆくものである」としている。

　また博物館の機能についても個々の事業が独立的に行なわれてきた傾向があることに対して、例えば加藤有次（1977:76）は博物館の機能は互いに相関性を持っているとしたうえで「そのひとつの機能でも活動不能になると、特殊な博物館として存在する事になるか、または博物館の全機能を喪失することになるかの危険性もある」としており、また倉田公裕（1979:13-19）も、「これまでの博物館学では博物館活動を構成する個々の要素を独立した単位とみて、これを寄せ集め、複雑な構成体を構築して行くと見てきたのではなかろうか」としながら博物館の活動は「部分は独立した要素ではなく、全体の構成、或いは関係によって、その位置、性質が規定されていくと見る考え」をとるとしている。

　このような議論に対しては、その後はこの議論を否定するような意見は発表されておらず、理論的にはほぼ決着がついたと結論してよいと考えられる。しかし実際の博物館現場では、予算あるいは人的な制約が大きく、事業の位置付けは必ずしもその議論を実践するような方向では行なわれていない。これは今後の現実の博物館界での大きな課題である。

　以上のような議論から、博物館の事業はすべてからまりあい、相互に関係して初めて成立するものであるいってよいであろう。

　すなわち、博物館での研究が成果をあげれば、その成果を展示や日常の活動の中で生かすことができ、逆に新しい研究が行なわれなければ、情報を発信して博物館利用者を引きつけることはできない。博物館の事業に人が集まり、博物館をとりまく人のネットワークができれば、そのことによって資料が集まり、

また新しい研究に対するアイディア等もあらわれてくる。その結果としてさらに新しい人をまきこんだ研究が始まり、その成果を発信することでさらに大きな人の輪と展示の更新や資料の収集につながっていく。博物館の日常活動はこの様にそれぞれの事業がすべて相互に関連して行なわれることで全体が進んでいくような発展をしていくものである。

　参加型博物館という博物館の運営方針は、上記のような博物館の事業のあり方とセットになった考えであり、全ての博物館事業を関連させながら進めていくという事業形態と結びついている。すなわち博物館の利用者は、展示を利用し、観察会などの事業やワークショップに参加し、やがて友の会や同好会などを通じて研究事業にも参加し、その過程では資料収集にも協力をしてくれることになる。このように博物館利用者は博物館の全ての事業にかかわって、博物館を利用するのであり、博物館側はそのような多くの人々に対して、あらゆる分野での利用を受け入れることが求められ、またその受入れによって、博物館活動はより活発になり、発展をしていくものである。従って、当然の事として、利用者の声を受け入れることですべての活動を総合的に行なうという活動形態を取らざるをえない。そしてその利用を参加型と位置付けた運営を行なうとすれば、展示だけではなく、利用するすべての博物館事業がすべて参加型で行なわれるような運営を行なうことが必要である。

　一部の事業のみを参加型で行なうということも一時的には考えられるであろうが、例えば展示に触り、展示室のワークショップに参加できるという参加性、あるいは交流事業で、例えば観察会の受付や講師を手伝ってもらい、同時に企画にも参加してもらうとか、発送作業を一緒にするとかいうような参加性は事業として発展性を持ちえず、また参加者の成長にもつながらないため、長く維持することはむずかしいであろう。参加型博物館のまず第一の要件は事業を総合的に行なうことである。

3　第三世代の博物館とは

　参加型博物館とは別に、最近になって第三世代の博物館という用語が使用されるようになった。この用語を博物館の区分のために初めて使ったのは、すでに述べたように竹内順一（1985:73-88）であるが、一般化させたのは、諸岡博熊（1990:68-102）と伊藤寿朗（1986:240-247;1991:9-15;1993:141-148）である。ところが「第三世代の博物館」を「参加型の博物館」と同じ意味で使おうとしている例が

かなりあり、たしかに一見してよく似た内容を含んでいるため、両者の違いを検討しておくことが必要である。

実は同じ用語を使いながら、諸岡と伊藤のいう第三世代の博物館の内容は少しずつ異なっているのである。

諸岡（1990:68-102）は、第一世代を、「欧米の博物館制度を導入し、日本の近代化のため工業化社会の発展に役立たせることを目的とした博物館」、第二世代を、「学芸員の資格を持った人々が、教育的立場で、館側の都合に観客を従わせる運営を当然と考え、その上、難解な学術的解説を並べたひとりよがりの展示手法をもつ博物館」、そして第三世代を、「来館者が自由な雰囲気の下、主体的に行動し、自己の持つ情報を館内にある情報にぶっつけて、交流し、そこでなにかを発見し、驚き、喜び、楽しみ、情報を創出するといった文化的欲求の充足で満足できる博物館」としている。この第三世代の内容については具体的に書かれていないので分かりにくいが、同じ文献から、博物館側が既存の知識の教育を行なうのではなくて、あくまで展示室内での来館者の主体的な活動と情報交換ができるような展示工夫がされている博物館、というニュアンスが強いように思われる。

それに対して伊藤（1986:240-247）では、第一世代とは、「国宝や天然記念物など、希少価値を持つ資料（宝物）を中心に、その保存を運営の軸とする古典的博物館」であり、第二世代とは、「資料の価値が多様化すると同時に、その資料の公開を運営の軸とする現在の多くの博物館」、第三世代とは、「社会の要請に基づいて、必要な資料を発見し、あるいはつくりあげていくもので、市民の参加・体験を運営の軸とする博物館」であるとしている。そして第三世代の博物館は期待概念であり、典型とする博物館はまだないが、部分的には、市民参加の地域共同調査・共同研究、ワークショップの試み、活動のフィールドを明記した条例づくり、紀要の市民への開放などの新しい試みが各地で行なわれている、としている。また第三世代とは、参加し体験するという継続的な活用をとおして知的探求心を育んでいくことをめざす施設であり、第二世代が、すでに関心を持っている人びとの要求に応えることを軸としているのに対して、第三世代は、関心の薄い人びとをこそ対象に、その自己学習能力を育むことを軸とするところに意味があり、また人びともそれを期待するような博物館という言い方もしている。

伊藤がいう第三世代の博物館も、いくつかの例が挙げられているわりには、

その実態は分かりにくい。それは個別の例あるいは自己学習能力を育む、という中身あるいは関連性が明確ではないためである。また利用者の自主的な活動を博物館活動のワクの中だけで考えているために、地域への広がりが見られない（布谷　2001c:159）。

　例えば現場の博物館の声を集めた文献の中で、望月一樹（1994:176）は、博物館が行なう講演会や学習講座、ワークショップなどの例を挙げた後に、「これらの行事は一過性に過ぎないものであって、都市のカルチュアーセンターと同等なのである」としたうえで、その克服が博物館の課題であるとしている。言わんとしていることが正確に伝えられていないような文章ではあるが、博物館の事業がカルチュアーセンターと同じという認識こそが問題であると感じる。伊藤のあいまいさと同じく、博物館の事業全体の関連性こそが博物館事業の根幹にあることであり、それを切り離してみてしまうと、博物館の特色が見えなくなってしまうのである。

　このような意味から、博物館事業ということでは、展示だけではなく、博物館の幾つかの事業にわたって、博物館利用者がかかわる、という点では伊藤のいう第三世代の博物館は、本書でいう参加型の博物館に近いものであるが、くりかえし述べたように、博物館の全ての事業に利用者が参加し、その関連を博物館が総合化することに参加型博物館の本質を見るとすれば、これまで各地で使用されてきた第三世代の博物館という用語はその意味合いがつかみにくい博物館像だと言わざるを得ないであろう。

　なお、筆者は博物館の事業とカルチュアーセンターとの違いは、博物館には研究者である学芸員と資料や情報という博物館の資源があり、それらを活用して事業を行なうことと、その博物館という場での研究成果を生かしながら学芸員が事業全体のアレンジをするという点であると考えている。

4　博物館が参加型であるための条件

　これまでの我が国の博物館学の中では利用者の視点での議論が弱かった事はすでに述べたとおりであるが、最近になって、利用者の立場から見た博物館利用についての議論が紹介された。『博物館体験』という出版物の中で Fork, J.H. と L.D.Dierking（1992）は、人びとが博物館に来るのは楽しみのためで、勉強しようと思って来るわけではない、しかし楽しみの中でこそ人間は学ぶ、と主張している。

この主張は非常に博物館にとって刺激的な議論である。これまで博物館に関する議論の中では、博物館を訪れるということは、利用者の意思であるということが前提にあって、その利用者をいかに楽しませるか、というようなことは考えていなかった。いかにして教え、伝え、事業に巻き込むか、ということが主題であって、いかにして楽しませるか、ということは博物館らしくないと考えられてきたのではないか。しかしながら多くの人が、まず博物館に来て、博物館という場に親しみ、博物館を利用してもらうことが先決である。今はこの「楽しさ」ということを検証しておくことが必要であろう。

　現代社会は楽しさのあふれた社会といえる。テーマパークやイベント、映画、ビデオ、挙げだせばきりがないほどに楽しさがある中で、なぜ人は博物館に来るのか、そこでどのような楽しさを求めているのだろうか、ということを考えておくことは重要であろう。人が楽しむということについては幾つかの議論がある。例えば角野幸博（1976b:126-128）は、現代社会は、与えられた情報を反芻し、自分の知識や意見を加えて、他人に蘊蓄を傾けて楽しむ人が増え、モノに付随する情報が尊ばれるという、そして博物館は「受け手の知識量に応じて、受け取る情報は深みを増す。そして受け取った情報は自分の解釈を加えて誰かに披露したくなる。そこは、人々の知的好奇心をくすぐり、楽しみながら披露し、刺激を与え合う場なのである」という。そして博物館では、そのような楽しみ方をする人達に対して、必要なアドバイスをすることで、人はさらに新たな好奇心をふくらませる事ができるであろう。

　また人が集まるための要件として、伊木稔（1996:224-225）は、1）ハレの場としての祝祭性　2）見世物的楽しさを演出したオリジナルな娯楽性　3）人間の好奇心を刺激する新奇性と先端性　4）その時、その場でしか味わえない臨場感、生の感動、ライブ性、という四つの点をあげている。これらの要件も博物館という場が本質的に持っている内容であり、運営上で少しの注意をはらえば、すぐに実現できるような条件ばかりといってよいだろう。博物館という場はこのようにまず人が集まる場としての条件を備えているのである。

　さらに挙げるなら、人が集まり、楽しむことの理由として、古典的な議論として、マズローの欲求の五段階説（フランク・ゴーブル　1970:59-84）が挙げられよう。第1段階、生理的欲求　第2段階　安全の欲求　第3段階　帰属の欲求　第4段階　承認の欲求　第5段階　自己実現の欲求である。第3段階までのような基本的な欲求がかなえられた後は、利用者が主体として認められ、さらに自

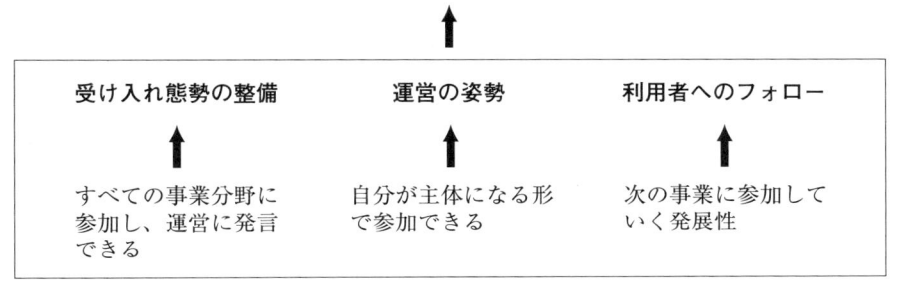

参加型博物館

```
┌─────────────────────────────────────────────────────────┐
│  受け入れ態勢の整備      運営の姿勢       利用者へのフォロー    │
│        ↑                ↑                ↑           │
│  すべての事業分野に   自分が主体になる形   次の事業に参加して  │
│  参加し、運営に発言   で参加できる         いく発展性        │
│  できる                                                │
└─────────────────────────────────────────────────────────┘
```

図2　参加型の博物館であるための条件

己実現をなしとげることで満足感を得る事ができる、とされている。博物館においても、利用者の満足を得るためには、単なる展示見学だけで終わらず、博物館利用のあらゆる局面で第4段階、第5段階の欲求が満たされるような参加形態を準備しておくことが必要である。

　以上のような幾つかの議論からも、人はどのような楽しみを求めているのか、そして何を求めて博物館にやって来るかは明らかになってくる。人は学ぶ楽しさを求めて博物館に来るのであり、その楽しさの中心は自分が主体となって、自分からも情報を発信し、人と交流するということである。博物館という場を利用して主体的に考え、博物館の情報を受け取ることで好奇心を伸ばし、活動に参加していくことで自分の世界を広げていく。博物館こそ、そのような楽しみ方をするのに最も適した場である。そして博物館という場を楽しむためには、博物館の側は、本書で参加型と呼んでいるような運営方針を持つことが必要とされることは明らかである。

　以上のような議論を整理すると、博物館が参加型の博物館として運営されるためには、

1) 利用者は博物館が行なう全ての事業分野への参加とともに運営への発言ができること、
2) 自分が主体となるかたちでの参加ができること、
3) 参加することで新たな好奇心が発揮され、関心を広げていくような発展性があること、という三つの条件が必要であると考える。

　1) は博物館の利用者にはあらゆる年齢、階層、興味の段階があり、それらの

人々を基本的にはすべて受け入れて、かつ一定の満足感を得てもらうということが博物館事業の必須条件であるということが前提である。そのような多様な人々が希望する博物館の利用に対して、博物館の事業のどの分野においても関心を持った分野で参加できる余地を作っておき、参加の窓口を持って受け入れることが必要であろう。また単に既存のメニューに従うだけではなく、運営内容に意見をだし、その意見が受け入れられる状態を保つようにしておかなければ、利用者として満足感を得る事ができず、利用が一時的なものとなってしまう。

琵琶湖博物館の例で言えば、基本的な運営方針を持つと同時に、多面的な内容を含んだ計画的な事業展開やその際の参加者からの意見のくみ上げ、eメールを使っての情報交換、博物館や展示に対する意見が展示室内で掲示されるシステムなどにあらわれている。

2) は参加する利用者が、自己の参加意識を満足させるためには、博物館利用の局面で利用者が中心となり、自分の意見を発信することができるような運営方式を持つことで利用者が自分で作りだしているという意識を持てるようにすることである。利用者が博物館からの情報を受け入れるだけではなく、それを切っ掛けとして自分から情報を発信し、ある場面では博物館の事業を中心になって運営するようなこともありうるであろう。

実例としては、参加型調査においても情報を得た後の中間報告の発行や参加者の会議を持ち、意見を出してもらい、それらを出版すること、日常の事業においても参加者が直接発言できる場を設定すること、事業参加者の同窓会的なグループの組織化と博物館内への受入れ、研究希望者の受入れと日常的な対応、などにあらわれているといえるだろう。

3) はそのような利用をすることで知的好奇心が刺激され、更に高度な利用を行なうようなシステムが作られていることが必要であろう。なにか切っ掛けがあって野外観察会に参加した人が、興味をもってもっと調べたい、と考えた時に、それを可能にするプログラムや組織が博物館に確保されているという状態が求められる。それは、学芸員という研究者が全体の計画を作り、事業を単発ではなく、計画的にプログラムや内容の吟味をしながら行なっていることによるであろう。

博物館の例では、博物館友の会・同好会や研究会の組織化、民間のグループなどへの協力、出版物の充実、学芸員による研究成果の活用など、さまざまな

段階での窓口の存在が挙げられる。

　内容的には、1）は組織的な受入れ整備であり、2）はプログラムと実際の運営姿勢であり、3）は利用者へのフォローと博物館事業全体の発展が前提となる。そしてこのようなプログラムや技術的な展開と同時に、現実には学芸員がそうした姿勢をあらゆる事業において意識して貫くという姿勢を持ち続けることが不可欠である。単にたくさんの事業を行なっていて、評判が高く、参加者の数が多いというだけでは、利用者に対して熱心な博物館の運営ではあっても、参加型とはいえないことは言うまでもない。

　この様な三つの運営方針を持つことで、利用者の幅広い参加意識を十分に受け入れ、かつ満足してもらうことでさらに次の参加につなげ、その結果として博物館自体が利用されることで成長発展していくような博物館を「参加型博物館」と呼びたい。

　そのような博物館の運営は、かならずしも最近になってあらわれた博物館像ではなく、部分的には博物館としては普通の運営スタイルであったり、あるいは理論的にはむしろ解決済みであったりするような内容をすら含んでいる。しかしながら、かつて伊藤が第三世代の博物館を概念の博物館であるといったと同様に、現在も参加型の博物館といえる博物館はまだ日本には生まれていないのではないかと思われる。琵琶湖博物館をはじめ各地の博物館の多くは、運営理念として参加型を目指している。このような各博物館での実践例の積み上げの中から、参加型博物館に関する議論を深めていくことが必要である。

　本節では、近年に良く使われる期待概念としての参加型博物館ということに対して、それは本来は展示室で展示に参加できるような博物館ではなく、すべての博物館の事業に主体的に参加でき、利用者が意見を出すことで運営に影響力を与えるような博物館であることを、博物館の中のこれまでの議論を踏まえて示した。

第5節　博物館を活動の場とするボランティアの位置付け

　多くの利用者が主体的に活動に参加するというスタイルの参加型博物館（布谷知夫 1998:22-23）を想定して具体的な課題を考えると、博物館の場を利用して行なわれるボランティアの問題が象徴的に浮かび上がってくる。多くの博物館利用者がボランティア的に博物館にかかわろうとしており、この人達の意図を博物館として評価し、博物館の活動の中に位置付けることで、利用者の十分な満足感とともに、博物館の事業も大きな成果を上げることができると考えられる。しかしながら同じ意図の利用者に対しても、ボランティアの位置付けを明確に理論化しておかないと、一時的な利用であったり、博物館側の都合で労働力の提供を受けるだけということになる恐れがある。

　博物館の場でボランティアが論じられるようになったのはそれほど最近のことではなく、初期的な博物館ボランティア活動は、早いものでは戦前から行なわれていたという報告がある（日本博物館協会 1988:32）。そしてボランティアが世の中で一般的な市民権を得るようになり、この10数年ほどの間には博物館の場でもボランティアに関する議論が行なわれている。しかし、議論の内容を見ると博物館でのボランティアに関しては、展示室での展示解説ボランティアの導入や組織化についての技術的な議論が大部分で、博物館という施設にとってのボランティアの位置付けにまで踏み込んだ議論はあまり行なわれていない。

　この節では、一般的なボランティアや博物館の場で議論されてきたボランティアに関する議論を整理しながら、博物館の場で行なわれるボランティアの、博物館運営にとっての位置付けを明確にして、実際にボランティア導入をするにあたっての考え方を明らかにしようとするものである。

1　日本におけるボランティアの議論の変遷と特徴

　我が国でのボランティアの議論は1930年代ごろからはじまっており、第二次世界大戦の後ころから議論と共に実際に組織が作られ、その最初は愛媛県のボランティア組織であった（興梠寛 1994:105）。そして1960年ごろから全国的にボランティアの組織が作られていった。しかしボランティアの議論が主として社会

福祉の世界で行なわれていたために、長い期間にわたって、ボランティアとは社会福祉の用語であるという認識が広まっている。もちろんボランティアに関する議論としては、かなり幅広い分野について行なわれていたが、実際にボランティア活動が行なわれていたのは、やはり社会福祉の分野が中心であったということも事実であった。

　また我が国に特有の事情として、伝統的な村社会の共同作業や戦時中の国策教育などの影響を受けて（根本弘 1988:37-38）、ボランティアとは「無償の自己犠牲」的な活動あるいは「滅私奉公」というイメージが強かった。皆が同じように作業に参加して、労働力を提供することで、共同体の作業が成立する。したがって共同体を維持するためには、半強制力を持った活動に家族から代表が、あるいは全員が参加するのが当たり前、という暗黙の認識があり、そのような活動をボランティアと呼び、また近代的なボランティア活動もその延長線上にあるものとするイメージが色濃く残っていたためである。また逆に社会福祉の現場でも、労働力を提供し、犠牲となって活動をすることで、全体を支えていく、というような気分がボランティアの側にもあったようである。

　またもう一つのボランティアのイメージとして「おせっかい」ということがあげられる（筒井のり子 1997:22-23）。自己犠牲の裏返しとして、個人的な熱心さの余り、全体像や社会的な実情を理解しないままで活動に参加するという傾向を揶揄した言葉である。

　これに対して、1970年代から1980年代にかけて、自然環境や公害にかかわる市民運動の高揚とともに、市民運動としてのさまざまなボランティア活動が行なわれるようになり、ボランティアに対する考え方も、より幅広く考えられるようになってきている。

　この様な議論の中から現代的なボランティアのキーワードを選ぶと「自発性、自己学習と自己実現、制度の変革」であろう（早瀬昇 1994:22-24;筒井のり子

昔のボランティア	現在のボランティア
自己犠牲	自発性
滅私奉公	自己学習と自己実現
おせっかい	制度の変革

図3　今昔のボランティアのキーワード

1997:24-34)。最近の日本海の原油流出事件や兵庫県の震災に関わるボランティアの活動が注目され、ボランティア活動が市民権を得たような評価がされているが、このような例はボランティア活動の幅の広がりを示すと同時に、上にあげた三つのキーワードが具体的に実現されているものといえそうである。

このキーワードは「自己犠牲、おせっかい」とは正反対の概念であり、個人が自分の興味や好みを契機として活動に参加し、そのことで自己と共に社会を変革していこうとする意思を示すものである。また同時に、ボランティアを単なる手伝いであったり、便利な労働力の提供と捉えるのではなく、あくまで個人の主体的な行為であり、社会的な活動と位置付けようという議論であり、博物館のボランティアを考えるためにも、重要な視点であると考えられる。

この様なボランティアに関する議論は盛んであり、例えばボランティアに関する文献リストや主な文献集（高森敬久・小田兼三・岡本栄一 1974、小笠原慶彰・早瀬昇 1986、窓編集部 1994、辻智子 1997）などが作成されていることは、この世界での議論の活発さを反映しているものと考えられる。

しかしこれらの文献の中ではタイトルからはその内容を類推することはできされないが、少なくとも博物館のボランティアをテーマとして論じている文献はほとんどない。例えば小笠原他（1986）ではおよそ600件の文献があげられているが、博物館でのボランティアを扱った論文はわずかに2篇であり、他の三つの文献集ではまったく見られなかった。

もちろん博物館でのボランティア活動については幾つもの研究例があることは明らかである。これらの文献リストに博物館を扱う論文がないのは、逆に一般的なボランティアの議論と博物館でのボランティアの議論とは相互に議論が交流されていない、ということが改めて明らかになったということである。

2 博物館でのボランティアに関する議論と意味付け

以上のように一般的なボランティアに関連しては多くの議論がされ、近年、理論的な成果が上げられているが、博物館については同列では議論がされていない。これらの一般的な議論の成果は、博物館という場でのボランティアについて考えるためにも前提として考慮しておくべき内容が多いが、また博物館のボランティアに関連しては、この様な議論とはまったく別個の課題があることにも注意しておく必要があると考える。

博物館でのボランティア活動については、日本博物館協会の「博物館研究」で多くの議論が行なわれており、また「月刊社会教育」などでも幾つかの論文が発表されている。これらの研究例を見ると、大きく三つのタイプがある。その一つは、全国的なデータをアンケート調査などをしてまとめたもの、二つ目は具体的な博物館の現場でのボランティア導入と日常活動を紹介しながら、その課題や問題点などをまとめたもの、三つ目は博物館のボランティアのあり方などを論じたものである。

　これらの議論からは、博物館におけるボランティアの性格も時代を経て変わってきていることがわかる。一般的なボランティアがそうであるように、博物館のボランティアも、初期には、掃除などの奉仕的な活動が行なわれ、やがて展示解説に見られるような学習的な要素は持ちながらも、博物館の事業の補完的な活動が行なわれるようになっている。そして現在では、博物館ボランティアは、同じ展示解説でもその活動への参加者の自己学習や自主的なグループ活動としての要素が強くなってきている。

　全国的なデータをまとめたものでは、日本博物館協会が二回のアンケート調査を行ない（日本博物館協会　1988a;1988b;1993a、1993b）、その結果をまとめて発表している。1988年の調査で回答のあった1172館のうち、個人あるいは団体でのボランティアを導入している館の数は170館であった。また1993年のアンケート調査では、ボランティアを導入している博物館は、回答館1250館のうち、133館であったということである。この調査によれば、ボランティアを導入している博物館では、活動内容は学芸業務補助、来館者接遇、付帯活動補助、環境整備という幅の広い活動に参加しているということである。そして独自の組織を作っている場合と、友の会や同好会、地域の婦人会などにその活動を依頼している場合などがある。そしてボランティアが増加傾向にあるものの、人的あるいは物的な課題が多いとしている。

　日本博物館協会はこのアンケートの後にこれまでにボランティア導入の経験がある博物館265館に対してあらためて調査をして、結果の解析と共に、30館の博物館へのヒアリングを行なってかなり具体的な内容の報告（日本博物館協会 1993c）を行ない、翌年には『導入の手引』（日本博物館協会　1994）を発行している。

　また最近では博物館の場でのボランティア導入の例が多くなってきたために、国立科学博物館が全国の交流研修会を行なっている。申込み者が多く、各博物

館からの出席を1名にしぼっても、断るような状況が生まれており、その報告書（国立科学博物館編 1997）も発行されている。

　これらの一連のデータでは、博物館の世界でのボランティア導入の現状はかなり詳しく説明がされているものの、博物館の活動にとってボランティアはどういう位置付けになるべきであるかという議論は行なわれていない。また活動内容では、一般的なアンケートの結果が非常に多岐にわたる活動が行なわれているような内容であったにもかかわらず、例えば上記30館へのヒアリングでは、やはり活動の中心は展示室での展示案内と補助活動が大部分で、その他には行事の補助やショップの補助などがあげられているが、その他の活動はあまり表現されていない。

　全体として、生涯学習の振興（生涯学習審議会答申 1996）ということを大義名分としてボランティアが導入されており、きわめて具体的な技術的課題については努力の結果が見られるものの、なぜボランティアでなければならないのかという博物館での内実はあまり議論がされていないように思える。

　これに対して、博物館の現場からの報告が幾つか発表されている。しかしながらその多くは「ミュージアムトークを開始して」（岡田憲三 1995:10-13）、「ボランティアによるギャラリートークについて」（日比野秀男 1988:12-19;1989:8-12;1990:8-12）のように展示解説を中心としたものが多く、根元弘（1988:35-38）や国立科学博物館教育部（1988:25-28）の教育ボランティア、田中克郎（1989:16-28）、兵庫県近代美術館（1991a:12-16; 1991b:10-13）、藤本正博（1993:1-4）なども展示以外の分野の活動にも触れているが、基本的には展示解説業務が中心になっている。博物館のボランティアの活動分野は非常に幅広いものであることは先のアンケート結果などからも明らかであり、個別の博物館ボランティアについてもそういう趣旨で議論がされているにもかかわらず、引用した論文やその他の多くの先行研究に共通して見られるように、実際に具体的な話になると展示解説に話が集約してしまうということは、逆に博物館ボランティアという活動に対する理論的なあいまいさと、一種の決めつけがあるのではないかと考えている。これに対して田中徳久（1998:59）は博物館のボランティアは展示以外の全ての活動分野で可能ではないかと問題提起をしている。

　博物館学的なボランティア論は、もちろん幾つか引用した論文の中でも少しずつ触れられているが、それを目的としたものは大変少ない。吉武弘喜（1988:6）は博物館のボランティアを推進する立場からボランティア活動を博物館の事業

として位置付けることが必要であること、そのことで負担が増えるという声に対しては、それはボランティアを館の省力化のためと考える誤りであって、社会教育事業として考えるべきと論じているが、博物館にとってのボランティアの位置付けについては触れていない。矢野牧夫（1993:11-14）は本格的にボランティアについて論じ、博物館の教育活動には参加者の興味の程度やかかわりの度合いについて発展段階があり、順に高度な段階に進んでいくように事業を組み合わせていくものであり、ボランティアはその最終的な段階としてとらえることができ、その特徴を生かして友の会やサークル活動の中にボランティアを取り入れることで博物館の活性化がはかれるとしている。荒井一政・他（1998:9-11）は実際のボランティア導入の経過を踏まえながら、博物館のボランティアは展示解説だけではなく、博物館の事業全体に導入が可能であること、そしてそれらの各事業の活動が有機的に結びついている部分があることを議論して、総合的なコーディネートが必要であることを述べている。また大堀哲（1997a:13-14;1997b:182-187）は、ボランティアの導入によって博物館の活性化と利用者サービスの向上、博物館と利用者である地域住民をつなぐ役割を果たすことができるとしており、石川昇（1996:266-272）もボランティア導入の具体的な課題の整理とともに、同様の位置付けをしている。

　以上のような博物館でのボランティアに関する議論を振り返ってみると、例えば先に一般的な現代的なボランティアのキーワードとしてあげた「自発性、自己学習と自己実現、制度の変革」に関しては、博物館の場合には一般的な理解とは、かなり異なるものとしてとらえることが必要と考える。このキーワードの中で最も本質的なものは「制度の変革」ということであると思われるが、博物館のボランティアの場合には、参加するというところに制度にかかわる点が含まれるとはいうものの、それは本質ではないであろう。博物館から地域へと活動が広がっていく可能性は高いが、それは博物館にとっての目的のひとつではあるが、そうなった場合には、すでに博物館のボランティアの枠の外になると考えられる。昔からの自発性というキーワードについてすら必ずしも本質とはいえない部分がある。すなわち博物館のボランティアは博物館からのよびかけによって始まり、博物館との関係で継続するという場合が多いと考えられるからである。したがって、博物館でのボランティアの本質は自己実現或いは自己学習という点である。

　博物館を利用する利用者は、何よりも自分が楽しみ、学ぶために博物館を訪

れるのであって、誰かの役に立とうとして博物館に来るわけではない。また継続して博物館を利用し、或いは博物館の事業に協力する場合も、あくまで自分が学ぶためであったり、ボランティアとして活動をすることで、博物館や人のためというよりも自分が学ぶためであったりという目的が非常にはっきりしている場合が多い。博物館に対する労働力の提供といえそうな、例えば発送物の封筒詰めや発送作業のようなことすらも、その事業に関わる一連の情報収集や学習に関連するからこそボランティアとして参加するのであって、自発的な行為であるように見えても、実際には自己学習という目的が強い。この点が博物館のでのボランティアについて考えるための重要な点である。

3　博物館でのボランティアのあり方

　博物館で行なわれるボランティアについては幾つかの議論が行なわれているが、すでに述べたとおり、生涯学習の手段として必要であるということを無条件の前提としながら、なぜボランティアを導入するのか、博物館にとってボランティアはどういう位置付けにあって、どういう役割を持つのかということを抜きにして、議論の方向が基本的に展示解説ボランティアの方法論に限られており、またどのように導入して組織化するかというような、組織論や技術論が大半であった。

　ボランティアによる効果としては、博物館が活性化されていく（藤本正博 1993:1-4）、博物館と地域をつなぐ役割を持つ（大堀哲 1997a:13-14）、学習した成果を社会に還元することができる（石川昇 1997:26-27）、などがあげられてきたが、ここからは博物館という場を活用する利用者の姿は分かりにくい。以下にボランティアとは博物館という場にとってどういう存在であるのかを考えてみたい。

1）博物館の日常の活動はすべてボランティア活動にむすびつく

　博物館の活動は、研究調査、交流サービス、資料整備、展示というような日常の事業が総合的に結びついて行なわれることに特徴がある。すなわち、研究の進捗によって情報発信ができ、その結果として資料が集まり、研究の成果を交流活動や展示活動に生かすことで、またあらたな研究テーマがあらわれ、人のネットワークが広がり、新しい資料も集まる。そのような総合的な活動の中で、多くの人々が博物館を利用する。したがって主体的な利用者の立場からすれば、最初は野外の観察会や展示を利用するだけであったとしても、興味を伸

ばし、他のテーマの観察会への参加、あるいは研究会等への参加がしやすくなっていることで、より活発に、あるいは他の分野の活動にも参加しようという気持ちになりやすい。

ボランティアの活動の場が展示解説だけではないことは従来の議論でも明らかであり、実際にもさまざまなボランティア活動は行なわれているが（日本博物館協会 1993a:18-19）、その実態はわかりにくい。しかし博物館のあらゆる活動の場に利用者を受け入れることを博物館の一つの目標としてよいならば、博物館の事業に参加できるということは、当然のこととして博物館のすべての活動の場でボランティアを受け入れることができると考えられるであろう。博物館の日常活動への参加とボランティアとは表裏一体のことなのである。

実は多くの博物館では、ボランティアの受入れという意識ではなく日常的にボランティアの受入れを行なっているのである。同好会等が博物館の資料の整理をしながら自分たちの研究を行なったり、昆虫や植物標本のマウントなどの作業を、自分の勉強のためということで手伝ってくれたり、企画展示の実施にあたっての準備の手伝い、観察会の場での名簿チェックなどを見兼ねて手伝ってくれたりと、挙げていけばきりがない。このような博物館の日常活動の中で学芸員とともに博物館を利用している人達をボランティアと意識することはあまりないようである。しかし博物館の活動に参加する中で多くの博物館利用者はすでにボランティアとして活動をしており、その中でもっとも組織化と研修が必要なのが、展示室での解説ボランティアであるために話題や議論になることが多かったのである。

したがって、ボランティアに関する議論は実は博物館の活動全体を、どのようにして、どの程度に公開していくか、別の言葉で言い換えるなら、どのようにして参加型の博物館にしていくかという、博物館の活動の本質にかかわってくるような問題なのである。

また近年ではボランティア活動の一般化の中で、博物館をより積極的に活用し、ボランティアグループが博物館を活動の場とし、グループの主体性を持ちながらさまざまな活動に参加するような例も出てきている（水谷綾 1998:4-11）。このような例は今後も友の会とのかかわりの中で増加していくと考えられ、逆に博物館の側のボランティア議論が求められていくと考えられる。

2）博物館の利用者をすべてボランティアと考えることができる

利用者は博物館が持つ多くの機能を利用しているが、ボランティアを博物館にとってプラスになる人と考えると、実はすべての博物館利用者は博物館にとってプラスになる存在であり、そのプラスの量が大きいか小さいかという差しかないと考えられる。すなわち博物館の利用者はすべてボランティアという範疇でとらえなおすことができる。

　例えば展示室においてさえ、来館者から日常的に多くの情報を得ることができる。琵琶湖博物館の民家の展示では、民家の構造や置いてある民具について、滋賀県内の各地での事例などを来館者から教えてもらっており、或いは時としてまったくの他人どうしが民具について説明をし合っていたり、小学生のグループに年配の人が昔のことを教えてあげていたりというような、来館者どうしによる、ほとんど自然発生的な展示解説ボランティア活動が日常的に行なわれている。また丸子船という展示では、これまでもう丸子船を操ったことのある船頭はいないだろうといわれていたが、展示を見ながらこういう船に乗っていた、という人があらわれ、その人からいろいろと昔のことを聞く機会があった。展示室においてすらそうであり、博物館のどの事業に参加する人であっても、博物館から情報の提供を受けると共に、博物館へ情報をもたらし、事業の進展に多大な協力をしてくれている場合が多い。

　従って、博物館にプラスになる人のことをボランティアと呼ぶとすれば、博物館の利用者は本来的にすべてボランティアといえる存在であり、この用語と性格を考え直すことが必要になるであろう。これまでは大きなプラスとなる人をボランティアとよび小さなプラスとなる人を単なる利用者としてきたといえる。また個人的な活動ではなく組織化された活動だけをボランティアとよんできたために、組織の問題と認識され続けたと思われる。あるいは極端な場合には、博物館が自由に使うことのできる労働力としての利用者をボランティアと呼んできたのかもしれない。先に述べたように参加型を追及することとボランティアの存在とは、この意味においても同列の課題なのであり、どのような姿勢で利用者を受け入れるのかということは、博物館の運営と、どのような博物館を目指すのかという博物館の選択にとって非常に大きな課題である。

　このようなボランティアの位置付けを行なうとすれば、ボランティアの問題というのは、個人的なボランティアを博物館運営にどう位置付けるかということと、ボランティアをどう組織化するのか、というふたつの問題があるということになる。

なお、利用者はすべてボランティアという考えは必ずしも新しい考えではなく、例えばエコミュージアムの中にくらす地域の住民はすべてボランティアと位置付けることができるという意見（岩橋恵子 1997:121-123）や、ゴミの分別をしている人はみんなゴミに関するボランティアをしているという意見（鶴丸高史 1994:46-47）などは同じ視点の考え方である。

3）ボランティア的な活動の二つのタイプ

　博物館利用者個人の目的から区別すると、ボランティアには二つのタイプがあると考えられる。ひとつは自主的に自分の学習と結び付けて博物館を活用するというタイプであり、もう一つは、自分が博物館を活用することで感じている楽しさを他の人にも感じさせてあげたいという気持ちで行なわれる活動である。

　例えば博物館の標本を利用する場合は、博物館の資料を使って卒業論文を書くために博物館に通って、資料の整理をしながら研究をするというような場合がある。また同好会や研究会の活動をすすめるための過程で、博物館の資料を整理したり、ラベル作りを手伝ってもらうような場合がある。このような例では利用する側は自分たちの活動を行なうためであったり、自分の研究のためであったりしながら、結果としては博物館の資料整理を手伝ってくれていることになっている。最近は博物館の標本を触ることで自分の勉強をしたいという気持ちから博物館の資料の整理を手伝ってみたいという人が増えている。博物館が行なう大規模な参加型調査に参加する場合や博物館が準備をしてすすめる研究会への準備スタッフとしての参加なども、おそらく参加者が自分の興味や好奇心、あるいは向学心が動機となって博物館を利用しようとし、その過程で博物館の側には資料の整理が進んだり、新しい資料の蓄積や情報の蓄積が進むという効果がもたらされている例といえる。このようなさまざまな博物館への参加に対して、どのような参加も博物館の資料整備や事業が進むことにつながることでもあり、また利用者自身の学習の機会にもなるために、博物館としては、可能な範囲で博物館を利用するという要望にこたえるべきである。そして博物館にとってもプラスとなり、利用者にとっても学習の機会となるため、博物館のボランティアの範疇で議論できる内容である。

　博物館ボランティアとして最も一般的に議論がされている展示解説ボランティアも、前提として行なわれている研修を通じて、自分自身が学び、また展示

解説を行なうことで新たな疑問が生じて、それについて学びなおすという作業の楽しさや、展示解説をしながら対話の中で学ぶことの楽しさから行なわれるといっても良い。これまでこの様な展示解説以外の一般的な博物館の機能の活用はボランティアとは位置付けてこなかった。しかし自己学習という言葉で括ることができ、博物館にとっては大変にプラスになる活動としてすべてボランティア活動の中に位置付けることができる。

　それに対して、例えば野外観察会やシンポジウムなどでの裏方的な仕事や受付などを行なったり、博物館の事業を進めるためのさまざまな発送物の発送作業、図書整理などにともなう仕事、最近ではデータの入力やホームページの管理などにともなう仕事を博物館利用者にしてもらうという場合がある。この様な例は参加者が学ぶという側面ももちろん含まれているが、どちらかというと利用者の好意で博物館が一方的に協力をしてもらうボランティアであり、先に述べたように利用者自身が自分の博物館利用の楽しさを人に伝えるために、宣伝役をかってでてくれているということになる。そしてこのようなボランティア活動では、きわめて作業的な内容を含むことが多いために、ボランティアは一方的な労力提供ではないといいながらも、実際の博物館の現場ではボランティアは博物館の仕事を手伝ってくれる人というように考えられるようになったのではないか。

　これまでの博物館のボランティアの議論では、このなかの作業の面だけが表にでてくる場合が多かったと思われる。しかしそこからはなぜ人が博物館のボランティアをかってでるのかは見えてこない。それは人が博物館という場を利用して活動をし、その楽しみを人にも伝えたいという考えから博物館への一方的な労力提供をすらしてくれる、ということである。

　そしてこの様な整理から、ボランティア活動というものが博物館にとってどうプラスになり、利用者にとってどうプラスになるかという関係を明らかにすることができる。

4）博物館ボランティアは自己学習の要素が強い

　一般的なボランティアのキーワードは「自発性、自己学習、制度の変革」であるのに対して、博物館のボランティアは自己学習という面が強いということはすでに述べた。本来自発的な活動でありながら、博物館という場の持つ機能を活用し、また博物館の学芸員とのかかわりのなかで行なわれる活動であるた

めに、もちろん自発性がなければできない活動ではあるが、自発性だけでは成立しない活動である。

それに対して、自己学習という点から見ると、博物館としての対応に一つの課題が生じる。学ぶことを目的としたボランティアの場合には、学んだ結果として成長するということが自覚できるようにしておくことが欠かせない。一時的には満足できても、同じことが長く続く中では、新しい情報や発展性があること、単独で切れてしまっている事業ではないことがわかる中で、成長していくという自覚が持てる状態を博物館の側が準備しておくことが受け入れる側の条件である。

例えば展示解説のボランティアであれば、日常的な研修や資料の提供、ディスカッションなどを行なって、ボランティアの側が展示解説をすることで学ぶことができるということが分かりやすいように配慮をすることが大切である。同じような配慮は、博物館のどの事業であっても必要で、事業に参加したことで関心が広がり、好奇心が刺激され、博物館の他の事業にも関心を向けることができるようにし、そのような新たな関心を持った場合には、別の事業でも受け入れることができるような体制を準備しておくということも含まれる。

そしてそのような受入れ体制とは、博物館のすべての事業で参加できる余地を作り、ボランティアとして受け入れることができるような博物館の総合的な事業展開をすることで保証される。

5）ボランティアの活動によって博物館自体が成長できる

ボランティアを活用する理由として、生涯学習施設という立場から、利用者の自己実現や成長ということが挙げられている。しかし同時にボランティアの活動によって、博物館自身が成長していくということに注目すべきである。

もちろん博物館の事業の一部を利用者の手を借りて行なうわけであり、ボランティアの力で事業が進んでいくということは明らかである。しかし現実にはボランティアを受け入れることで起こる、受入れ側の仕事量の拡大ということも事実であり、そのことが理由でボランティアを考えないという博物館もある（日本博物館協会 1988b:6-8）。したがって博物館利用者の姿だけを基準にして考えると、博物館が成長するということは言いにくい場合もある。

しかしボランティアが個別の一時的な活動であるのに対して、博物館の活動は恒常的であり、発展性がある。つまり、受入れ体制としてどの事業において

も発展的にボランティアを受け入れる体制を作ることができた場合も、その各事業が実際に活用されることで初めてそういう体制を作ったことが生きてくるわけである。理論的な博物館のあるべき姿は、その状態を活用することができる人々の存在によって初めて現実のものとなる。そういう意味では、博物館は、利用者に利用されることで初めて現実のものとなり、利用の結果として博物館自体が成長し発展することができるようになっていく。

6）博物館の利用者全体の整理

博物館にプラスになる人はすべてボランティアと考えるべきであり、そういう意味では博物館利用者は全員がボランティアといえると述べた。しかし同時に博物館に対するプラスの大きさは評価すべきであろう。展示を見て何らかの情報を残すというようなプラスから、博物館のコレクションを整理して資料目録を作ってしまう、というようなプラスもある。そして博物館としてはまた、そういうプラスを個別に考えながら、博物館にかかわる各個人が、小さなプラスから少しずつでも大きなプラスをもたらす存在として博物館と付き合ってくれるように、その筋道を作っていくことが求められる。そのことは利用者から見れば、よりやりがいがあり楽しい活動に参加していくことができるような活動が準備されているということになる。そのような博物館側の作業として、博物館にかかわるすべての人のかかわりかたを人のグループごとにまとめて範疇化し、そのタイプごとにどのように博物館から情報を提供するか、博物館利用の窓口をどう準備するのか、を十分に考えておかなければならない。

7）ボランティアの活動は強制できない

博物館のボランティアを利用者の活動と位置付けるとすれば、当然のこととしてボランティア活動には博物館からの強制力は入る余地はない。もちろん一般的にもボランティア活動は自主的な活動であり、強制力のない活動であるが、博物館の場合にはそのことを博物館の側がより強く意識しておかないと強制力を生じてしまう恐れがある。

例えば一般的にはボランティアといえども活動を始めた以上は責任が生じて強制力があるような議論がされる場合がある。しかし博物館のボランティアの場合には、どのような場合であっても、途中で活動を止めてしまう個人を非難することはできないであろう。博物館での活動が楽しくなければ、自己学習に

第2章　利用者の視点に立った博物館の理念　　79

役立たないと思えるようであれば、止めてしまうのは当然であるからである。もちろん約束事に対する責任や倫理は生じるであろうが、博物館の側からそのことを問題とするという姿勢は、ボランティアを労働力として期待するという発想につながっていくと考えられる。期待していた作業に欠員がでるということは博物館からみれば技術的な問題であり、博物館の側で解決していく課題である。ボランティアがやめていくとすれば、利用者であるボランティアの責任ではない。多くの場合は博物館のマネージメントの問題である。

8）博物館の場ではボランティアという用語はふさわしくない

　博物館の場でのボランティアについて述べてきたが、一般的なボランティアと較べて博物館でのボランティアはかなり性格の異なる部分があることは明らかであろう。それは博物館という機関に結びついて、その活動と表裏の関係で行なわれる活動であるために、利用者にとって博物館を利用するという本来の機能がボランティアの活動そのものにあたるという博物館活動の特殊性に基づくものである。

　しかしこれまでも適当な用語がないままにボランティアという用語が使用されてきた。この用語が世の中でより市民権を持ち、使用されるようになりつつある中で、博物館でこの用語を使うことで、ボランティアとは特別に大きなプラスをもたらす人というイメージが残り、その博物館としての本質がますます曖昧になってしまうように思われる。利用者がいてその利用者が博物館を利用するということが、博物館の根幹の精神であり、そのような利用者によって初めて博物館は成立する。この利用者をボランティアという用語でまとめることは誤解の元になる。

　したがって、博物館の利用者を博物館へのプラスの大きさと組織化の程度によって一定の区別をしながら、特に博物館運営の立場で考える場合には、博物館にかかわる人に対する用語として、ミュージアム・パートナーあるいは単にパートナーという用語を使うことを提案したい。

　以上のような、博物館にとってのボランティアの性格付けや課題整理をせずにボランティアへの対応を行なうと、実質的にはボランティアを単なる労働力の提供として扱うことになってしまう危険がある。

　本項目ではボランティアの位置付けの整理を目的としたため、導入のための

具体的な課題や技術的な問題についてはまったく触れなかったが、実際のボランティアの導入にあたっては、個人的な活動参加の受け入れは従来のとおりに行ないつつ、同時に組織化できる活動を整理して個別に実施に向かう努力を行なうことが必要である。そして現実には組織化しうる個人、あるいは長期的に博物館にかかわってくれる個人、そして比較的一時的にかかわる個人など、個別には対応は異なるだろうが、その対応の根幹の考え方は、博物館を利用する人という立場を離れないことである。利用者としての立場を残しながらも、従来のプラスになる人としてのボランティアをどの事業分野では、どの程度に導入できるのかを具体的に検討し、その見直しの中で、個別の博物館の事情にあわせて、事業ごとに利用者がより博物館の側に立って主体的に参加ができるようなシステムを考えながら、利用者を受け入れるための制度化などを図るという方向性が考えられる。

　この節では、博物館と利用者とのかかわりが最も象徴的に現れる博物館ボランティアを取り上げ、自主的な活動の場を博物館に望む人たちと博物館とのかかわり方を示すことで、博物館を取り巻く人々と博物館との関係を改めて見直そうとした。博物館は多くの利用者が自主的な活動をする場を提供することが本来の目的であり、すでにボランティアなどの組織と関係なく、さまざまなかかわり方で人が集まる場である。そのため改めてボランティアの組織を作るよりも、利用者の自主性をより発揮できるような博物館の活動のスタイルとして考えるべきであり、それは通常に使われるボランティアという概念とはかなり異なるものであることを述べた。

第3章　利用者の視点に立った博物館の実践

　博物館で行なわれる事業は、大きく分けると、研究調査、利用者の学習にかかわる事業、博物館が整備する一次資料と二次資料の保存と活用、そして展示があげられる。博物館においては、このような事業がそれぞれ別々に行なわれているのではなく、総合的に、相互に関連を持ちながら行なわれているところに特徴があることは、くりかえし述べた。この場合にも、博物館を利用者の視点をもって運営するという理念を生かしていくためには、具体的な事業の中で、その理念がどのように実践されていくのかを検証していくことがなければ、理念そのものも机上の空論で意味のないものになってしまう。さらに利用者の視点を大切にするということから発展した理念が実践されることで、すべての事業の中においてもその理念が生かされて、総合的な活動へつながっていくものである。

　この章では、博物館の事業の中で、利用者の視点に立った博物館という理念がどのように実践されていくのかを事業ごとに検証して、より具体的な博物館活動の発展の方向性を見定めたい。

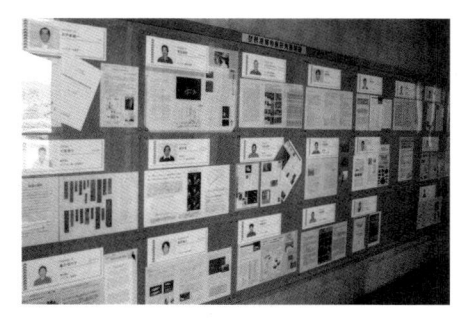

「研究最前線」　廊下を使って、学芸員の研究紹介の展示を行なう。

第1節　博物館で行なわれる研究の特徴

　博物館で行なわれる研究は、同じ研究といっても大学や研究所などで行なわれる研究とは違った特徴がある。ここでは博物館で行なわれている研究と、それにかかわる人の問題を取り上げて議論を行なう。

1　学芸員による研究
　博物館では全ての活動の基礎に学芸員の行なう研究があげられる。この点については、現実には仕事が忙しくてそうはなっていない、という現場での声は大きいが、博物館の魅力は新鮮な研究成果の発信から生じることが最も重要なことであることは間違いないところである。このような博物館での研究のあり方を整理して議論しておきたい。
　博物館の研究を考えるには、学芸員個人にとっての研究と、博物館にとっての研究という両方の視点から考えることが必要である。
　学芸員個人にとっては、まず自分自身が研究者として続けてきた専門分野の研究テーマがある。このテーマでの研究をさらに発展させることがまず研究者としての第一の目標である。研究者は一般的には、大学で行なってきた研究のテーマを続けることが多く、またそのテーマを展開しながら発展させていくが、その一連のテーマから大きく離れてしまうことはあまりない。
　そして博物館という場の一番の特徴は研究者が利用者とともに考え、議論をするということであり、学芸員は全ての専門家ではありえないが、自分の得意とする専門分野については誰にも負けないだけの知識と経験を持ち、利用者との議論を方向付けるだけの力量が必要である。非常に特殊なテーマを専門にしていたとしても、その分野の専門家であるならば、博物館利用者からのさまざまな要求や質問にも十分に対応することができる。それはどんな質問にでも答えることができるという意味ではなく、分からないならばそれなりに、これからどのようにしたら疑問について調べることができるかを一緒に考えることができるということである。
　しかし大学や各種の研究所などの研究者であるならばそれだけでいいが、博

物館の学芸員としてはもともとの個人の研究テーマだけをいつまでも続けていればいいということではない。博物館の運営上必要な情報や研究があり、そのようなテーマの研究を行なうのも学芸員の仕事の一部と考えるべきである。しかしそのような博物館として要求されるような研究テーマは、学芸員にとって決してマイナスになるものではないはずである。もちろん個人テーマでの研究計画によってそれに集中することはあるであろう。しかし長い目で見ると研究の幅が広がることは研究者としても専門のテーマそのものを広げることになるはずである。

```
┌─────────────────────────────┐
│   博物館での研究の有効性    │
│                             │
│ 身近に他分野の研究者がいる  │
│ 情報を持つ地域の人が近くにいる │
│ 資料がある                  │
│ 発表の場が多数ある          │
└─────────────────────────────┘
```

図4　博物館での研究の優位な点

　まず博物館には他の分野の研究者がおり、日常的に議論をし、批判をし合うことができる。一般には大学などでは近年はますます研究分野が細分化し、一方で学際的な研究が行なわれつつある半面、より講座や研究室単位内の細分化した研究が行なわれているようである。

　それに対して博物館では一般的には研究者の人数は少ないかわりに、いつも他分野の研究者がいて、日常的に話をすることができている。その結果、同じ分野の研究者とだけ議論しているのでは気がつかなかったことが分かることがある。たとえば自然科学系の学芸員と歴史系の学芸員とでは根本的に発想や研究上の方法論が異なるが、研究を進めるための経過などは同じところがあり、他分野の研究者と話をする中で、思いもしなかったような発想が生まれたり、自分の分野の常識として思い込んでいたことに対して、まったく異なった見方があることに気がついたりすることがあり、あるいは他分野の研究を共同で行なうことで、新しい研究分野を開拓できることもある。

　琵琶湖博物館では、魚の産卵生態を研究している学芸員と、弥生時代以後の田んぼの成立について研究している学芸員、魚の化石から魚の進化を研究している学芸員とが、田んぼについての議論の中から、人間が作った田んぼという新しい環境が広がることで、田んぼが琵琶湖から川を伝って魚の産卵の場となり、そのことで魚の行動や分布などに大きな影響を与えていることや、近年になって、田んぼと湖とが切り離されてしまったことで、魚の産卵場がなくなって、新しい変化が生まれていることなどが分かってきた。おそらくこのような

研究は、日常的に他分野の研究者と議論をする中で生まれてくる新しい発想であろう。

そのような結果として博物館全体としては他の研究分野を巻きこんだ総合的な、あるいは学際的な研究分野の研究が進められる可能性が大きい。これは博物館の研究を特徴付けることである。

博物館内での議論と共同研究、あるいは博物館を利用する利用者、または研究者との共同研究を進めることで、自分の研究の幅を広げていくということは学芸員にとっては研究者として非常に有利な条件である。また学芸員にとっての共同研究者は、博物館を取り巻く多くの博物館利用者や地域の情報を持っている人たちの中にもいる。アマチュアの研究者や研究者ではなくても、ある特定の地域については非常に詳しい人たちと日常的に行き来があり、そのような人たちとの情報交換の中からも、新しい情報やアイディアなどは生まれることが多い。このような多くの人びととのつながりは、博物館の日常の仕事の中にあることが多いために、個人的な研究には邪魔になると考えられることがあるが、決してそうではない。フィールドワークが研究の手段である研究者にとっては、ヒアリングの相手が先方から来てくれているのである。

このように考えるならば、学芸員は自分がもともと持っていた専門分野のテーマと共に、博物館としての専門分野も持ち、だんだんとカバーできる分野を広げていくことができれば最も理想的ということができる。

さらに博物館には長い時間をかけて収集し管理している資料がある。博物館の学芸員はこの資料を自由に使って研究を行なうことができる。このことは資料を扱う研究分野を専門とする研究者にとっては大変に有利なことである。近年は生物学ではどの分野においても分類学があまり行なわれておらず、分類学を行なっているのは博物館だけになっていると言いたいような現状がある。しかしこのことは結果としては、博物館の研究の性格を示すことにもなるだろう。たとえば生物学関係の研究であれば、どのような研究であっても、基礎的な分類を抜きにしては、研究は行なえない。種名のわからない生物のDNA鑑定はありえないわけである。資料を扱う研究が行ないやすいということも、博物館の研究の特徴である。

そして学芸員にとっては、研究した結果を公表するための場がある。多くの研究者にとっては、学会での講演と論文の発表が研究者としての成果の公表の場である。しかし博物館の学芸員の場合には、展示や出版物、交流活動などの

中でいつも研究成果を公表し、直接に、すぐに批判を受けることができる。

　このように博物館という場には有利な点がいくつもあり、その有利さを生かすことで、学芸員個人としても博物館らしい研究を進めていくことができる。

　これに対して、学芸員個人ではなく、博物館としての研究に対する視点があるであろう。それは博物館の基本的な理念を実現するために必要な研究の成果を上げていくことである。例えば琵琶湖博物館は「湖と人間」という基本テーマを持ち、琵琶湖とその集水域という場での人の暮らしと自然を「環境」という切り口で研究していくことを目指している。そのために、人の暮らしの場での水利用や琵琶湖の生態系など直接に理念にかかわる課題の解明につながるようなテーマがある。そのようなテーマについて、博物館として組織的に内外の研究者と共に、研究を進めていくことが求められる。各学芸員は、自分の専門が、直接にその共通テーマにかかわっていない場合であっても、テーマに関連した隣接分野をにないながら、あるいは専門分野がテーマにかかわりの強い学芸員の場合には、その研究チームの中心となって、外部の研究者とともに研究をすすめ、その成果が、博物館の次代の理念や運営方針を形成していくことにもつながっていく。

　このように学芸員が自分の研究テーマを持って参加することで、総合研究の方向付けがなされ、研究の成果も上がるであろう。そしてそのような総合研究の成果は、単に博物館の理念にかかわるに留まらず、博物館が置かれている地域全体の発展や文化にもかかわって影響を与えるようなものになる。

　以上のように博物館の利点を生かしながら個人研究を行ない、同時に他分野との共同研究の両方を意識的に進めていくのが、博物館の研究方法である。

　琵琶湖博物館では研究のカテゴリーを、総合研究、共同研究、専門研究の三つに分けており、博物館の理念の実現にかかわり、博物館の将来を考えるような総合的な研究を総合研究、総合研究と比べると個別のテーマで、学芸員の企画により、博物館内外の研究者との共同の研究としての共同研究、そして学芸員個人の研究者としての専門的な能力を維持発展させるための専門研究である。

　この総合研究を、学術的総合研究と参加型総合研究とに分けて示したことは、琵琶湖博物館の研究に対する考え方の中の大きな特徴である。これは研究者が琵琶湖とその周辺での暮らしの中にテーマを見いだして、自然科学と社会科学の双方の視点を持って、総合的な研究を行ない、成果を挙げようとする研究が

学術的な総合研究である。それに対して、参加型の総合研究は研究者と一般の住民とが協力して暮らしの中からテーマを見いだし、地域の視点で研究を進めようとするものであり、地域に開かれた博物館の研究方法として積極的に進めようと意図したものであり、新しい研究方法であるために、新しい知見や見解が成果として期待できる研究である。このような考えに基づいて、琵琶湖博物館開館前から幾つかの研究が進められてきた。

2　学芸員と博物館にかかわる人

　ここでは、学芸員の研究にかかわって、博物館での仕事の専門分担について議論を行なう。この問題は学芸員の博物館内での責任の範囲や学芸員という仕事を見直すためにも、重要な問題である。

　博物館の学芸員のありようについては、これまであまり議論されてこなかったように思われる。学芸員がいない博物館があったり、学芸員が受付で来館者に対する入館券を販売したりしているということが多い日本の博物館の現状の中では、学芸員について論ずることが空論になりすぎるという面があったのかもしれない。

　また逆に年間に239の大学の学芸員講座から生みだされる、およそ9000人に近いという大量の学芸員有資格者（熊野正也・他 1999）に対して、現場では使い物にならないという批判の声も大きく、学芸員という制度そのものに対する議論が社会教育審議会などで行なわれている。

　その意味では学芸員の博物館での位置をはっきりと確認しておくことは、博物館に学芸員を迎え入れるためにも、そして博物館の運営を考えるためにも非常に大切なことである。

　学芸員はまず専門分野をもった研究者であることが前提である。最近は博物館の学芸員になりたいという希望を聞くことが多い。しかし博物館が好きなだけでは学芸員の仕事はできない。博物館の現場で学べることはもちろん多いが、専門性を深めることはできても、専門性を初歩から学ぶことは難しい。博物館の現場はいつも実践の場として多くの利用者が活用しているために、学芸員はいつも専門家としてその利用者に対応をすることが必要になるのである。したがってやはり基礎的な専門性は博物館に来る前に大学などで学んでおくことが必要である。そしてそういう基礎的な専門性が身についていれば、もちろん適性の差はあるだろうが、博物館の資料整備や交流の仕事、つまりモノを扱いヒ

第3章 利用者の視点に立った博物館の実践　87

トとつきあうことについては博物館の現場で学ぶことができる。では学芸員とは何であるのか。

　そのような中で学芸員について最も本格的に論じているのは、倉田・矢島（1997:85-107）である。倉田らは「学芸員とは何か」という問には、現在の学芸員とはどういうものであるのかということと、学芸員はいかにあるべきかということがあるとして詳細な検討を加えている。そして「博物館は研究し、モノを収集し、保管し、展示を通して教育を行なう機関なのである。そのための一般的な事務や施設の維持管理のような問題を除けば、この全てが学芸員の仕事であり、またそれを行なうべき責任があるのである。」とし、「学芸員とは広い教養をもち、分析的な専門研究の成果を十分取り入れられる基礎をもち、それを教育的に、効果的に、資料（モノ）を用いて、展示という方法を通じて社会教育の目的を達成する専門職ということになる」と述べている。そしてそのような仕事を一人の学芸員が行なうことの現実の苦労にも触れながら、「現状では学芸員の伝道者的な情熱だけで押し切ってしまっているようなところがある（倉田1988:138）」、とすら述べている。

　学芸員とは何をする人であるのかについてはもちろん多くの説があるが、例えば加藤有次（1996:345-346）、熊野正也他（1999:7-8）などのように、単なる研究者ではなく、博物館の多くの仕事を担当する博物館の専門職員とすることには大筋では異論はないと思われる。

　それに対して伊藤（1993:54-57）は、博物館の研究、資料収集・保管、公開・教育の三つの仕事に加えて、運営、施設維持、学芸活動事務などの仕事もあり、学芸員はその全てを行なうが、それらのどの部分に重点をおいて行なうのかは、各博物館の運営目的や方針によって異なるとしている。この意見は現実論ではあるが、学芸員とは何をするのかは分かりづらく、倉田のいう、学芸員は何をしているのかの説明にはなっても、学芸員はいかにあるべきか、についての答えにはならないと考えられる。やはり現実の博物館の世界からしても、学芸員は博物館の日常の運営の全てに責任を持ってあたる責任者ということを意識すべきである。

　しかし近年、博物館の仕事の専門分担化についての議論がされることがある。すなわちヨーロッパやアメリカの大規模博物館では博物館の事業についても職種の細かな専門分担化が行なわれており、そのようにすることで例えば教育活動についても専門家が担当して行なうことでより効果を上げることができるの

ではないか、という意見である。日比野（1994）はアメリカの博物館における15の職種区分を紹介し、学芸員の仕事分担の考え方を日本でも参考にすることについて論じている。

　倉田（1979:121-125）は組織整備をするのが世界的な傾向であるとして、アメリカでの例を挙げている。すなわち、Curator，Educator，Museum Teacherなどの専門分野の担当者がおり、専門家としての仕事分担を行ないながら博物館を運営していくという方法が本来の博物館のスタイルとして望ましい、という意見であり、そういう方向で運営が行なわれる博物館が海外では多いという。そのような傾向は特に1970年代のアメリカで顕著であり、博物館では第二線の戦力と考えられていた教育担当者が、博物館教育の重要性が認識される中で、学芸部門と対等な教育部門が設置されるようになっていったという。

　しかしながら倉田自身も（1979:121-125）、本来はそうあるべきであるが、現実にはそういう方向はとりえないとしている。現在の日本の多くの博物館の現状の中では、学芸員と事務職員以外の職員を配置するということは非常に難しい。そのやむを得なさは、ひとつには日本での文化施設などに対する評価の低さ、そしてもう一つには職業に対する序列が歴然としてあり、技師などの専門職を一段低い地位に見るという根強い意識の問題がある。そして更に現実的には、日本の博物館における職員の数の圧倒的な少なさであり、学芸員の定数すら満足に採用されず、まともに活動できる学芸員の数すら整わないのが当たり前というような日本の博物館の現状の中では、学芸員以外の専門家の採用などは希望としてあげることすら考えられないというのが多くの実態である。したがって学芸員以外の専門家を博物館に迎えるという議論については、理想の形は海外の大型博物館のようにするのがいいが、日本の現状の中ではとてもそれを主張することはできない、あるいはその主張をしても意味がないというような議論が行なわれている。

　けれども、そのようなマイナスの面があるだけではなく、学芸員が博物館の多くの仕事に対して中心的に取り組むということについてのもっと積極的な点が存在すると考える。それは、展示や交流活動などは、研究する人とその研究成果をかみ砕いて説明する人とを分けるよりも、自分自身が研究者として研究を行なっている人が行なうことによって、本当におもしろい内容になる、ということである。もちろん教育学習活動には、そのための専門知識や経験が必要な面もあるが、そのような教育者の養成などがほとんど行なわれておらず、現

実にも人材がほとんどいない中では、無理に仕事の分担を考えるよりも、学芸員がその教育的な活動を行なうほうが、効果が大きい。

　博物館の展示や交流活動は、単なる知識の切り売りではない。ある意味では知識を伝えるのでさえなく、博物館の側と参加者とが一緒になって新しい発見を行なうというような場面が数多くある。そしてそれができるのは、やはり自分自身が失敗もしながら幅広く学び、努力してきた経験がある研究者である。そのような研究者には、自分が知っていることをすべて伝えるのではなく、目の前にいる人には、今は何を伝えることが必要なのかを判断することができる。博物館という場の一番の魅力は、研究者である学芸員が、例えば行事の参加者の指導に当たることであり、その様な機会を通じて、参加者として一番必要な情報を受けることができ、刺激を受けて面白いと感じ、関心をより強くするものである。

　また大学の授業でも、教員が講義ノートに従って講義をした内容よりも、その合間の教員が現在行なっている研究の苦心談や最新の研究事情などの話のほうにより強く刺激を受けるという話を聞くことがある。一般の人がもっとも強く心を動かすのは、やはり情熱を持って取り組んでいる人の姿とその人の話す生の声なのである。そのような意味で、博物館で行なう事業に関する対応は、やはり学芸員が行なうことが求められる。

　資料の整理に対しても、本来であればその資料整理にかかわって、専門的な技師の様な職種があることが望ましいことではあるが、そういう職種の存在とは別に、学芸員が博物館資料とまったく縁がなくなってしまうという状態も考えにくいであろう。実際に資料整備の仕事を進める上でも、基本的な方針を出していくのは学芸員であるし、日常的な外部からの資料利用に対しても、学芸員がかかわりをもつ必要がある。例えば寄贈の申し出があった場合、その寄贈を受けるかどうかを判断するのは学芸員であり、その判断のためには、博物館の収集方針とともに、整理の現状などを把握しておくことが必要である。資料利用に対してはもし直接に資料整備を担当する職種がある場合には、その人が対応するほうが効率的な場合もあるだろう。例えばはっきりと目的の決まった利用の場合、あるいは特定の種の研究のために標本を見たいというような場合には、機械的に資料を出してきて利用してもらう方がいいだろう。しかし、内容についての相談が必要な場合などについては、やはり学芸員が対応して話を聞き、必要な資料を選びだしてあげるほうがより効果的であろう。

博物館の仕事を専門家に分担させていくという運営方法は効率的な面もあるが、やはり博物館の事業の総合性ということを重く見るならば、学芸員の力を最大限に発揮させ、博物館利用者のどの様な希望・要望をも受け入れることができる体制として、学芸員が博物館のすべての事業の中心になっていくという運営体制が博物館という場にはより本質的な方法であると考える。

　しかし近年は博物館学を専門にする研究者が増えてきており、博物館の議論も活発である。博物館の利用者対応や博物館教育の専門家が博物館の学芸員の立場で活動をするようになれば、また新しい博物館像が作られていくであろう。今後の各地の博物館に期待をしたいと思う。特に博物館のさまざまな利用者のうち、利用の機会が増えている幼児や小学生などに対する博物館利用については、その対応のためのプログラムつくりや実際の対応のためには、特別な知識や経験が必要であり、一般的には学芸員だけでは対応しきれない面がある。大人であれば経験的に知っていることを背景にした展示や仕事が考えられるが、その経験の少ない子どもの場合には、どのようなプログラムを準備すればいいのかは、単に博物館に蓄積されている経験からだけではなく、教育学的な配慮が必要になる。

　またこれまでの博物館利用者の多くはどちらかというと博物館の積極的な利用者であり、希望を聞いてそれが実現できるようにしておけば、利用者は満足したが、今後はより多くの、博物館などの文化教育施設と縁のなかったような地域の人びとが利用できるようなプログラムの内容を考えておくことが必要である。そういう内容についても、学芸員の能力だけではなく、その分野の専門家の力を借りるほうが効果的であろう。

　したがって現在のところは博物館の利用者との対応にかかわる活動はすべて学芸員が中心になって行ない、デザインや資料整備などの博物館の利用の前提になるような補助的な活動、また特定の利用者対応などについては専門家を迎え、学芸員と共に博物館の運営にあたるようにしていきたいものである。

　そしてこのように見ていくと、博物館の仕事は学芸員が行なうことであるため、きわめて当たり前のことなのであるが、博物館という場にかかわるあらゆる人たちは、学芸員の仕事とのかかわりの中で、博物館に集まってきていることが分かる。さまざまな仕事に参加し、博物館を活用する人びと、展示を作る人びと、友の会や博物館をとりまくサークルや同好会などに参加する人びと、発注された図書、備品、消耗品などを納品に来る人びと、建物の修繕や補修に

第3章　利用者の視点に立った博物館の実践　　91

来てくれる人びと、博物館内のレストランやショップに勤める人びと、あげくは博物館内のアルバイトや派遣職員などの博物館内で働く人びと、その他、挙げていけばきりがないであろう。直接には博物館の事務系の職員が対応している人びとも多いが、それらの人の仕事の中身については、個々の博物館の理念にしたがって行なわれるのであり、当然博物館の学芸員がかかわり、その方向を指示していくべきものである。博物館の運営はそのすみずみに至るまで、学芸員が目をひからせ、博物館の統一した理念で一貫していることで博物館が成り立っていくものであると思われる。

　博物館にかかわる人のリスト化をしてみて、その人びとがグループごとにどのように博物館にかかわっているのかを挙げることで、博物館の利用者と博物館との結びつきを考えることができるだろうと思う。

　したがって現実には、倉田（1988:138）の言う伝道者的な情熱が、博物館を支えているというのはある程度は事実であり、その有無あるいはこだわりの強さによって、博物館の質が決まってしまうということは言える。

　琵琶湖博物館では、その計画時において、研究を学芸員の活動の基礎におきながらも博物館の事業全体に全員がかかわるようにしながら行なうことを主張してきた。それは前述のとおり、博物館の事業と情報発信の基礎は学芸員の研究であり、同時に学芸員の研究が基礎にあるからこそ博物館の事業が成り立ち、それは学芸員自身が行なうことに意味があるという考えによる。そのために琵琶湖博物館の組織は、学芸員の全員が研究部に本務で所属し、同時に全員が事業部と企画調整課に兼務で所属する、という体制をもつことにした。この事業部とは、あくまで各事業の整理役であり、また外向けの窓口であって、例えば展示課のスタッフだけが展示の製作や点検を行なっているわけではなく、また資料課のスタッフだけが博物館の資料の収集や整理をしているわけではない。学芸員としての仕事は、研究を基礎にしながら、展示作りも、資料の整理も、観察会などの指導も、すべての博物館の活動は学芸員が直接に行なうということが前提であり、そのような事業の交通整理を事業部の各課が行なうということである。内部的には事業系の組織が二重構造になっていると言われているが、まず学芸員として博物館の運営を担う専門家としての基礎的な仕事があり、その上で事務的に博物館事業を整理する仕事の部分を事業部の組織として設けているのである。我が国でも大規模博物館では研究に専念する研究員を置いたり、

普及活動を専門にする所属を作ったりすることが行なわれているが、研究者である学芸員が博物館の運営や事業の実施も行なうことが相応しいという立場で、あえてそのような組織を避けたのである。

　この節では、博物館の魅力は研究の成果を発信しながら博物館の事業の中に生かしていくことによって生じるという考えについて、具体的な例を含めて述べた。そしてそのような議論の延長にある博物館にかかわる学芸職員とそのほかのスタッフとのかかわり方について、基本的には学芸員が中心になって、すべての運営を担う体制を現状では必要としながらも、特にこれまで博物館を利用する機会がなかったような利用者や学校教育の一環として利用する人たちに対しては、将来の事業の分担の可能性についても触れた。

第2節　博物館利用者との関係（普及から交流へ）

　博物館の一般利用者が、博物館を主体的に利用する際の最初の窓口は、観察会や講演会、講座などの博物館が主催する事業であることが多い。そうであるだけに博物館が利用者向けに行なう事業をすすめるに当たっては、その考え方を理念に従って、明確にしておくことが必要である。ここでは利用者との「交流」を行なう事業の考え方について議論したい。

1　交流の事業
　博物館は利用者に対して一方的な教育をする場ではなく、博物館の機能を活用しながら、博物館を利用する人々がさまざまな体験をし、発見をする場である。もちろん現在では一方的な教育を行なっている博物館というのは少なくなっているが、これまで博物館での学習活動は、普及教育事業あるいは普及教育活動という用語で扱われてきた。しかしこの普及あるいは教育という用語は、ある知識の体系を伝えるというニュアンスが強い言葉であり、また博物館では啓蒙という用語が使われたこともある。しかし博物館の学習活動の性格からして、普及教育という用語はすでにふさわしくないようになっている。したがって、博物館の側と、博物館の利用者とがともに、双方向に情報交換をしながら活動を行なうという意味において、このような博物館の学習活動を交流活動と名付けたい（布谷知夫 1997b:31;嘉田由紀子 1998:6-7）。
　交流事業は博物館にとって、ある意味では最も博物館らしい利用者向けの活動と言える。それは学芸員が博物館の利用者との対応を行なうことが基本になるからである。もちろん博物館の事業は多彩なものであることが前提であり、学芸員以外の博物館スタッフが行なう場合もあるし、利用者とのかかわりも直接に会話を交わしながら行なうとは限らないような交流の事業もある。しかしどのような形態のものであっても、博物館の交流事業の場合には自分から希望して博物館の事業に参加してくる人を相手にして事業を行なうのが普通であるために、博物館にとって、今後のかかわりを考える上では、幅広く、かつ博物館利用が深まる可能性の高い人を対象にするという言い方ができる。

博物館の交流の事業の進め方として、まず参加してもらうことで好奇心を伸ばし、他の事業に参加し、そういうさまざまな段階の事業を経験しながらだんだんと関心やテーマを固めていくということが挙げられるが（矢野 1993:12）、交流の事業はまず誰でもが関心をもって参加しやすいような受け皿である。
　博物館の利用者には、「無目的の利用」と「目的を持った利用」とがあり、何かのついでに博物館の展示をたまたま見に来るというような付き合いから、博物館の資料を見て、自分の研究を行なうような人まで、さまざまな利用があるということはすでに述べた。そして矢野（1993:9-15）が指摘するように、博物館の側がそのような幅の広い利用者を想定しながら、より多くの期待にこたえて利用できる事業を準備し、参加したことでより好奇心が伸ばされて、次の段階にステップアップすることができるような内容のプログラムを準備することが必要である。
　そのような利用者のうち、本当の「無目的利用者」に対しては、展示の面白さや来館時の印象などで博物館に興味をもってもらうことになるが、実際にはその確率はそれほど高いものではない。いわゆるリピーターを増やすことがまず博物館の利用者を確保していくための最初の段階になるわけである。それに対してこれもさまざまな段階があるだろうが、「目的を持った利用者」として自分の目的がある程度はっきりして博物館を利用する人に対しては、もちろん博物館の学芸員からの手助けは必要であるが、その多くの場合には、博物館という場や事業があることが先で、学芸員の手助けは補助的であったり、逆に学芸員が教えを受けるような場合もある。
　そうした博物館利用のなかで、もっとも利用者が参加しやすいのが博物館で行なう観察会や講座などの交流事業である。そういう事業の利用者には、「目的利用」の範疇に入れた方がいいような人もいるが、実は必ずしもそうではなく、例えば博物館の展示を見て、案内に気がつき、観察会に参加してみたり、テレビの番組で見た話題について、観察会に参加してみたかったとか、ちょっと気になったので同じようなテーマの講座に参加してみたとか、たまたまのチャンスで博物館にかかわり、事業に参加してくるような人が多い。目的を持った博物館利用とはいいながら、特定の関心対象が決まっているわけではなく、何にでも興味を持つという人も意外と多くいるものである。
　そしてそのような人々は一定の積極性があり、最も「目的利用」に変化しやすい人達ということができるだろう。観察会の常連であった利用者が、特定の

第3章　利用者の視点に立った博物館の実践　　95

写真5　春の里山の観察会　　　　　写真6　キノコを調べる会

分野に興味を伸ばして、やがてその分野の専門的な観察や研究を始めるというような例は多い。そのような人は時間をかけて自分に合った分野を探しているということである。そのような人が変わる切っ掛けは、テーマと仲間の魅力である。面白い話題や活動が幅広く準備されていることと、学芸員やアマチュアのグループが活発に活動していることが外部からも分かることによって、自分でもやってみようと思うものである。

　博物館の機能の一つを利用者の興味を高めて自己学習をすることができるようにする場と考えると、観察会などに参加してきた積極性をもった人は一番博物館からの手助けを受けて、目的を持った利用をするように変化をしやすい人なのである。そういう意味において、交流事業の参加者への対応は、博物館としては最も事業として効果の大きいものと言えることに注目すべきである。

　また観察会などの参加者は、その人たちの利用を受けることで博物館にとっても大きな利益がある。もちろん利用者があっての事業なのであるが、それ以上に、対応する学芸員にとっては一般利用者と直接に対話し、意見を聞くこと

写真7　博物館主催のシンポジウム　　　　写真8　博物館講座の様子

ができる場なのである。交流事業の場で学芸員が発言する内容やあるいは講演の内容などについて、疑問や批判を受けて改めて考え直してみたり、新しい方向を打ち出したりすることができる場である。また参加者の希望を聞きながら事業を進めることで、参加者の自主的な活動に結びつき、新しい事業の方向を作り出すことができる場合がある。そのような利用者との意見交換を通して、博物館の交流事業だけではなく、運営全体が変わっていくことができる。

　博物館は研究機関であり社会教育機関であるとされているが、大学や研究所などとも、また公民館や図書館などとも違っているのは、専門研究者である学芸員が利用者との対話の中から研究内容や運営方針についての批判を受け、運営方針を成長させていくことができる点である。博物館の利用者は、まったく誰からも強制されることのない自主的な参加者であり、また参加して特別な特典があるわけではない。そのかわり希望すれば希望するだけの情報を専門の研究者から入手することができる。まったく束縛されるところのない自主的な活動であり、同時に専門家が対応してくれるというスタイルは、博物館ならではのことであり、そのような自主的な活動であるからこそ、参加者はより楽しく、あるいはより奥深く楽しむことができるような提案をし、意見を出してきてくれる。このような意見を受け入れることさえできれば、博物館は利用者からの意見や批判を受けて、成長していくことができる機関であるといえる。

　したがって交流事業の内容も、一方的な教育や情報伝達だけで終わるのではなく、参加者が体験でき、その声が引き出せるような内容になることが必要である。博物館のプログラムが学校の教育と異なる点はここであろう。伝える内容が最初から決まっているのではなく、参加者の関心事や知識の内容に応じて、体験を通して新しい発見があるようなプログラムを意識して行なうこと、あるいはそういうプログラムを行なうことができることが博物館の交流事業の特徴である。

　琵琶湖博物館の場合には自然と暮らしを扱うため、可能な限りその両者の接点となるようなテーマを考えている。例えば自然系の学芸員が多いが、観察会を普通に呼ばれることが多いような自然観察会とは呼ばず野外観察会あるいは見学会と名付けている。これは自然だけを観察するのではなく、野外の自然と暮らしの両方を見つめることを目指していることを意思表示するための命名である。また地域の自然や暮らしについてはそこの地域に暮らしている人が一番

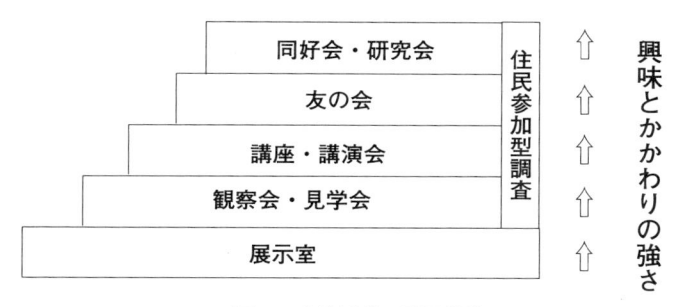

第3章　利用者の視点に立った博物館の実践　　97

```
        ┌──────────────┐ ┌──┐ ↑  興
        │ 同好会・研究会 │ │住│    味
      ┌─┴──────────────┤ │民│ ↑  と
      │    友の会      │ │参│    か
    ┌─┴────────────────┤ │加│ ↑  か
    │   講座・講演会   │ │型│    わ
  ┌─┴────────────────-─┤ │調│ ↑  り
  │   観察会・見学会    │ │査│    の
┌─┴───────────────-────┤ │  │ ↑  強
│       展示室         │ │  │    さ
└──────────────────────┘ └──┘
```

図5　交流活動の発展段階

　詳しいわけであるから、その観察会のテーマに関する説明や情報については学芸員が説明などをするが、地元の水利用や田んぼに水を確保するための努力の歴史、また新しい産業や作物を取り入れることについての歴史など、地域に詳しい人に頼んで案内をしてもらい、話を聞く場を作ったり、地域の見所を案内してもらったりしている。

　そしてこの様な観察会に参加した人の中から、博物館講座や専門講座というようなよりテーマがはっきりした博物館の場に参加する人が増えてくることを期待し、さらにそのような人の中から、自分で調査や研究に参加しようとして博物館を取り巻くような研究会や同好会などに参加をしていくような人が現れてくる。博物館の交流活動はそのような自主的に学ぶ人のたまり場としての機能を持ちたい。筆者は博物館を、あらゆる興味や関心を持った人を受け入れる場であると考えており、まず簡単な切っ掛け、展示室や観察会で興味を持ったことを直ぐに一緒に調べたり、解決できる機会を経験することで、次々とステップアップができるような機会と場が準備され、またより専門的な人に対しては、その人向けのプログラムがあるべきであろう、と考える。

　このような利用者への期待に対して、だれもがそのとおりに動いているわけではない。最後まで観察会に参加することを自分の楽しみとする人もいるし、関心のあるテーマが決まっていて、博物館を通して、すぐに研究会に入っていく人もいる。そのようないろいろなルートに入っていくための博物館をとりまくたまり場が博物館の友の会ではないかと考えている。

　友の会の会員は「無目的利用」と「目的利用」とが同居しているという言い方ができるだろう。まず博物館という場の近くにいて、博物館の情報を受け取り、日常事業や研究会などがどうなっているかを知ることで希望する場所に入

っていくようなものである。しかし同時に友の会は会としての活動を行なう。博物館を活用しながらの会の活動は、友の会の参加者が自分たちが楽しみ、学ぶための活動であるために、自主的に運営され、博物館の学芸員がその活動を援助するというスタイルが理想的であろう。十分に自分のいる位置を意識して活動している人が、他の人が同じように活動の場を見つけ出すための手伝いをすることを一種の目的として、会の運営についても積極的に動いてくれるであろう。したがって、博物館の友の会は、あくまでも博物館を最も巧く利用する人の集まりであり、そのため博物館の中に組織する会ではなく、外部の自主的な会と位置付けることが必要である。

友の会は組織された利用者として、博物館とは典型的な「持ちつ持たれつ」という関係になるといえる。

そしてすでに述べたように、博物館を活動の場とするボランティア的な活動をする人の日常的なプールであり、実は友の会とボランティアとは限りなく近い存在となるであろう。だんだんと目的をもった利用へと変わっていく人に対してはその受入れの事業があり、またある場所で留まる人に対しても自由に参加できる事業があり、利用者のたまり場兼自主的な活動場所としての友の会と、その人達の中でより博物館に近い場所で活動を行なおうという人のためのボランティア的な組織が想定されるだろう。

そして博物館の交流事業にはこの様な行事として行なわれるもの以外にも、出版、教員や企業の研修、学校の生徒児童への対応などと幅広い活動がある。

2 住民参加型調査と博物館利用者の自主的な活動

より多くの人を自主的な活動に促すための方法として、各地で住民参加型調査が行なわれてきた。この方法は博物館においても、地域を見直し、自主的な活動を始める切っ掛けとしての効果が大きい。その方法について示す。

多くの人からの情報を集めることでひとつの結果を出していこうとする住民参加型の調査という手法が大規模に行なわれたのは、1975年に大阪府で行なわれたタンポポ調査が最初であろう。その調査を指導した堀田満は、アシナガバチやススキなどを材料とした地域での調査を行なった後（兵庫県自然保護協会 1972）、その調査方法の理論化を行ないながら次の調査材料としてタンポポを選び、京大の構内や滋賀県の湖南地域などのやや狭い地域で実験的に調査を行なった後に1975年に大阪府下全域の調査を行なった（堀田 1977）。その調査の主体

となったのは「自然を返せ！　関西市民連合」という自然保護を目的とする市民団体であった。

　もともとは地域の自然を地域の人たち自身で調べ、自分たちで地域の将来を提案していくことを実践的に考えるために行なわれた調査手法であり、専門的な知識がなくても、誰でも参加できるということが調査の条件であった。

　タンポポの調査とは、日本各地で見られるタンポポには、もともと日本にあった在来種と、明治時代以後に日本に入ってきた二種類の外来種とがあることがわかっているが、在来種は長年にわたってずっと繰り返して草取りがされてきたような、安定して日が当たる場所だけに成育し、外来種は土木工事がされて、土が掘り起こされ、裸地になったような場所に生育するため、ある場所にどちらのタンポポがあるかを見ることで、その場所が過去にどのような人為を受けているかがわかるという調査である。タンポポは非常によく似ているが、外来種と在来種との区別は花の一部を見るだけで簡単に誰にでもわかるという特徴があり、誰でも参加できる調査の材料として、ふさわしい。実際には、調査者はタンポポの花を摘んで調査事務局に郵送するという調査方法がとられていることが多い。

　この調査は自然保護運動の手法として行なわれており、調査の目的は参加者が自分たちの手で自分が暮らす地域あるいは大阪府下全体の自然の状態について調べ、守ることであった。このタンポポ調査は全国に広がり、また大阪ではその後も五年ごとに同様な調査が行なわれていて、2000年には6度目の調査が行なわれた。

　このように特定の生物の生育或いは生育する種類の変化など、生物の有無からその場所の環境評価をするという考え方があり、そのように利用できる生物を指標生物、あるいはそのような調査のことを生物指標調査と呼んでいる。たとえば水生昆虫などは水質の変化によって生育している昆虫の種類が変わっていくことが知られており、水生昆虫を指標生物として調査をすることが行なわれていた。このタンポポ調査以前にも指標生物を使った環境調査の試みは幾つかあり、指標生物として使うことができる生物の例などを紹介する文献類も幾つかは出版されている（日本生態学会環境問題専門委員会 1975a、1975b、日本自然保護協会・編 1985）。

　このような住民参加型の指標生物調査を博物館で精力的に行なったのは平塚市博物館の浜口哲一（1998, 2000）である。カエル、ツバメ、タンポポ、セミな

どの比較的誰でもよく知っている生物を多くの人で調査して、その種類ごとの分布を市内をメッシュに区切った各グリッドごとに作成し、環境評価をするというものである。繰り返し市内での調査を行ない、またこのような参加型調査と博物館に参加した参加者のグループでの調査、あるいは研究会のグループでの調査を組み合わせて、全体として地域の自然を調べ、その調査に参加する人を育てていくような博物館としての試みが行なわれていた。そしてこのような調査方法は各地で行なわれるようになり、環境庁の身近な環境調査の様な全国規模での調査も行なわれている。しかし規模が大きくなり、また一般化するにつれてこの様な調査は、住民が地域の環境に目を向けることが目的というよりは、生物の生息あるいは分布調査という要素が大きくなっていったようである。

これらの調査の目的は一律ではないが、そのほぼ全ては自然物あるいは生物を指標にして、生物の分布と人の活動との関係から分かる地域の環境の状態を図示しようというものである。したがってその多くは調査の結果として新しい事実を発見することが目的ということよりも、調査を行ない、参加者を得て、参加者がその調査した地域に関心をもち、あるいはその生物の面白さに興味をもってもらうことが目的であった。

このことは参加型調査は多くの人の参加を得られればいいのであって、精度は低く、あるいはデータに間違いがあってもしかたがない、したがって、調査の結果に新しい発見や事実があることには期待しないというような考え方が前提であるかのように言われている。

また指標生物を使った調査という考え方そのものが、ある特定の種の有無だけで自然環境を判断するという方法論的な課題も残している。

しかしもともとの堀田の意図（堀田 1986:10；堀田 1994:2）は、より多くの人が間違いなく同定ができる生物を選んで大規模調査を行ない、これまでには分かっていなかったことを目に見える形で示して、それを地域の自然を守るための材料にするということであり、データの精度も結果も大切にするということであった。しかしその調査が広がるにつれて、住民参加型の調査という手法だけが広く広がっていったようである。

琵琶湖博物館では、その基本的な考えとして情報は地域にあり、それらの情報と人のネットワークが往来する場としての博物館を作ることをめざしており、また博物館のどの仕事に対しても利用者が参加することができるようにすることで、多くの人の参加があり、利用活用されることでより成長発展することが

できるような博物館の活動のスタイルを考えていた。

　このような考え方からすると博物館で行なう研究についても同様に利用者との共同研究という研究スタイルが考えられる。研究というと専門家が行なうものという考え方が一般的であり、博物館の研究についても専門家としての学芸職員の研究と、学芸職員と一緒になって研究をしているアマチュアの研究者の研究があるというのが普通である。むしろ博物館の研究ではそのようなアマチュアの研究者が数多くいることが特徴であり、その数を増やすことが博物館の活性化につながると考えられている。

　アマチュアの研究者、あるいは同好者を増やし、学芸職員と一緒に研究や調査を行なうということは博物館においても一つの目標である。しかしプロが行なう研究とともにまったく普通の人が、自分の足下にある情報を持ち寄るという研究方法もあるのではないか。特に特定の分野に興味をもっているアマチュアの研究者ではなく、地域のすべての人々を対象として、その人々が知っている情報を集めることで、そしてその参加者が集って情報を解析して、これまでには見えていなかった地域の状況が分かるようになる、という研究方法である。このような地域の普通の人々を巻き込んで、一緒に研究を行なうことで、博物館の幅がずっと広がっていく。

　この様な研究方法は、地域にこそ情報があり、利用者と一緒に作っていく博物館という理念を研究の分野でも生かそうとしたものである。したがって全国各地で行なわれていた参加型調査と異なる点が幾つかある。

　一つは研究として行なうものであるため、データの質をあいまいに考えたり、結果は特に重要ではないということではなく、精度をあげるための努力を行ないながら、集まってくるデータ自体を重要なものと考え、その取りまとめを研究として行なっていくということである。当然のこととして結果は、学会にも展示室にも公表されていく。

　二つめには研究の目的は地域の自然環境の質を調べるということではなく、地域の自然や暮らしの実態について調べるということである。したがっていわゆる指標生物を使った環境の調査だけではなく、つまり生物の有無を通して地域の環境を調べるという調査ではなく、その材料を通じて、それにかかわる人の暮らしを調査するということである。

　三つめには、そのため、調査の材料は生物とは限らず、また材料が生物の場合にも単なる生物の調査にはならないように、その生物をめぐる人の暮らしや

人の側の考え方などを全体として調査することである。分布だけではなく、思い出や利用などについてのアンケート調査からも、これまでには分からなかった情報が見えてくることがある。

四つめには、この調査への参加を通して、地域の再発見があり、人のネットワークがひろがることを目的のひとつとして挙げていることである。

もちろん多くの人びとをまき込んで行なう調査であるため、調査に参加することでこれまで気が付いていなかったことに気が付き、見慣れていたものの中にまったく異なった意味があることに気が付いたり、そのことから他のことにも関心をもつようになったりというような効果が大きいことは、博物館で行なう事業としては大いに期待できるところである。

具体的な琵琶湖博物館での参加型調査の進めかたとして、まったく調査組織を作らないで行なう調査、非常にゆったりとした組織を作って行なう調査、かなりはっきりとした組織を作って行なう調査というような区別がある。この区別は博物館が利用者を迎え入れるシステムと同じと言えるかもしれない。

すなわち、博物館は興味の分野や年齢などにかかわらず、博物館にかかわる人を受け入れ、興味を伸ばしていくことができるようにその事業のプログラム化をすることが求められる。博物館では、特別な興味の内容が決まっているわけではないような人を博物館の事業に参加してもらうことで少しずつ関心を高めてもらい、だんだんと特定の分野や話題に関心を集中し、やがて自分でも調べてみようと思うようになってもらうような事業の組み方をしている。したがって参加型調査に参加してもらうことは博物館の研究の一部に参加してもらうことであると同時に、博物館利用のいくつもあるコースのひとつであると言える。

その組み合わせを調査組織の有無で考えることができる。誰でも簡単に参加できる調査内容で、はっきりとした組織もないために参加しやすい調査、ゆったりとした組織があり、参加するには、少しだけではあるが決意がいるような調査、そしてはっきりとした組織があり、グループに参加するという意識が必要な調査というような区分である。この区分と調査内容によって、より多くの人が博物館の準備する調査に参加し、興味を伸ばしていくことができると考える。

以下には実際に琵琶湖博物館で行なった調査の例を記録する。

タンポポ調査（組織をもたない調査の例）

1993年と1998年には、まったく同じ方法でタンポポの分布調査を行なった。堀田（1977）は参加型調査を行なう場合に使うことができる材料の条件として、三つを挙げている。それは、誰でも知っていて間違えることが少ないこと、親しみがあって参加してみようと思うような材料、その生物の有無が環境の変化を反映しているもの、ということであった。タンポポはその条件に非常によくあった植物であると言える。

タンポポには、在来種のタンポポと外来種のタンポポとがあり、在来種のタンポポは田の畦のような昔から同じような管理をしている場所に見られ、外来種のタンポポは最近に工事をして地表が裸になった道路や宅地などに見られる。その違いを利用して、逆にどちらのタンポポが多く見られるかということから、その地域での人の手の加わりかたの違いを知ることができる。

調査の方法は事前に調査の説明やタンポポの見分けかたなどを説明したチラシを配布しておき、そのチラシを見て参加する人は、タンポポの花をつんで、チラシにある調査事項や意見などを書き込んで、そのチラシを切り取って封筒にし、タンポポの花を中に入れて博物館まで送ってもらうというものである。この調査では、約4000人の参加があった。この方法は、まず自分で名前を調べてから資料の花を博物館に送ってもらうということであり、これは、送られた花を博物館で確認することで調査の精度を上げるとともに、参加者にとっては参加意識をより強く持ってもらうという意味もある。もちろん調査結果がまとまると、調査参加者には簡単な報告書が届くと同時に、展示室内でも展示される。

この調査の場合には、堀田が始めたタンポポの調査と同じ方法を取りながら、

写真9　タンポポ調査結果の整理　　　写真10　タンポポ調査結果の展示

1993年　タンポポ調査結果図

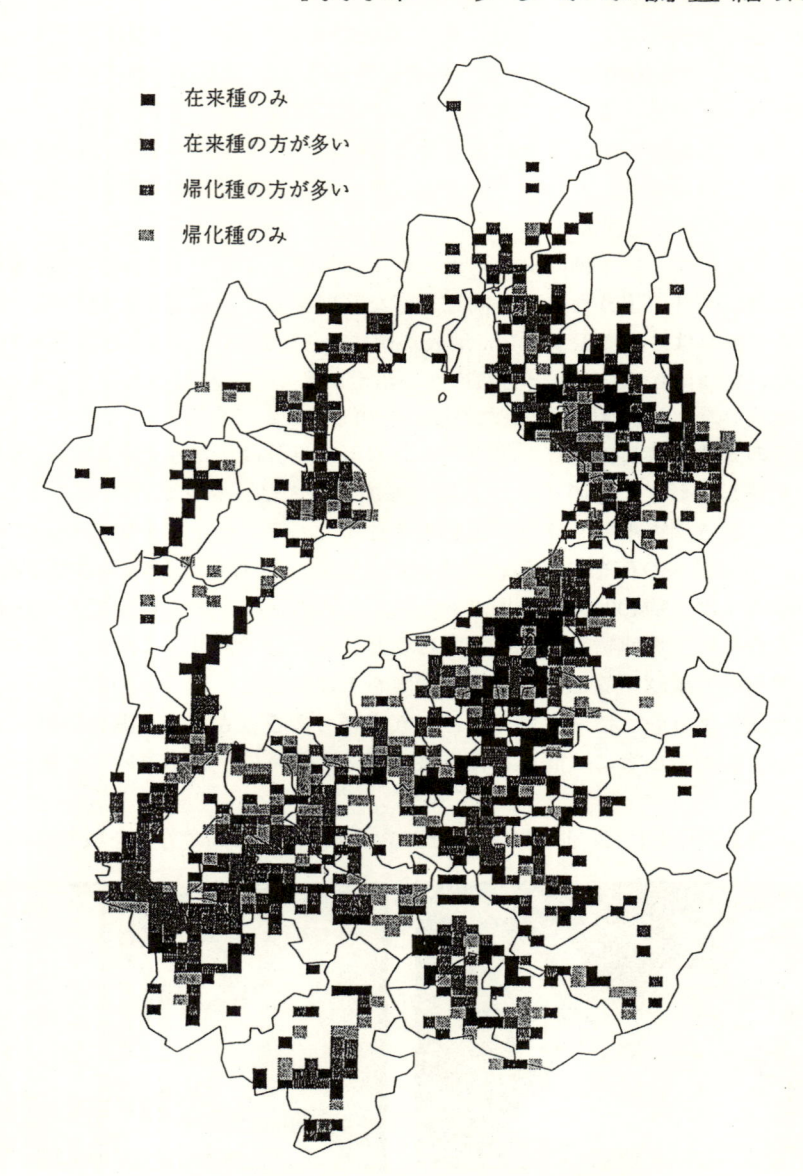

- ■　在来種のみ
- ■　在来種の方が多い
- ▨　帰化種の方が多い
- ▧　帰化種のみ

図6　1993年に行なわれたタンポポ分布調査の結果

同時にタンポポに関する思い出や参加者のタンポポ談議を書いてもらって、タンポポを通して地域の暮らしについてもふれようとした。そのため参加者からは、タンポポから環境について知ることができるということが分かって、他の植物ではどうだろうかと足下が気になってしかたがないとか、家の周辺でも初めて歩くような道が幾つもあって、調査をしながら自分の家の周囲を改めて知ることができたとかいうような意見の他に、タンポポの思い出から自分の昔の暮らしや母親の思い出、終戦当時の暮らしぶりなど、さまざまな意見が寄せられて、滋賀県の暮らしの断片を見ることができた（布谷知夫・高橋政弘 1997:3-26）。

この調査では参加者の名簿は博物館に登録されているものの、博物館からは調査の中間報告書を参加者に送って結果を報告しただけで調査参加者の組織を作ることはしていない。そして同じような方法で生物系の調査として、カタツムリ、アオマツムシ、ヒガンバナ、春の生物などの調査を行なった。

水辺の遊び調査（組織を作らない調査の例）

水辺の遊び調査は生活の中で水辺というものがどのように位置付けられているのか、意識されているのかを子供の遊びを通して見直してみようという調査である。この調査は琵琶湖博物館準備室の時代に行なった調査である。水辺の見直しということは最近の流行ではあるが、水辺は「望ましい環境」としてイメージされているだけで、実際には水辺は暮らしとの結びつきを失って、日常的に暮らしとのかかわりで意識されることがほとんどない環境である。

調査は小学校の5年生を主な対象として、子供たちが家に帰って、自分のお父さんやお母さん、あるいは、おられるならばお祖父さんやお祖母さんにそれぞれ子供の時に水辺でどんな遊びをしたかを子供たちから聞いてもらい、その内容を記録すると共に、できればその遊びの様子をスケッチしてもらい、さらに可能であれば、遊びで使った道具を作ってもらう、というものである。

子供たちに質問されると親たちは普段は考えたこともない自分が子供だった頃のことを思いだして子供たちに話してくれる。そして昔を思い出し、水辺での魚つかみが楽しかったことを思い出して子供たちに伝えてくれる。そして話をしながら昔遊んだ水辺が今はまったく遊ぶことができない場所になっていたり、あるいは子供たちが遊んでいないことに気がつく。それだけ暮らしや周囲の環境が変わってしまっているということである。

親の世代にとっては楽しい遊びの場所であっても、子供であった当時には、

その両親がおかずとりをしているのを見て育ったはずである。川から取った魚はそのまますぐに食卓にあがるのである。直接に暮らしと結びついた場所であり、同時に子供にとっては親たちの行動を見ながらそのまねをして魚を取って遊ぶ、というような遊びかたがされていたのである。

参加者は普段頭には残っていない水辺というものについて家族で話し合い、その結果として楽しい遊びの場であり暮らしとも深く結びついた場所について、昔はどうであったのか、そして今はどうなっているのか、昔のような遊びをする場所が今はなくなっているがその結果として何が変わったのか、など水辺について生活の視点で具体的な話をする切っ掛けとなったはずである。

水辺の遊び調査ではおよそ6000家族からの報告書が集まっている。この調査では個々の家族で身近な水辺の過去と現在の両方を遊びを通して考えるということをしてもらいながら、同時に6000枚の調査の結果としては、滋賀県での時代ごとの遊びの変遷と水辺で見られた魚の変遷、男の子と女の子の遊びの違いなどさまざまな情報が集まり、また魚の地域ごとの異名などの情報も沢山集まった。これらの情報もそれぞれ解析してまとめられており(遊磨・嘉田・藤岡1997)、同時に調査で書いてもらったスケッチをタイプ分けして展示室で見ることができるようにしている。

この調査は家族単位で地域の暮らしにかかわった環境について一緒に考える機会を作ると共に、滋賀県内の暮らしや遊びについての情報を得ることができ、その成果は大きなものがあった。この調査の場合にも調査のための組織を作ることはしていない。身近な話題で、だれでもが参加できるような調査と位置付けることができる。

水環境カルテ調査（ゆったりした組織を作っての調査）

タンポポや水辺の遊びの調査が調査を行なう組織を作っていないのに対して、水環境カルテの調査は、調査を進めるための団体（水と文化研究会）があり、その会が事務局となって、調査者を作りだし、その調査者を含めたゆったりした会が調査をしていくという形式の調査である。この調査の参加者は、水と文化研究会のメンバーやその知人がまず自分の住んでいる集落での調査をして、調査の方法などを確定した後、近くの集落の知り合いにたのんで、その知人の集落を調査してもらい、できるだけ順に知り合いをたどって、調査者を増やして確保し、調査を継続させていくという方法である。調査の中心となる会は調査

写真11　水環境カルテの展示コーナー　　**写真12　展示の裏付けになったデータ**

をしてくれる人に対して資料や調査用の用紙などを渡し、調査参加者全体を把握しているが、全体の交流会などはあまり行なわれていない。博物館を活用している研究会が中心となって、調査を行ない（嘉田 1996:62-63）、その調査結果は博物館の展示で活用し、地域の水利用を見つめるための好例として扱っている。もちろん博物館の学芸員が水と文化研究会の中心的なメンバーとして活動しており、調査の方向や内容を決めていくことに対しても指導的な役割をはたしている。

　水環境カルテとは、人間が医者に行くとその人の病気の来歴がカルテとして記録されているように、地域の水利用の来歴を記録しておこうという調査である。調査の内容は一つの集落の中にある水利用のさまざまな痕跡を記録し、地域の人からそれにまつわる話を聞き、写真をとり、スケッチなどもしてその集落の位置を地図に落として、全体をカルテとして記録するというものである。扱うものは井戸やカワヤ、その他調査者がこれはと思うものであれば何でもよく、多くの例が記録されている。

　この調査では水道が通って、家の中の蛇口をひねれば自由に水が使えるような現代の暮らしと比較しながら、一昔前の水利用の知恵や暮らしの中のルールを知ることで現代を見直してみようということを目的の一つとしている。そして同時にこの調査のデータは地域の水利用史であり、解析によってはさまざまな研究としての成果があがってくると思われる。

　主に集落の女性の労働によって成り立っていた水くみと廃水の処理や、ほとんどの廃水を川には流さず、コヤシとして使ってしまうという生活の仕組みからは、集落の労働のあり方や、便利さと引き換えに失ってしまったほとんど完全なリサイクルのシステムなどが浮かび上がってきたのである。

現在はおよそ500集落の調査が終わっており、博物館の開館にあたってしばらくの中断期間となったが、調査のデータはすべて印刷して冊子（滋賀県立琵琶湖博物館 1998）とし、滋賀県内の図書館や大学、博物館などの人の利用がされる場所に配布した。これを見て自分の住んでいる集落の情報がないことに気がついた人に対して、自分で調査をしてみませんか、ということを提案できるようにしたいと考えたためである。また同じ内容を小中学生の体験学習のプログラムとなるように編集し（嘉田・高橋・布谷 1998:1-14）、利用している。

ビワコダス研究会（組織を作って行なう調査）

　組織を作ってその組織内で議論をしながら研究を行なうという方法は、いわゆる参加型調査に含める場合と、含めない場合があるように考えられる。たとえば琵琶湖博物館においても博物館を活用しながら自分たちの研究をしている研究グループがいくつかあり、研究会の成果をもとにして博物館の企画展示会を実質的に実施した例もある。

　しかしこの様な会の参加者は、それぞれの分野のアマチュアの研究者であり、専門家の集団というべきものである。もちろん情報を発信してはいるが、いつも情報が公開され、関心をもつ人が自由に参加できるような体制でもない。そういう意味ではそのようなアマチュアの会の調査は、ここでいう参加型調査とは別として区別しておきたい。

　それに対して組織を作りながら組織内部だけで研究を完結するのではなく、eメールやインターネットなどの手段でいつも情報を公開し、論議をしながら研究をしていくという方法をとり、同時に参加者はその分野の専門家ということではなく、関連した分野の人が集まってそれぞれ自分の得意とする分野の知識を寄せ合い、新しい成果を生みだそうというような研究方法がある。そのような研究方法であれば、組織を作って主としてその組織の中で研究が行なわれている場合でも、博物館にとっての参加型調査と位置付けることができるのではないかと考える。

　琵琶湖博物館のビワコダス調査はそのような例と言える。ビワコダスとは琵琶湖周辺の地域風の調査の名前であり、調査を行なったのは琵琶湖地域環境教育研究会という団体であるが、この調査の中心になった人たちは風に関心がある人たちのグループであり、狭い意味での風の専門家はおらず、中心になっているのはコンピューターに詳しい人、物理学の教員と気象協会の職員などであ

り、メンバーの多くは学校の教員である。この研究会は滋賀県の各地域での風の実態を、風について最も詳しい地域の漁師さんから話を聞くことから始め、その作業を行ないながら、自分たちで風測定のネットワークを作るという作業をすすめた。メンバーの家の屋根の上に自動測定器具を付けて観測し、その観測値をパソコンで記録しながら、同時にその値をパソコン通信を通じて発信するというソフトを試行錯誤を繰り返しながら完成し、現在は県内の10ヵ所の測定地を結んで、ディスプレイ画面に10地点での風の強さと方向がベクトルでリアルタイムで表示がされ、あるいは過去の同様の画面を選択して見ることができるようになっている。

この自分たちで測定したデータと気象図やひまわりの写真などをもとにしながら、実際の季節風や地域風を観測して、その内容と地域の漁師さんから聞いている風に対する伝承などとがどの様に重なるのか、伝承と科学とがうまく対応するのか、等を議論している（琵琶湖地域環境教育研究会 1999）。もちろん琵琶湖博物館の展示の中でもそのデータを見ることができる。そしてこの会では観測が一定の軌道に乗りつつある現在、この観測データの解析を進めながら、学校教育やその他の現場でも生かしていくための今後の展開についての議論をすすめている。

このような会を作っての議論であれば、参加者のそれぞれの持ち味と得意な分野が発揮され、既存の会と同じで参加することに対する抵抗が強く、参加できる人数には限界があるものの、より高度な議論ができ、いわゆる博物館を取り巻く研究会のようなはっきりとした専門分野の成果とは違った、異分野の知

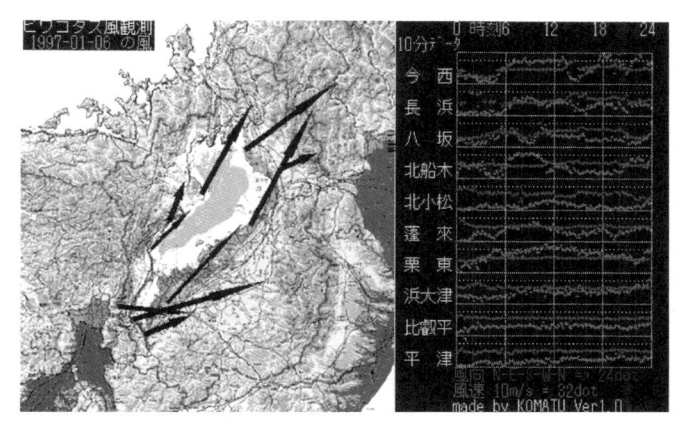

写真13　ビワコダス（風調査）表示画面

識を生かした研究として成果をあげることができる。

　組織の有無を軸として参加型調査の例をあげてみた。この様な調査では、参加することでその調査や組織への参加意識が高まり、調査の継続、調査結果への関心などが高くなっていくものである。そしてそのような関心の高さは、どちらかというと組織としての結束の強さが強いほど参加意識も強くなるものである。あるいは参加者がより主体的に参加し、一緒になって結果の解析や考察に対しても意見を述べるようになるものである。博物館がより主体的に活動をする人を育てることをひとつの目標にするとすれば、このような参加型調査も誰でもが参加することができるように、さまざまなタイプのものを計画し、実施することが、より多くの多様な利用者を意識した場合には必要である。

　このような参加型の調査を進めながら、開館以後はフィールドレポーターという制度を作った。もともとの発想は展示室内に滋賀県内各地からのリアルタイムの情報、特に景色を取り込みたいということであった。当時考えていたのは、デジタルカメラを準備して地域の写真をとってもらい、その写真をeメールで博物館に送ってもらって、それを現在の県内の景色として展示することである。滋賀県は太平洋側の気候と日本海側の気候の両方を持った地域であり、例えば冬の雪は県の南では降っていなくても北では降っているというようなことが多い。その雪景色や県内の気候の差、例えばもう桜が咲き始めた、などを地域から情報発信してもらって展示することで来館者が自分の地域の暮らしや自然を顧みる材料としようということである。
　また景色の写真以外でも、地域ごとの祭や習慣、花だよりなどの暮らしのまわりの自然などを博物館に報告してもらい、それらを地域からの便りとして展示室で紹介することを考えていた。そのような定期的な報告者の集団をフィールドレポーターと名を付けて考えていたのである。
　開館翌年からこの制度はスタートさせたが、一般募集をして、まず最初は博物館の方で決めた課題についての調査をしてもらって、そのデータを博物館に送ってもらい、同時にその他に何でも身近な情報を併せて送ってもらうというようなシステムとした。博物館が依頼する調査課題では、全員が調査してもらう「必ず調査」とできる人だけに調査をしてもらう「できたら調査」との両方を準備し、意欲のある人や特に専門知識を持っている人がより専門的に参加で

写真14　フィールドレポーター結果展示　　写真15　コーナーのはりかえ作業

きるような内容を加味するようにした。

　初年度の調査は、「ツバメの巣」「身近な貝」「セイタカアワダチソウ」「夏と秋の水道利用量」の四つで、春から順に調査内容や方法などを説明する文書を郵送し、調査の結果をまとめた。この集まってきたデータの整理をフィールドレポーター自身がまとめ、コンピューターに入力し、その結果をニューズレターにして返送するなどの作業を行なってきた。現在では、調査の計画からまとめの報告書の作成までのほぼすべての仕事はレポーターの手で行なわれており、完結したフィールドレポーターの仕事となっている。そして年度の途中あるいは年度末には全体の交流会を行ない、調査の結果を報告したり、話題提供をする等の催しをしている。またこのレポーターの調査結果を展示室内にフィールドレポーターのコーナーを作って展示している。

　フィールドレポーターはいわゆる参加型調査の中のはっきりとした組織を持った調査制度であり、明確な組織と参加メンバーを持つことで参加者に対しては、恒常的な博物館利用の場を準備するものである。調査を行なうテーマや内容などもフィールドレポーターのメンバーが相談をして決めていくようになっており、現在では博物館を活用しながらほとんど独立した組織として活動しつつある。

3　学校と博物館との連携事業

　利用者とのかかわりを考える中で、近年になって学校と博物館との連携事業が重要視されるようになっている。確かに利用が多く、また今後の博物館利用が長く続くために重要ではあるが、単に出前授業をしたり、一緒に事業を行なうだけでは、その双方の役割を発揮できない。学校と博物館との連携事業のあ

り方について議論をすすめる。

1）学校と博物館

　博物館において学校団体の利用比率はかなり高い場合が多く、一般的にも博物館という場所に初めて行ったのは学校からの遠足や社会見学であったという人が多い。しかしながらその内実においては、博物館と学校とがうまく連携をとって活動ができているかというと決してそうではないと言わざるを得ない。博物館にとって学校はまとまった入館者数がかせげる団体でしかない場合が多く、また学校から見ても博物館は建物の中につれてきさえすれば、後は子供たちをほっておいても何とかなる便利な場所という程度のとらえかたであった。

　そうはいいながらも学校の側にも博物館の側にも、博物館での学習を効果的にしようという試みは行なわれている（大堀・編 1997b）。博物館の現場では、たとえばミュージアムパーク茨城自然博物館のように、学校教育との連携にかなり大きく運営方針を置いた博物館や、学校教育を意識した博物館もある程度は活動を行なっている。そのような博物館の側では、学校がそれぞれのカリキュラムにそって博物館の展示を使った学習ができるようにと、いわゆる見学用のワークシートを準備して、学校側に提供をするという例が多い。ひな形を作っておいて、それを学校がより使いやすいように作り直すことを博物館の側から勧めて、ワークシート集のような物を作るという活動は、初期的には秋田県立博物館や近年ではミュージアムパーク茨城自然博物館（1996）などで活発に行なわれている。ワークシートを作って子供たちに持たせて博物館を見学させるという見学のしかたは一定程度定着してきているかもしれない。あるいは博物館での体験学習の実施や出前授業などの博物館が主催する行事も現在では各地の博物館（博物館と学校をむすぶ研究会 2000）で行なわれている。

　しかし学校と博物館との連携の事業については、まだ未整理な内容が多い。例えば一番普通に行なわれているワークシートの場合も、学校が独自に作成したシートの場合には、いわゆる穴埋め式の設問で、展示室の解説パネルの文書の一部が伏せてあって、展示パネルを探してその部分を埋めるだけというようなシートが見られ、そのようなシートの利用についてはその効果についての疑問の声が以前からあがっている。またそういうシートの穴埋め式の学校の場合には、その展示場所で展示コーナーのガラスなどにシートを置いて書込みをするために、他の来館者から見ると大変に邪魔になるという苦情が寄せられる場

合もある。現在もワークシートを使用することについては、賛成の意見と共に、疑問視する意見があることはよく知られているとおりである。

そしてそのような意見に対して、学校団体の博物館利用の目的は、教科の学習の意味以上に、博物館という生涯学習施設の使い方を体験することに意味があるという意見もある（田中・布谷 1978:26-27）。実際にも学校からの社会見学などで博物館を訪れ、またすぐれたワークシートを使って学習するという経験をした子供たちは、博物館という場の利用のしかたの一部を体験することになり、それをきっかけとしてまた改めて博物館を利用する機会を作るという場合がある。博物館の利用ということが一般的になっていないという現状の中では、学校の利用がその後の博物館利用の促進につながるということの意味は大きい。したがってワークシートも、パネルを見つけてその一部を書き写せば終わりというような内容ではなく、複数の展示物を比較してみたり、展示資料の使い方を考えたり、色や形の意味を考えることができたり、そして展示コーナー全体のメッセージを考えることができるような、年齢に応じた設問式の簡易なワークシートが効果的である。そしてパネルを写すのではなく、展示物を観察したり、その展示物の意味を考えたりできるような設問があれば、使いやすいワークシートとなる。その際には、1枚のワークシートにたくさんの内容を盛り込む必要はなく、コーナーごと、あるいは展示室の中の共通テーマの横断型のようなシートが使いやすい。このような展示室で展示資料を観察して、博物館からのメッセージに気がつく助けとなるようなワークシートの作成については、各博物館での試み（滋賀県立琵琶湖博物館 1999a、1999b）が行なわれている。

そしてこのようなワークシートは、現在ではほとんど学校対応用として行なわれているが、学校以外の団体、或いは家族連れなどがそのときの目的に応じて、気楽に使えるようなさまざまなタイプのシートが準備できれば、博物館としてはより効果的である。

また体験学習についても、学校からの要望は非常に多い。近年は学校からの博物館への期待が大きくなりつつある。文部省の指導においても博物館での体験的学習を強く勧めた経緯があり、平成8年には「地域における生涯学習機会の充実方策について」という生涯学習審議会答申（1996）なども出されて、学校教育と博物館などの社会教育との連携・協力事業についての方向性が示された。博物館の側も、受け身であるだけではなく、そうした主旨の博物館利用に対して答えるだけの体制を持つことが必要である。

同時に学校の博物館利用をより効果的に行なうためには、学校側の意図とは別に明確な博物館の独自性が必要であると考えられる。博物館は既存の知識をそのまま伝えることが目的ではなく、さまざまな知識を契機としながら、自分の生活や暮らしの周囲の自然などについての発見に導き、そのことを通して改めて自分が暮らす地域を見つめ直してもらう切っ掛けを作ることを目的としている。

　学校教育においてももちろん子供たちの発見による教育を大切にしているわけであるが、基本的にはそのような動機付けによって、積み上げられてきた人類の知恵をスケジュールの通りに学ばせることが目的である。従って、学校が主体となる場合と博物館が主体となる場合では、プログラムの中味は同じでもその進めかたや意図はかなり異なるはずである。

　学校教育は、原理や法則を順を追って子供たちに伝え、その伝える内容や方向、そしてもちろんその日に落ち着ける結論まで決まっている。いわばハプニングを許さない教育活動が理想とされる。教育の法則性にのっとって、完全なカリキュラムのもとで動いている。それに対して博物館は、その場の体験や発見を大切にして、計画外の方向を向いていっても、ほとんど問題とはしない。むしろその過程を大切にして、結論を押し付けることはしない。博物館での学習の内容にはカリキュラムはなく、参加者一人一人の受け取り方を大切にする。この学校と博物館との教育に対する考え方の差は非常に大きいため、連携した仕事を行なうためには、学芸員と学校の教員とが十分にプログラムの内容について打合せを行なうことが必要である。

　博物館の体験学習や出前授業に対しては、学校からの希望が大きいが、一般的に言うならば、学芸員が資料を使って行なう授業は子供たちにとって面白い

写真16　展示室の子どもたち　　　　写真17　ディスカバリールームの子どもたち

第3章　利用者の視点に立った博物館の実践　　115

に決まっている。子供たちにとっても、いわばハレの場であり、学校の授業とは違った楽しさを感じてくれるだろう。学芸員が持参する博物館の資料などにも触れることができ、学芸員から研究をしている現場での面白い話も聞くことができる。

　しかしその内容が、カリキュラムと関係がなかったり、遊びの要素が強すぎたりしたのでは、本当の意味での博物館と学校との連携事業とはいえない。連携という以上は、学校と博物館の両方の長所が発揮されて、はじめて成立するものである。

　博物館は少なくとも一方的に知識を伝える場ではなく、そのことは学校に対してもそうでなくてはならないであろう。生徒たちにとっても博物館は学校教育とはまた違った場所である。したがって学校教育の延長になって、学校の授業と同じ様なことをしているのでは、子供たちにとって博物館へ来たことの値打ちは全くなくなってしまうであろう。学校教育による博物館利用の場合において、教育的な面は当然無視することはできないだろうが、少なくとも博物館に来たからこそ体験できるような企画内容である必要があると思われる。そのためには、博物館としての体験学習のプログラムを持つことが大切である。

　博物館での体験学習においては、知識を伝えるのではなく、博物館の側こそが子供たちを虜にするような体験学習のプログラムを考え、準備をしておくことが大切である。おそらくそのようなプログラムは程度の差こそあれ、対象年齢にもあまりこだわらずに行なえる。それは知識を主とした学習の場合にはある知識を持っていることが基準となってその上に新しい知識を伝えることになるが、博物館での体験学習は、実際の体験を通じて、あるいは実物に触れることによって行なう学習になり、その場合には知識の多少よりも、その場の雰囲

写真18　体験学習「ワラ細工」　　　　写真19　体験学習「投網体験」

気や意欲が問題となってしまうものである。そういう意味では博物館という場で、いつもの学校の先生ではなく博物館の学芸員や職員が学習の対応をすることで、まずそういう場を作ってしまうものである。

　例えば琵琶湖博物館で行なったセミナーの感想文（高校生）で「今回のセミナーは、学校では絶対体験できないようなことがたくさんできて本当に面白かった。実習はどれも全部おもしろくてわくわくした。でもその時の楽しそうな学芸員さんや先生を見ている方が楽しかった。学校のように堅苦しい雰囲気がなかったので、のびのびできた。」や「実物を目でみて、さわって、文を読んでいるのとぜんぜんちがう勉強ができた。」また「魚の解剖はすごかった。1班6人で1匹が一般の学校であるのに対して、こちらは1人3匹ということであったからである。あれ以来、生魚はたべていない。インパクトが大きかったからだろう。でも発見は多かった。学校で習ったことはすぐ忘れるのに対し、このセミナーで見て、聞いて、触ったことは忘れていない。」などと書いている（滋賀県立琵琶湖博物館　1999a:29）。学校の授業とは違って、まず一緒に参加指導してくれた先生や学芸員とのふれあいや体験の内容、そしてその体験内容のインパクトの強さなど、覚えるための学習ではなく、体験した過程の印象の強さが後に残ることを示している。

　筆者は、博物館と学校との連携事業を行なう場合には、学校と博物館側とが十分に相談をして、博物館での体験学習では何を目的とするのかを決め、それに相応しいプログラムを用意する必要があると考えている。その際に、博物館の側は、ある意味では、博物館で学ぶことの楽しさを伝えることができれば成功である。学芸員は自分の専門分野があり、それを伝えることが楽しいはずであるから、学芸員の立場でいえば、自分が研究する分野のファンができて、その分野のアマチュアの会のメンバーにでもなってくれれば、さらにいうと観察会などに参加していた子供たちが、例えば大学に進む際にその分野を選んでくれれば本望である。もちろん専門家を作るのが博物館の目的ではないが、博物館利用者の変化は分かりにくいため、そのように目に見えて人が変わる場合には、やはり博物館の影響力が大きいということが分かってうれしい。

　学校の場合には、一面では博物館の主旨に従うことで学校の目的も達成できるであろうが、同時に学習カリキュラムとの関連なども当然ながら考慮することになるだろう。学校が考える環境学習や体験学習の獲得目標について、同時に博物館の側の獲得目標についても十分な意思一致を行なうことが必要である。

2）ミュージアム・ティーチャー

　海外の博物館ではミュージアム・ティーチャーという立場の職員がいて、博物館を訪れる団体や学校にたいして、博物館としての教育活動を行なう場合があり、日本の博物館でもそのような立場の職員が置かれている例がある。あるいは実際には日本の場合には学校の教員が博物館の学芸員として配属され、ミュージアム・ティーチャーとして学校からの団体利用への対応とともに、一般団体を含めて、博物館の交流活動全体の事業を行なっている例が見られる。しかし大部分の博物館では学芸員がミュージアム・ティーチャーの役割も果たしている。

　しかし学芸員とミュージアム・ティーチャーは同じなのだろうか。ヨーロッパやアメリカの大規模博物館においては、職員の役割分担が行なわれ、研究者と教育者ははっきりと区別される傾向が強い。特にこのような傾向はアメリカの博物館で強く、アメリカにおいても1970年代にそれまで博物館では裏方のような位置付けであった博物館教育の担当者が、博物館における教育の大切さが注目されるなかで、博物館の専門家として位置付けられ、博物館の中での位置を高めたといわれている（倉田 1988:69-72）。その経緯に見られるように、博物館で教育学や心理学などが専門的に研究され、大学および大学院に専門コースができ、その分野の訓練を受けた博物館教育の専門家がミュージアム・ティーチャーとして博物館の研究者と仕事を分担する形で博物館の日常運営にあたっている。

　もともと海外の大規模博物館ではデザイナーや展示製作の専門家等を含めて完全な分業体制で運営がされている例がある。しかしながら日本の博物館の場合にはいまのところ海外と同じ立場でのミュージアム・ティーチャーが配置されている例はおそらくないであろう。博物館で教育を行なうことについての専門的な訓練をする機関や大学研究室などは我が国にはなく、したがって博物館での教育を自分自身の専門として活動をしている人も少ない。

　すでに述べたように多くの日本の例では学校の教員が博物館に配属されて教育活動を専門に担当するか、あるいは学芸員が直接に教育活動を担当するかというのが普通である。したがってそのような役割にミュージアム・ティーチャーという名前をあてることには混乱がある。

　しかし一方で日本の現状の中では、博物館教育の専門家を養成することには長所と短所の両方がある。おそらく完全な協力体制ができ上がり、仕事を有機

的に分担できるようになれば効果的な博物館での教育活動が可能であろう。しかし日本の現状の中では、現場での身分保証や博物館職員の定員の問題、また学芸員と教育担当者とを対等な身分にすることに関する問題など、課題が多い。現実にも日本人で海外の大学や大学院を卒業した博物館教育の専門家がかなりの数になっており、日本に帰ってきているが、その専門性を生かして定職についたという例は非常に少ない。一方でそのような人達が博物館の現場で活躍できるようになり、我が国にもそのような大学のコースができることを期待しながらも、とりあえずは現状を考えざるを得ない。

　これとは逆に日本の現状の中では、学芸員が教育活動を担当するということは、学芸員の仕事の忙しさをさらに激しくするものではあるが、一方で学芸員だからこそできる教育活動がある。繰り返し述べているように、博物館における教育的な活動は、知識の伝達ではなく、博物館が持つ資料類や情報を活用して、博物館利用者が自分の知識や経験と合わさった発見や驚きの中から好奇心を刺激され、自己学習を行なうところにある。このようなマニュアルのない博物館での教育は、自らが研究を行なうことで、その過程や成功例と失敗例とをすべて知っている学芸員自身が行なう方がスムーズに行なえる。むしろより具体的で面白い学習指導が行なえる可能性が高いとさえ言える。したがって、学芸員がミュージアム・ティーチャーとして学習指導に当たることは、学芸員の時間的な負担を除けば、学習効果が高く、また学芸員自身にとっても、新しいアイディアを発想する上で刺激的な活動となる。もちろん、学芸員の職務分担の項目で述べたように、より教育学的な背景を持つことが必要な場合があることはもちろんである。

　そしてこのことは、学校団体に向けてだけではなく、一般団体や家族の利用などに対しても同様である。

　このように博物館での教育的活動の日本的な特徴は、現状ではミュージアム・ティーチャーをおくことにプラスとマイナスの両面を持っているようである。ただしこれはあくまで現状をやむをえないことと肯定した上での意見でしかない。したがって実際には、さまざまな段階の妥協策が考えられ、実施されている。

　学芸員の場合には、専門分野の知識は持っているが、学校の事情を知らないために、引率の先生と対応しても、どのように指導をすればいいのかが十分には分からない場合が多い。したがって一般的には学芸員は学校の生徒を指導す

る際には、ミュージアム・ティーチャーとしては有能な仕事ができるとは限らない。逆に学校の教育は、子供たちに伝えるべき内容が非常にはっきりしており、そのノウハウもかなりの程度に明確である。内部の命令系統もはっきりしている。それに対して、博物館の教育では形になっていることは少なく、ほぼ全てをその博物館で考え、決めていく必要がある。このような教育の進め方は多くの学校の先生は苦手であり、教員が博物館での教育的活動を行なうには、博物館の考え方や仕事の方法を十分に理解し、慣れてもらうことが必要である。

　最も現実的な方法は、学芸員と教員とが協力して博物館での教育的な活動を行なうことであろう。そのための前提は博物館の理念や活動目的を十分に理解した教員が博物館の立場で児童生徒への指導を行なうことであり、安易に博物館に配属された教員に指導を押しつけるようなやり方は避けるべきである。

　そのような教員と学芸員とが協力して、学校現場での授業とは違って、博物館に来たからこそ実現できるような楽しいプログラムを開発し、学年や関心に応じて対応できるようなメニューを準備することで、多様な要求を持った学校を受け入れることができるだろう。

　本節では博物館で行なう交流事業の性格について論じた。交流事業はもっとも博物館らしい、利用者が自主的に行ない、変化していくことがわかる事業である。博物館はさまざまな利用者が、それぞれの人の希望に合うような博物館利用の道筋を準備し、自由な活動が行なえるようにすることが重要である。そのための仕事のあり方や、仕掛けとしての住民参加型調査の例、あるいは近年になって注目を集めている学校との連携事業の場合に、双方の役割を生かした連携になるような準備段階の重要性などについて述べた。

第3節　利用者にとっての博物館資料

　博物館の事業の中でもっとも基本的なこととして資料整備が挙げられれることがある。しかし博物館の資料については意外とその意義についての議論が行なわれていない。ここでは資料の意味を明確にした上で、これまでほとんど議論がされていなかった利用という視点を含めた資料のあり方についての議論を行なう。

1　博物館資料と研究およびその利用
　ここではまず、博物館の一次資料（モノ資料）についてのこれまでの議論を整理して、博物館資料と博物館で行なわれる研究との関係やその利用の方向性について明らかにしておきたい。

1）博物館資料についてのこれまでの議論
　1970年代の後半から近年にかけての博物館学の研究の成果には著しいものがあり、例えば加藤（2000:42-43）がまとめているように、多くの研究成果が著わされている。特にこの数年間は「日本ミュージアム・マネージメント学会」のような新しい学会が生まれ、学術会議でのシンポジウムの開催や各地での様々なテーマでのシンポジウムなどの開催、多くの本の出版やメーリングリストでの議論など、いろいろな機会に博物館が話題にのぼることが多く、博物館の議論も非常に幅広く行なわれるようになってきている。
　しかしそうした中でも博物館資料についての議論は比較的少ない。有元は博物館学シリーズの1冊として編集した『博物館資料論』（有元 1999:iii-iv）の「はじめに」の中で、学芸員養成課程の必修科目に対応する編集であるとしながらも、資料論として1冊の本にまとめられたのは初めてであり、博物館資料論という分野は「博物館資料が博物館のさまざまな機能すべてに関わるため、取上げるべき内容は多岐にわたる」ことから、これからの分野であるとしている。もちろん博物館資料についての論文や出版物は数多くあるが、資料論というタイトルを持った出版物はたしかにごく少なかった（段木 1998、加藤・他編 1999）。

また博物館資料についての議論の内容も、資料論の中の資料整理保存の技術論が中心であったように思われる。その意味では有元が指摘するように博物館資料を博物館の諸活動全体にかかわったものとして捉え、博物館資料論を考え直すことで、逆に博物館ではなぜ資料を集めるのか、社会的な要請はどこにあるのか、そのためには何を収集するのかなど、博物館の社会的な位置を考え直すことにつながる。

　これまでの多くの議論では、すでに述べたように博物館資料論の中の、博物館技術学としての資料整理保管が中心で、資料にかかわる博物館学の理論については、あまり議論がされてこなかった。その一方で、現場での資料整理保管についての技術は、自然科学分野、歴史科学分野などを問わず、かなり以前から確立された方法論があり（柴田敏隆・大田正道・日浦勇・編 1973；青木 1985；安藤 1998；記録史料の保存・修復に関する研究集会実行委員会 1995）、整理保管手法も博物館ではほぼ共通した方法が使われ、現在はコンピューター技術への対応などのどちらかというと新しい技術に対する議論が行なわれているといえる。

　それに対して博物館学としての資料論は大学等で研究者によって議論が行なわれていることが多く、現場では博物館に資料があるのは当然のこととして、その意味については議論がされていなかった。菅根（1998:108）は資料論が振るわなかった理由として、「学芸員が博物館資料はすなわち実物資料であると簡単に連結してしまう観念を共通して持っていたという点」を挙げている。しかし博物館学は、博物館現場が、その本質を見極めた上で利用しやすい場になることを目指しているはずであり、現場での実践と結びつかない博物館学はその意味を発揮できないと同時に、博物館学の理論の裏付けがない現場での実践は、大変に弱く、発展性がとぼしいものとなる。

2）博物館資料と研究との関係

　現場での博物館資料論を考えるという立場では、まず問題となるのは、博物館資料と研究とのかかわりである。博物館法第二条（定義）の中では、「あわせてこれらの資料に関する調査研究をすることを目的とした機関」とされており、この意味についての議論は以前から行なわれてきている。ここでいう資料とはこの条文の中の前にある「資料を収集し」を受けており、そのままに解釈をすれば、博物館での研究は、博物館が保管している資料についてに限られているように受け取ることができる。

博物館での「資料を研究する」ということについてはこれまでにもいくつかの議論があるが、その背景には、博物館での研究は必要なのか、あるいはどういう研究が必要であるのか、ということがあった。最近でこそ博物館で研究が行なわれることについては異論はなくなっていると思われるが、博物館で研究が必要なのか、という議論は博物館法制定直後から始まっている。もちろん博物館で研究を行なうことをまったく否定する意見はでてこないが、例えば第11回全国博物館大会の「博物館学」についての講演およびそれに対する意見（浜根1963:4）においても、研究が必要としながらも、それは博物館での教育をするための研究であり、「ここでいう研究とは、academicなものではなく、あくまでmuseology的なもの、すなわち、この『もの』をいかにすれば博物館的な展示物とすることが出来るかという研究である。academicな研究は学者や、研究機関にまかせておけばよい。」という内容である。

このような研究についての意見はその後も長く続いている。最近では博物館で行なうのは仕事を進めるための研究であるべきという主張を積極的に述べる意見を聞くことはあまりないが、いわゆるacademicな研究については言及しないという形で現在も以前と同様な意見表明が続いていると言える。

博物館における研究のあり方について、ある程度の決着が見られたのは、1970年代の後半のことである。

新井（1973:14-18）は博物館を専門的な研究を行なう博物館（Curatorial Museum）と資料整理保管のような博物館事業を行なうことを重視する博物館（Non-curatorial Museum）とに区別し、博物館での研究のあり方についての整理を行ない、博物館ごとの目的によって研究への比重のおき方が違っていることについて議論を行なった。そして研究を行なう博物館での研究のあり方についても、研究とその他の博物館事業とが総合的に行なわれることを前提として、千地（1978a;31）によって次のようにまとめられた。

「博物館の学術研究は、博物館資料の専門的な調査研究という博物館法の表現にもみられるように、従来、資料を収集し、収集されたものについて調査研究するというように理解されがちであった。たしかに、このような実態があることは拒めない面もあるが、しかし本来は、博物館にはそれぞれの目的があり、その目的にそった調査研究がなされ、その過程で『もの』が収集され、資料化され、調査研究の成果の上に立って、資料が展示され、あるいは整理・保管されるのである。」

このように博物館での研究は、博物館が収蔵している資料を研究することだけではないことは、ほぼ共通の認識となっているといっていい。したがって、博物館の研究は、資料に関する分類学や保存科学などだけに限られる必要はなく、博物館の設置目的を実現することを目標とした幅の広い分野で行なわれるものである。そして研究の過程で、新たに資料が収集され、その結果として成果の公表や展示作りが行なわれると考えられる。

　このことは逆に最近になって、大学などで分類学の研究が行なわれなくなっていることを理由に、分類学は博物館で行なうのがよいといわれることがある。博物館では分類学を専門とする部分が大きいことは事実ではあるが、博物館は分類学のみを行なっている機関ではないため、大学等で分類学を行なわないことは学問的な責任放棄であることは明確であると考える。

　しかし一方で資料収集保管は博物館の機能の中の非常に大切な部分であることもまた事実であり、改めて博物館資料と研究とのかかわりを明確にしておきたい。千地の議論は「博物館では資料があるからそれを研究するのではなく、研究をするからその学芸員の元に資料があつまってくる」という主旨である。それは博物館の資料と研究との関係を考える上では非常に重要な内容である。

　大部分の博物館には資料が収集されている。その資料を研究するということはごく自然といえる。しかし現実に資料の研究が始まった場合には、確認のためや関連事項を調べるために、新たな資料が必要となり、その収集をしながら研究を続けるというのが普通である。その結果として成果が論文や展示等の中で公表され、その成果を見て、関心を持った人、あるいは同じ様な研究をしていた人などとのネットワークができ、それによって研究が進展したり、あるいは新しいテーマでの研究が発展したりする。そういう専門家としての研究あるいは博物館利用者と一緒になった研究の結果として、新しく資料が集積されていき、その新しい資料があるために、さらに新たな知見が明らかになったり、別のテーマへと研究が進む場合もある。

　あるいは博物館の学芸員がある分野の研究をしており、その分野の専門家であることが広く知れわたることで、その分野のコレクションが寄贈されてくるということが多い。アマチュアの研究者が自分で集めた資料類を持ち切れなくなって、そのコレクションを専門家として扱ってくれる人がいることを理由に、博物館に寄贈するというケースはかなり多い。

　このように博物館では、当初はそれまでに収蔵されていた資料を使って研究

することは当然であるが、研究が始まり、公表をすることで次の段階に進み、多くの新しい資料が集まってくるのである。

資料があるから研究をするという立場では、博物館の外部や利用者に目を向けながら仕事を行なうという博物館としての方向性が感じられず、また個別の研究成果は上がるかもしれないが、研究テーマを発展的に継続することは難しい。

資料を直接に研究する分野以外の研究でも、同じようなことが起こる。野外での生態学的な研究や、地域での無形民俗や現在の暮らしの研究においても、研究の中で知り合った人との結びつきから、あるいは自然を調査する中での発見や人の情報から、やはり関連した資料が収集されていく。このように研究分野やテーマにかかわらず、博物館では発展的な研究を進めることによって、その学芸員のもとに資料が集まってくるといえる。そしてこのような学芸員個人に資料が集まってくるというような例は、おそらくどこの博物館でも普通に経験していることである。

その結果として、博物館を特徴づけるような特色あるコレクションの収集につながっていくのである。博物館における特色あるコレクションの集積は、学芸員の実力によるといわれることがあるが、やはりその実力とは学芸員の研究者としての研究成果であり、そこから生じる資料の質の高さである。

このように研究を主体として考えるか、資料を主体として考えるかでかなり博物館の資料収集の基本的な方針が変わってしまうであろう。例えば博物館としての資料収集方針には「質、量ともに優れたコレクションを形作るためには、何を、どのような方向で、どのような範囲で、どのような基準に基づいて収集していくかが明確にされていなければならない。」(倉田・矢島 1997:150) とあり、また藤原 (1998:116) は「博物館の収蔵庫は、要らなくなったモノを仕舞っておく納屋ではないのである。資料の収集には一定の方針と基準が必要で、その意味において、博物館収蔵資料とは、基本的には学芸員によって十分に検討された収蔵基準によって集められた『秩序ある資料群』であるべきである。」としている。このような積極的な資料収集方針は、まさしく研究者である学芸員が、その専門性を生かしたコレクションの収集計画を持つことによって決定される。

しかし一方で、博物館としての基本コレクション（参照標本）の集積や、その博物館がおかれた地域の自然や暮らしにかかわる資料の収集も、博物館にとっては重要な業務である。このような学芸員の直接の専門以外の資料群を研究と

のかかわりでどの様に位置付けておくかが課題になる。

　もちろん博物館が扱う分野の資料はもれなく集まってくる方がいい。そしてどんな資料であっても収蔵しているということは博物館に対する社会的な要請であると考えることもできる。しかし、それは最初から実現させることは不可能である。もしそれを博物館の方針として主体的に収集するのであれば、やはり学芸員が自身の専門の幅を広げて、出来る限り多分野の専門を持つように心掛けるということが、ひとつの解決策である。多くの場合には学芸員は大学時代以来の継続したテーマを持っているものであるが、そのテーマの追究とともに、博物館が求める設立理念に従ったテーマを別個に持ち、利用者とともに、利用者を巻き込みながら、少しずつ研究の幅を広げ、そのことでより幅の広い、基本コレクションの収集に努める、ということになるだろうか。つまり、基本コレクションの収集についても、長い時間はかかるだろうが、やはり研究を主体にして考えることができる。

　現実にも館あたりの学芸員数はそれほど多いわけではなく、自然を１人、歴史を１人で担当しているというような例の方が普通である。そうした学芸員の場合でも、１人であるから分野の全てをあつかうというのではなく、その分野についても専門家として発言ができることで信頼され、資料が寄贈されてくるのである。

３）博物館資料の条件
　博物館資料は、単に博物館にモノが持ち込まれたら、それがそのまま資料となるわけではない。このことについてはこれまでにも多くの議論がある。加藤（1996:164）は「厳密にいうと博物館に収蔵される資料がただちに博物館資料と呼称されるものでは決してなく、当該資料に対して、整理・調査・研究という過程を経て価値ある情報を引き出す手段が講じられることにより初めて博物館資料となり得る」と述べており、また例えば樋口（1997:67）は「博物館に収蔵されていれば、その『もの』は全て博物館資料であるとは必ずしも言い切れない。なぜなら、博物館資料とは、上述のように博物館の機能を果たす上で必要な『もの』である。そのためには、収集した資料が調査研究されているか、あるいは博物館において研究対象となり得る情報を有する『もの』でなければならない。また『もの』には基本的な情報が必要である。」としている。また森田（1978：237）は、利用者があってこその資料と考えると、これまで博物館資料と

呼んできたものはむしろ原資料と呼ぶほうが適切で、その原資料に付加価値を与えるための創造的加工や展示を行なったものを、博物館資料と呼ぶのがふさわしいと提案している。

一方、伊藤（1993:22）は博物館資料として完成するためのプロセスとして「①潜在的価値を持つ素資料を価値判断し、選択することによって学術的・教育的価値を明らかにすること。②さらに、そうした資料の活用のための条件や方法を決定すること」としている。用語は違うが、①は収集と研究、②は整備にあたるものであろう。同様の議論は多く、共通するのは収集・整理保管され、その価値が研究されたものを博物館資料と言うということである。

このことについての異論はほとんどなく、さらに加藤（1996:164）はこれに加えて「研究のない博物館は本来は存在しないはずであるのにもかかわらず、今日一部に認められる研究を伴わない、あるいは研究に熱心でない博物館における収集資料は博物館資料と呼称するに価しないものとなってくる。つまり、博物館資料は博物館と称する研究機関において収集保管され、研究された、もしくは今後も継続的に研究対象となり得る要素をふくんでいるものでなければならないと考えられる。」と言いきっている。

しかし「収集、整理保管、研究」の中身はどういうことであろうか。収集と整理保管については、技術的な比重が大きいが、目的を持った収集と、博物館に入ってくる以前の採取場所や保管場所等の基本情報がついていることが資料となりうるための最低の条件である。いわゆる資料ラベルに書き込まれている、博物館に持ち込まれる以前の情報であり、これがなければ資料となりえないことは博物館資料の前提である。

これに対して博物館資料である条件となる研究とは何であろうか。まず最低限度の基準としては、ラベルにつけるモノの名前がわかることであろう。学芸員の手を経て、名前が確認され、「もの」の属性などが確認されて、ラベルに書き込まれ、資料台帳に記入され、あるいは最近ではコンピューターに登録される。この過程での資料の取扱によって、「もの」が持つ情報が明らかになり、博物館資料としての価値を持つことになる。一般的にはここまでの取扱は研究的な要素を含むとともに、資料整理保管のための作業でもあり、「収集、整理保管、研究」がなされたものが博物館資料であるという議論、あるいは「今後の研究対象となり得る要素」を含む、という議論とも整合するものである。したがって、本来は「収集、整理保管、研究」は一体となって行なわれていることにな

写真20　民俗収蔵庫　　　　　　　　写真21　植物標本の作製

る。

　さらに加えるなら、資料として登録される前の、同定の判断や真贋の判断、資料にかかわる情報のヒアリング、保存処理の判断等は、学芸員の研究者としての実績によって可能になるものであり、それらも研究として考えることができる。したがって博物館資料であるための条件である研究とは、以上にあげたような個々の資料そのものについての、いわば一次的な研究であり、そのような資料が集積されていく中で、次にそれらの資料を使った二次的な研究がはじまるといえそうである。

　このように博物館資料であるための条件としては研究されていることが挙げられるが、その研究の中身には多少の幅があるようである。しかしいずれにしても、博物館資料は博物館の研究とのかかわりで見る必要があるという点は非常に重要である。

　そして博物館資料の条件が「収集、整備保管、研究」であるということの目的は、利用するためである。どのような利用方法であっても、いつでも活用することができるような状態で整備されていることが博物館資料の前提条件であり、利用するためにこそラベルを付け、登録される。したがって本来であれば、博物館資料である条件としては、使える状態で整備されていることという点を付け加えるべきである。もちろんこのことは資料の整備保管という言葉に含まれているはずであるが、整備保管という場合には、収蔵庫に入るまでを意味する場合が多いようである。

　なお、伊藤（1993:33）は、博物館の資料保管機能の特徴として、「第三者が活用することを前提として、資料の状態を保ち、利用の安全を計ることを目的とする。」ということを挙げている。ここで言われていることは、使える状態で整

備されているということにつながる議論である。

4）博物館資料の利用

博物館資料の利用目的は、青木（1999:70-104）によれば「展示、研究、保存、教育」にあり、樋口（1997:71-72）は「学術研究、展示・教育、保存」を挙げ、加藤（1996:188-193）は「展示、研究、保存と、それらの横断的なものとしてレプリカ」を挙げている。各事業の重みのニュアンスは異なるかもしれないが、ほぼ同様の主張であり、展示を一義的なものとし、保存上の問題や技術上の問題を除けば、博物館資料は展示資料として活用することができるとしている。そして展示以外の教育的な利用については、資料の破損や劣化、損壊などが起こらないような注意とレプリカなどの使用を優先することを挙げている。

このような議論は資料保管の立場からは当然のことではあるが、同時にそれ以上の資料利用の可能性はないのであろうか。すでに森田恒之（1978:237）は、博物館活動が「もの」と機関組織と利用者があって初めて成立するものであるなら、資料も利用者を含めた立場で見直すべきであろうと述べ、展示を行なうという行為によって、利用者が見ることで資料に対する付加価値がつくという例から博物館資料という名称を整理しており、この議論を発展させれば、博物館の仕事の中での資料の位置付け全体についての見直しが可能である。

もちろん利用と保存とは相反することであり、博物館の資料保存の役割が大きいことは当然であるが、それにしても博物館の資料は本質的には利用するために保管されているということができるはずである。博物館の設置目的が収集から展示へ、そして利用者の活用へ、と変わってきているということは「第三世代の博物館」（伊藤 1993:141-148）として議論がされているが、博物館資料についても利用ということに、より意識を向けることがこれからは求められる。博物館資料の収蔵目的は将来の世代に対して資料を残すことであると説明されることもあるが、それも基本的には将来の世代の利用が可能なように保管するのであり、同時に現在の利用も当然考えられるべきである。

利用するという立場で考えると、博物館資料の中にも、かなりの幅があると思われる。例えば光を当てることも避け、温湿度を一定にした中で保管することが必要な資料もあるが、生物・地学・考古などの資料の中には、それほど神経を使う必要のない資料も存在する。あるいは生物資料の場合には、基本参照標本として、利用するための資料を作成する場合もある。そのような可能な資

料を、できるだけ積極的に活用するという方向で考えると、展示や専門家による研究利用以外にも、二つの利用形態が考えられるであろう。

一つは博物館が行なう、講座や講演会等での利用である。博物館はモノを持っていることが特徴であり、その博物館が行なう事業はモノを見ながら行なう方がずっと効果的であることは経験的にも明らかである。そして使用するモノはレプリカでも効果はあろうが、直接に身近に見て、あるいは触って、そのモノなどについての話を専門家から聞くような場合には、展示以上に実物が訴えかける力は大きい。例として、小学校の生徒に土器の話をし、展示してある実物の完形品の土器を順に持たせるという実践例（金山 2000:11）が紹介されているが、子供たちも、実物を手にして、丁寧に扱い、実物に触れることで学習効果も非常に大きいということである。学校での総合的な学習の展開の中で博物館への期待は大きいが、このような活動をとおして、博物館が利用者により身近な存在となる可能性もある。可能な限りにおいて、実物資料を使った学習活動を行なってみたいものである。

もう一つは、より日常的な博物館利用者への対応である。博物館利用者が自分の学習のために博物館の資料を利用したいというような場合や、あるいは博物館に一般的な質問をしてきた利用者に対して、資料を見ながら説明をした方がいいような場合がある。このような場合も、博物館資料を使う方が具体的で効果のある説明ができるのであれば、資料を活用する方がいいであろう。少なくともこのような例の場合には、学芸員がついているので、特別なもの以外であれば、その資料の取扱については、それほど問題はない。もちろんレプリカですますことができる場合も多いだろうが、対面して細部について話をするような場合には、レプリカでは間に合わない場合も生じる。実物であればこその説得力があり、またその利用者にとっては博物館という場を理解することにつながるであろう。現実には資料をとりだす、あるいは収蔵庫等に案内することの煩雑さと、標本に対する防虫などの問題を考慮する必要が残る。

このような二つの例は、その中間のようないろいろな資料利用の形態があると考えられる。いずれにしてもどのような場合にも、資料を使って利用者と対応するということの効果を考え、できるだけ資料を活用する方向で考えることはできないだろうか。

琵琶湖博物館の場合には、利用者を特に目的がなく博物館を利用する人も、

目的がはっきりした人に対しても、その人に向いた博物館の活用プログラムを準備しておく、ということを考えている。上に挙げた例はどちらかというと目的がはっきりしていて博物館を訪れる利用者であり、そうでない人に対しても博物館資料を使った博物館の楽しみ方ができるように、博物館の側は準備しておかなければならないと考える。例えば琵琶湖博物館では、展示室での学芸員による「フロアートーク」や「展示交流員と話そう」のような機会に展示していない資料を活用したり、総合案内や質問コーナーなどに目立つ資料をおくことで、来館者との交流の切っ掛けになるというようなこともある。

なお、最初から利用するための「貸出資料セット」を準備して学校等に貸し出すような場合もある。このような場合には、レプリカでセットを作るような例もあるが、実物資料の場合も見受けられる。

5) 利用者による資料収集と利用

現在期待されている博物館を「利用者にとって使いやすい博物館」あるいは「利用者が主体的に利用することができる博物館」と考えると、博物館の全ての活動分野において、利用者の主体的な参加が可能な状態（布谷 1998）を準備することが望まれる。資料収集と資料整備保管においても、そのような視点で考えてみたい。

博物館の活動に参加してくる利用者が、博物館に資料をもたらす例は多い。自然系の分野では、積極的な利用者から持参したモノの名前を聞かれ、その名前を調べることで、その資料が博物館に寄贈されてくるという例は普通である。民俗系や歴史系でも同じような例は見られる。このような例は日常的に学芸員が利用者の質問に応え、信頼を得ているからこそ起こることである。

また博物館の資料を利用して卒業論文を書いたり、同好会の原稿等を書く人がいつもいることも博物館ならではの特徴である。実際に、資料が好きなので、博物館資料整理の手伝いをさせてほしい、というような人が現れる。この様な人たちの活動を支援することは利用者の期待に応えることであり、結果として資料の整理が進む。博物館の資料は多くの人に活用され、研究されることで、その資料に関する情報が増加して、その値打ちをより高めるという性格のものであり、利用されることは博物館の目的にも合致する。

利用者による資料収集と活用についての組織的な好例は『神奈川県植物誌』を作成する過程（浜口 2000:103-119）で見ることができる。これまでの大多数の

県の植物誌は、県の植物同好会などが会員の情報を集めて作ったり、あるいは県の高名な採集家の標本を中心にして作られる例が普通であった。神奈川県の場合には、1979年に県立博物館と地域の植物会が中心になって計画をし、調査者は一般募集をして集まった約150人の、植物についてはほとんどシロウトのメンバーの手になるもので、9年間をかけて1988年に1400ページを超える大冊として発行された。この9年間に神奈川を7ブロックと108の区域に分け、それぞれの区域ごとの植物誌が作られ、そのまとめとして県の植物誌が作られるような構想で、植物の採集をしながら名前を調べ、連絡誌を発行し、難しい植物の仲間については、専門家を呼んでまとまった勉強会を行ない、結果としては、12万点の資料を収集整理し、同時に植物のシロウトであった参加者は、植物に詳しい調査者となった。そして作成過程ではすべて手弁当であるというユニークさとともに、分布環境と地域の図示など、内容的にもこれまでの他県の植物誌とは全く違った新しいものとして高い評価を受けた。

　この調査では県立博物館と、平塚市・横須賀市の博物館がセンターとして機能したことが、この植物誌が成功した要因（大場　1988:1413-1414）であるという。つまり全くのシロウトが博物館に集まり、自主的に学習しながら、12万点の資料を集め、植物の専門家でも普通は一生をかけてもできないような大きな研究成果を上げたことになる。そしてその調査グループは、植物誌の発行以後も調査を続けて、現在は相模原市、厚木市等いくつかの博物館を拠点に加えて、2001年には改定版を発行した。

　琵琶湖博物館ではすでに触れているように、その開館前から生物の分布や気象、地域での水の利用、水辺での子供の遊び等についての住民参加型調査を繰り返し実施し、情報、資料、あるいは映像等を集め、その参加者数は絶対数でおよそ二万人程度をかぞえた。いわゆる「デキゴト」情報の収集が多かったが、「モノ」もかなりの数で集まってきている。また古い写真の展示会を巡回展示として行ない、博物館から地域への働きかけをした結果、家庭に眠っていた多くの古い写真の寄贈があった。あるいはいくつかの博物館を活用する研究会があり、例えば、「蜻蛉（とんぼ）研究会」は県内をメッシュに分けて徹底した分布調査を行ない、その結果98種のトンボの分布図を作りあげて、滋賀県を全国で最もトンボの種類が多い県にした。その結果は博物館の企画展示会として公表され、出版物としても公表された後で、資料の大部分は博物館に寄贈された。

あるいは琵琶湖博物館のフィールドレポーターという制度では、メンバーで自主的に調査テーマを決めて毎年二～三の調査を行なっているが、例えば2000年春の「田んぼの生き物調査」では、学芸員とともに、生き物分布図を作り、資料の収集とともに、新たな知見を得た。また「はしかけ」という自主活動グループの活動では例えば滋賀県内の小河川の魚の徹底した調査を始めており、あるいはその収集された魚の整理と登録の作業も学芸員の指導の元で、「はしかけ」のメンバーが行なっている。

　このような例は現在の博物館では数多く見ることができる。つまり専門家だけではなく、一般の利用者が自分たちの学習を目的として博物館に集まり、学芸員を中心とした学習（調査）の結果、大量の資料を収集し、登録して、同時に資料を使った二次的な研究成果まで出してしまうという例である。

　こうした場合、登録され収蔵庫にある資料の管理の責任はもちろん博物館の学芸員にあるが、利用について、もちろん取り決めを作りながらも、その利用者が研究用に利用できるようにすることが必要になってくる。つまり収蔵庫を利用者の共通の資料庫とせざるをえない面ができてしまう。もちろん収蔵庫としての本来の機能を損なわないようにするための課題は多いが、利用できる方向での検討を行なわざるを得なくなる。利用者が積極的に博物館を利用し、資料を集め、整理をしてくれる状態は博物館としては理想的と考えてよいと思うが、その結果は資料の利用についても、利用者の声を生かさなければならない、という新しい方向を生みだしている。

　そしてこのような場合にも、利用者は最終的には、新しい課題に向かって研究を行なうために博物館を利用するわけであり、博物館資料の利用の課題はやはり研究という問題に結びついている。

6）学芸員にとっての資料と研究テーマ

　これに対して、学芸員の研究にとっての資料とはどの様な位置にあるのであろうか。博物館で行なわれる研究が分類学だけである必要はないであろうことはすでに述べた。しかし博物館はあくまで博物館であり、大学や研究所ではない。やはり博物館としての研究に対する考え方がある。

　倉田・矢島（1997:135）は博物館の研究について「すなわち、その一は、資料の収集保存についての科学的研究であり、その二は、博物館資料についての研究、つまり人文、自然科学の学問体系にあるそれぞれの専門分野の研究、そしてそ

第3章　利用者の視点に立った博物館の実践　　133

の三は、その資料（モノ）とヒトとの結びつきに関する教育学的研究と考えられる。」としている。

　ここでは資料の研究と資料を使った研究が挙げられており、やはり博物館で行なう研究は資料に結びつくという考え方である。また加藤（1996:136）では博物館の研究を資料の専門的研究、資料の保存科学的研究、博物館学の研究の三つであるとし、その前提として「人文科学・自然科学の諸科学に関する資料を、学問的に分類体系化し、そこに基礎学を確立し、さらに地域社会における政治・経済・社会・文化・産業等に関する郷土社会の史的研究と、それらを培った自然の様相をとらえて、地域の人間社会の立体的・総合的学問の確立を図り、郷土の理解を深める資となすことに、その目的を見出すことができる。」と述べている。したがって加藤は資料の専門的研究を、資料その物についての研究というよりも、より広い視野で地域の社会や自然とのかかわりで考えるということを提起している。

　この加藤の考えは、現場での学芸員の考えに近いであろう。現場では後二者の研究での立ち後れはともかくとして、資料の専門的な研究については、資料そのものの研究とともに、資料にかかわる地域での研究が行なわれている。そして地域社会や自然にかかわることであれば、その分野やテーマはかなり幅広く自由に研究が行なわれるようになってきている。しかし改めて博物館の研究の特徴というものを意識しておくことも求められるのではないだろうか。

　資料研究とのかかわりで、学芸員はどのようなテーマで研究をすべきなのかが問題となり、悩んでいる学芸員は多い。研究のテーマの決定等については学芸員個人の問題であって、ほかからの意見等が立ち入ることではない。しかし研究が非常に個人的な問題であるとしても、博物館としての目的や理念にかかわった研究のテーマがあり、博物館の研究総体としては、その目的に沿ったもの、あるいはその目的を実現することにつながるような研究をすすめることが必要になるであろう。つまり学芸員個人に対して外部から求められる研究テーマがあるということである。

　また博物館という場で研究を行なうのであるから、博物館という場を生かして資料や人のネットワークを活用できるような研究を行なう方が自然であり、また他の研究機関で研究を行なう研究者に対して、非常に有利な点である。また他の研究機関ではできないこととして、非常に広い分野の学芸員が一緒に研究を進めるために、まったく新しい学際的な分野や、他分野の視点を取り入れ

た新しい発想等を持つことができる。このような博物館だからこそできる研究があり、そして研究を行なうことで収集できる資料や人のつながりは、研究のテーマにかかわらず、博物館にとっては非常に貴重なものとなる。

　このような条件をすべて満たす研究のテーマというものはおそらく存在しないだろうが、現実の課題として、学芸員個人にとっては、自分が選んだテーマとして追及している研究テーマに対して、博物館の学芸員として新たに選んだ研究テーマを決めて、その両方のテーマを持ちながら研究を続けていく、そして可能であればそういう研究テーマの数を増やし、その横つなぎを自分なりに行なっていくことができれば、学芸員という立場を最も生かした研究が行なえると考える。したがって、学芸員の専門とする研究テーマがどのようなものであったとしても、博物館で行なう研究であることの特徴を生かしたテーマを求めていくことで、成果を上げ、博物館としての業績にもつながっていくであろう。そして研究と資料の収集という点から見ても、より広範な分野の資料の収集へとつながっていくであろうことは、すでに述べたとおりである。

　このことは博物館での個人研究のあり方として、整理をしておくことが必要な課題であると考えている。

　以上に述べてきた博物館資料に関する議論では、二つの議論を行なった。一つは博物館資料を研究との関わりという視点で見直してみると、どの様に位置付けられるか、ということであり、もう一つは、博物館資料を利用する側の立場から考えると、博物館資料とはどのようなものと考えられるのか、ということである。両方の議論とも、いくつかの論点があるが、共通しているのは、博物館という場が、地域と結びつき、利用者から利用されるためにはどの様にすればいいのか、という実践的な課題の裏付けとなる課題の整理をしたいということである。

　そして博物館資料を研究や利用とのかかわりで考えると、資料の本質が明らかになるとともに、博物館の仕事は全てが結びついて行なわれているということが、具体的に見えてくるものである。資料の位置付けをどうするかで、博物館の研究方針、資料収集方針、あるいは日常の事業の方針に対しても大きな影響があり、特に地域と博物館とがどのように結びつくことができるのか、ということにも関係する。

　研究が博物館の中で行なわれるだけでなく、地域と結びつき、その過程で資

料の収集が利用者とともに行なわれ、整理や活用までも利用者とともに行なわれることを想定した資料の収集と研究が行なわれることで、博物館が地域の中で活用される機関として位置付けられるようになる。

2　博物館資料としての情報

　一次資料に対して二次資料と呼ばれる資料群があるにもかかわらず、博物館資料の議論の中ではあまり取り上げられていない。しかし近年の記録媒体の発達ということもあって、二次資料の考え方を整理しておくことは重要な課題になってきている。ここでは一次資料と二次資料の見直しを含めて、博物館で活用しうる情報の位置付けを行なう。

1）博物館資料の分類

　博物館法では第2条で「歴史、芸術、民俗、産業、自然科学等に関する資料を収集し、保管（育成を含む、以下同じ）し」として収集する資料の分野を規定し、更に第3条博物館の仕事の（1）では「実物、標本、複写、模型、文献、図表、写真、フィルム、レコード等の博物館資料を」として扱う資料の種類を決めている。しかしここに見られるように博物館法の中では扱う資料の種類を列挙する以外の整理はされていない。

　博物館法（1951）当時の資料の種類についての議論としては、宮本（1952:61）と鶴田（1956:43）がある。宮本（1952:61）では、

　1）実物資料・標本資料
　2）模型、模造資料
　3）絵画、図表資料
　4）写真資料
　5）録音資料
　6）記録資料
　7）図書・刊行物

の七つに博物館資料を区分し、また鶴田（1956:43）では

　1）直接資料（実物・標本）
　2）間接資料

に分けて、さらに間接資料を

　イ）模写・模型・模造品
　ロ）図面・図表・グラフ

ハ）写真·映画·テレビ・スライドなど目からの知覚資料
ニ）録音テープ·録音盤など耳からの知覚資料
ホ）記録（資料収集記録・調査研究の記録など）
ヘ）図書·刊行物
ト）博物館案内書·解説書·目録・図録・年報・報告書

と分けている。

しかしこの二人が扱っている個別の博物館資料の種類を見ると、元の分類の仕方が異なるものの、扱っている資料の種類はまったく同じであることが分かる。博物館資料を大きく分類するための基準が異なるものの、扱う内容は同じであり、分類のための根拠は明確ではない。

1973年に定められた「公立博物館の設置および運営に関する基準」では第6条の（資料）において「実物又は現象に関する資料（以下「一次資料」という。）」「一次資料に関する図書、文献、調査資料、その他必要な資料（以下、「二次資料」という。）」として、博物館資料を大きく、一次資料と二次資料とに分けた。これに基づいて、一次資料を直接資料、二次資料を間接資料（一次資料の記録）として、博物館資料の大分類とすることについては、一般論としては、ほぼ異論はないようである。

しかしその整理の中身は研究者によってかなり異なっている。博物館資料全体を整理した議論は意外と少なく、そういう議論としては加藤（1977:129-148）と千地（1978:53-56）とがある。加藤（1977:129-148）では、まず大きく一次資料（直接・実物）と二次資料（間接・記録）とに区別し、一次資料を一次製作資料（生き物）と一次標本資料（標本）、二次資料を二次製作資料（ジオラマ）と二次標本資料（立体、平面、無形、知覚）とに区別している。

千地（1978:53-56）では、まずモノ資料と情報資料とに分け、モノ資料を一次資料（直接資料）と二次資料（間接資料）として、二次資料をさらに有形（立体、平面）と無形資料とに分けている。そして情報資料として印刷物や報告書などを挙げている。これらの資料分類について、有元（1999:4-8）は、加藤は「公立博物館の設置及び運営に関する基準」（1973）に従った分類をし、千地は現場の立場で現実的な分類をしたのだろうと述べている。

しかし加藤（1977）と千地（1978）が扱っている資料の種類を比較すると、やはり扱っている資料の種類はほぼ同じであることが分かる。加藤と千地がそれぞれ挙げている一次資料はほぼ一致し、二次資料では加藤は広く扱い、加藤の

```
        加藤の資料分類
一次資料（直接・実物）────┬─一次製作資料（生き物）
                          └─一次標本資料（標本）
二次資料（間接・記録）────┬─二次製作資料（ジオラマ）
                          └─二次標本資料（立体・平面・無形・知覚）

        千地の資料分類
モノ資料────┬─一次資料（直接資料）
            └─二次資料（間接資料）有形（立体・平面）と無形資料

情報資料────印刷物・報告書
```

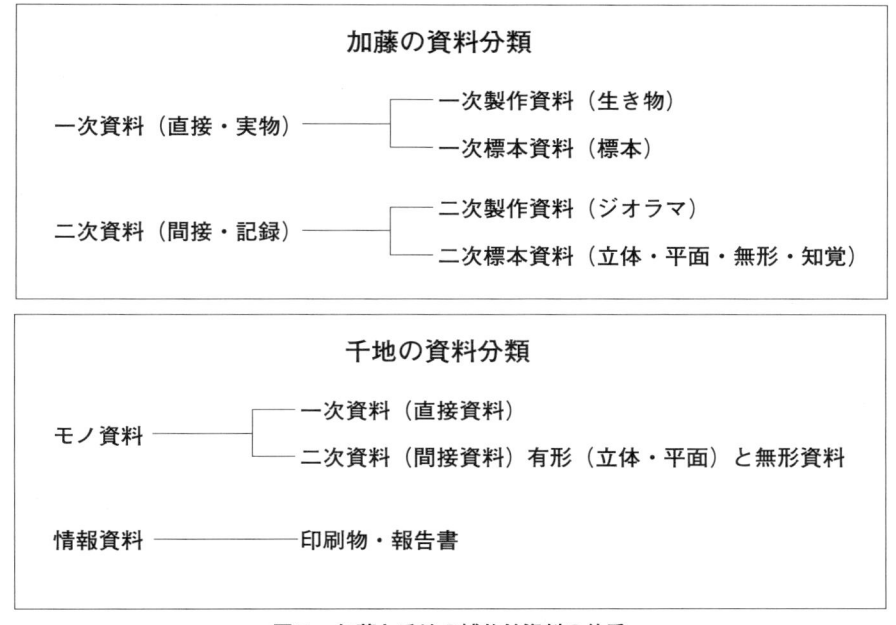

図7　加藤と千地の博物館資料の体系

二次標本資料の一部が千地の情報資料にあたっている。

　加藤と千地の議論で最も異なるように見える印刷物や報告書等の図書・文献資料については、どちらの議論でも、これまでは資料として印刷物はどちらかというと軽んじられてきたが、これからの研究や博物館活動の中では重要であることを指摘しており、そのような点においても議論の内容は非常に似ているといえる。したがって分類の違いは、議論の視点やその議論の目的の違いによって生じているのかもしれない。

　そして1950年代の宮本や鶴田の議論と1970年代の加藤や千地の議論を比較すると、やはり博物館で扱う資料の種類については、相互に対応をしていて、同じ内容の資料を考えていることが分かる。

　博物館資料の分類についての議論はその後はほとんど行なわれていない。その後の議論では、倉田・矢島（1997:161）で千地の情報資料の中に「伝承」を加えたこと、青木（1997:41-48）が映像の一部は一次資料に入れるのがふさわしい、という議論を行なっており、これらは従来の博物館資料に関する議論に対して

新しい発想を加えたものといえる。

そして一次資料と二次資料とはその利用目的が異なることは、例えば金山が「一次資料の真実」(2001a:24-25) と「二次資料の真実」(2001b:26-27) として、それぞれの資料から分かることについて可能性を述べた議論がある。

博物館資料に関する議論はほとんど進展しておらず、ほぼ同じ用語を使いながら引用され、また内容的にも同じ資料を扱いながら、場合によっては別の資料を指して使用されていたことになる。そしてこれらの議論では、一次資料については、実物があるためにその扱いは比較的分かりやすいが、二次資料として扱われている博物館資料についての位置付けが特に曖昧である。したがって、二次資料とされている資料類について整理し、博物館の研究や事業の中でどのような位置を占めているのかを検証しておくことが必要となる。

2) 博物館資料としての図書・文献類

すでに触れられている (加藤 1977:146) ように博物館資料としての図書・文献類の重要性はますます大きくなっている。しかし図書・文献類の役割については、博物館の資料としては、きわめて曖昧な点が残っている。なお、博物館で扱う活字 (あるいは手書き) 資料類は、幾つかの研究の中でも、各種研究報告書、学術図書、調査記録、図書・刊行物などとさまざまなものが含まれているが、ここではすべてを含めて図書・文献類という表現にしておきたい。

(1) 図書館における図書の位置付け

図書・文献類についての議論を行なうために、まず図書館での資料に対する考え方を見ておきたい。図書館法 (1950) における図書館の定義は第2条 (定義) によって「この法律において図書館とは図書・記録、その他必要な資料を収集し、整理し、保存して一般公衆の利用に供し、その教養、調査研究、レクリエーション等に資することを目的とする施設」とされている。この定義は博物館法による博物館の定義と非常によく似ており、博物館の定義から展示と調査研究の部分を抜いたもののように読めるが、資料の役割や性格についてはこの定義からははっきりとはしていない。

しかし図書館法自体が1950年に制定された法律であり、その後の図書館で資料とされるものの変化や図書館への期待によってその定義にも変化があるようである。例えば図書館情報学ハンドブック (図書館情報学ハンドブック編集委員会

1999:700）では図書館の定義として「情報が持ち運び可能な何等かの物体に記録された資料を収集し、それを整理して利用に供する社会的な施設」としている。ここでは印刷物だけではなく情報を活用できるようにするという、近年のメディアの発達に対応した定義となっているようである。また日本図書館情報学会用語辞典編集委員会（2002:164）では「人間の知的生産物である記録された知識や情報を収集、組織、保存し、人々の要求に応じて提供することを目的とする社会機関」としている。この定義ではさらに踏み込んで、図書館の資料は印刷物である必要はないことをすでに前提とした定義となっているようである。

このように図書館はすでに図書・文献だけではなく、かなり幅の広い情報を扱う施設であり、その収集整理した情報を利用者に提供するのが目的の施設であるといえる。そして博物館が扱う資料と比較すると、図書館の資料は加藤（1977:53-56）の二次標本資料の中の一部（無形、知覚）に相当し、千地（1978:129-146）の情報資料と二次資料の一部（有形平面資料、無形資料）に相当する。したがって図書館が扱う資料の種類はすべて博物館でも扱うことになりそうであるが、その資料の利用者への提供のしかたが、したがって資料に対する考え方が博物館と図書館とではかなり異なっている。

博物館と図書館の違いについては、すでに布谷（2001b:29-33）でも触れているが、図書館では利用者から要求のあった資料を探しだして、あるいは要求のあった資料と関連した資料を検索して選びだし、利用者に提供する。図書館の専門職である司書の仕事が「1）利用者を知ること、2）資料を知ること、3）利用者と資料をむすびつけること」（日本図書館協会図書館員の問題調査研究委員会1974:104-111）であるとされていることはその仕事の内容を良くあらわしている。つまり資料の内容についての研究をしたり、あるいは資料の内容に対して司書

写真22　図書室開架コーナー　　　　写真23　図書室閉架コーナー

個人の判断をするのではなく、利用者の要求に応じて情報として資料を提供するということである。

このような図書館における図書資料にかかわって、図書館では新しい議論が行なわれている。それは広く活用されるようなってきた商業オンライン・データベースにアクセスして情報を図書館で利用者に提供する場合、それは図書館にとっての資料利用と位置付けることができるのかどうか（鈴木 2001:16)、ということである。これまでに図書館で扱ってきた資料は、その必要な情報がのっている媒体がはっきりしていて、物として存在していた。しかしオンライン・データベースの場合には、機械でつながっているだけで、もとになる情報は図書館の外からその都度購入することになる。この場合には最初から情報選択の目的がはっきりしていることが多く、司書の仕事はコンピューターで検索して情報を取り寄せるだけになってしまい、司書でなくても、あるいは図書館でなくても同じ情報の入手ができることになるので、それでは図書館の仕事と言えないのではないか、という議論がされている。この問題は図書館の資料の定義等によって微妙な問題があるために、議論があまり進んでいないようであるが、司書が選択した情報を提供することが目的の図書館資料に対しては、図書館の根本にまでかかわるような議論が必要となるはずである。

(2) 博物館における図書・文献の活用方法

それに対して博物館の場合には、図書・文献という同じ資料を扱っても、その利用の形態が異なっている。つまり博物館の場合には、図書・文献を提供するのではなく、図書・文献を利用して、博物館からの情報発信を行なう。そして提供する資料には学芸員の判断が含まれている。

博物館においては資料を利用者に提供する時、多くの場合には要求のあった資料を渡して終わりというようなことはない。また一般的には、図書を読むために博物館に利用者が来る、ということはない。図書・文献を提供する場合でも、基本的には同じで、博物館の利用者が特定の図書を要求した場合も、その図書を渡して終わりということはほとんどなく、その図書で調べようとする内容について、学芸員と話をするのが普通である。つまりある話題や疑問を解決するために、幾つかの図書や文献を出してきて提供するとしても、その図書を利用者に読んでもらうのではなく、普通はその図書等を使って利用者に説明するためである。対応する学芸員は図書等の図表などを見るため、あるいは数字

を確認するために図書等を使うことが多く、あるいは一つの疑問に対してまだはっきりとした結論は出ておらず、専門家の間でも幾つかの意見があって議論をしている、ということを示すために図書等を利用する、というような場合もある。図書の中に書いてある内容をじっくりと読んでもらうのは、そういう学芸員との話が終わった後で、利用者が一人になってからのことである。

　つまり学芸員は日常の研究の成果として、多くの分野の内容について自分の判断を持っており、その判断に基づいて、質問をしてきた利用者が自分で考え、判断をするための材料を、提供するのである。この時には博物館資料としての図書・文献は、必要な情報を提供するための補助手段として使われている。そして継続して実物資料を見てもらうこともある。こうした場合は図書・文献が利用者と実物資料とを結びつける役割をはたしていることになる。

　また先に挙げた商業データベースの利用は、博物館でもよく行なわれるようになっている。内部の博物館資料のデータベースの構築とは別であり、外部のデータベースは博物館資料とはまた別の補助手段として、博物館の事業に積極的に活用することで効果的な利用はできると思われるが、博物館資料の議論とは直接には結びつかないといえる。

　また博物館における図書・文献の位置として重要なのは、内部利用あるいは特定の利用者による利用が多いことである。一般利用者の利用について述べた上記のような利用とともに、学芸員自身が自分の研究を行なうため、あるいは博物館の共同研究者、またごく特定の専門的な利用者が研究を行なうために図書・文献を活用する。館内に開架の図書室を持たない博物館はまだかなり多いが、内部向けの図書室を持たない博物館はおそらくない。博物館の資料としての図書・文献は、まず内部の研究用に使われている。

　ただし博物館の学芸員の研究の成果は、直接に博物館の展示や利用者向けの活動の中で生かされていくものである。博物館の魅力は、学芸員の研究の結果としての新しい情報が発信されることにあると考えるが、そのような研究の要素としてはフィールドでの調査とともに、室内での図書・文献を活用した研究活動にあるといえるであろう。そのような意味では、図書・文献は、博物館の活動を背後から支えるような位置にある。図書・文献を研究する研究分野では研究対象であるが、そのほかの分野では研究を行なう補助的な情報源であり、他の博物館資料類とは少し異なる面がある。

(3) 情報がのった媒体としての図書

　一般的な一次資料と図書・文献資料とは、資料として利用できる情報という点から見てもかなり異なる。一次資料の資料としての特徴の一つは、その資料が持っている情報の全ては分かっていないことである。多くの資料はある視点で観察することで、その視点にかかわるある情報だけを読み取ることができる。特別な方法を使わなければ、見ることができない情報もあり、また現在の知識や科学ではまったく分からない情報もある。例えば考古学での最近の発見は著しいものがあるが、過去の資料類は現在の新しい発見によって、見直さざるを得ないようなことが起こっている。生物の分野ではDNA分析の技術が進んできたために初めて分かってきた情報は非常に多い。だからこそ実物の資料が博物館では大切なものとして保存されているのである。何か新しい問題が生じた場合には、必ず元の資料に当たることが必要になる。

　しかし図書・文献の場合には、基本的にはその資料が持つ情報はすべて読み取ることができる。したがって図書・文献はモノとしては単なる情報が上にのった媒体にすぎないという考え方は、ここでもあてはまる。個々の図書・文献がもっている情報は、特別な手段を使わなくても、紙などに記録された情報として、すべて活用が可能である。もちろんそうではないような希少本や古文書なども存在するが、そのような資料は、ここで扱っている図書・文献というよりも一次資料として扱うような性質のものであろう。一次資料と二次資料との区別があいまいな場合があるが、逆にいうと、読み取れない情報をもった図書・文献類であれば、一次資料に入れるべきなのである。

　このように1冊の同じ図書であっても、図書館と博物館とではその資料としての利用の方法や位置付けは異なる。博物館の場合、二次資料は一次資料の記録であるという位置付けがされてきた。そして記録であるために二次資料よりも一次資料のほうが値打ちがあるように思われてきたようである。しかし博物館の資料を分類することにおいては、少なくとも図書・文献においては整備と利用の違い等によって考えるのが本筋であり、資料価値を判断の基準にすることは、本質とはいえないであろう。そして、図書館以上に博物館での図書・文献資料は、情報として扱うことがふさわしい。

3）静止画および動画資料

　静止画（写真）や動画（ビデオなど）は、従来の博物館資料の中では二次資料

第3章　利用者の視点に立った博物館の実践　　143

として扱われており、その活用についてはあまり議論がされてこなかった。一般的に記録であるために資料としての価値が低いとみなされてきたようである。しかし最近になって島津斉彬を撮影した「銀版写真」が国の重要文化財に指定されたり（西日本新聞 2001）、熊谷直孝を撮影したガラス湿板と鶏卵紙が京都市の有形文化財に指定されるなど（京都新聞 2001）、古い写真が国の文化財に指定されるというような動きも出はじめ、二次資料の価値についての見直しが行なわれているようである。また近年は専門の写真美術館などもでき、また博物館でも写真資料に改めて注目をしている場合があり、博物館での写真資料の活用について新しい可能性が生じている。

(1) 画像情報の利用形態

写真資料の可能性を広げた理由の一つは利用環境の変化である。近年の急速なコンピューターのハードとソフトの発展は、大量の画像情報を実際に使用可能な状態とした。もともと写真資料は、どのような利用方法であれ、管理が可能な枚数には限度があった。図書文献資料の管理を伝統的に図書カードなどを使って行なっていたと同じように、写真もカードを使って、管理するというのがこれまでの普通の方法であった。ところが写真の場合には、カードにつけるキャプションあるいは検索のためのシソーラスをどのように作っても、写真に含まれる情報を十分には表現することができない。特定の資料を撮影したような写真であれば、資料の名称等から写真を特定することができるかもしれない。しかし、一般的な風景写真や生活写真の場合には、ある程度以上の数になると、同じキャプションでも相当数の枚数の写真になってしまい、結局使おうとすると、全部の写真を見ることが必要になり、検索カードとしては非常に不十分な活用しかできなくなってしまう。このような状態は数が増えるほど、また写真の内容が風景等の特定しにくいものであるほど、利用がしにくくなるということになる。

このような問題はコンピューターの画像処理によってかなりの程度解決ができるようになってきた。ディスプレイ上に縮小した画像で検索をすることによって、文字情報による検索と同じように画像情報の検索ができるようになっており、写真利用の範囲は飛躍的に大きくなってきた。動画についても同じであり、動画の各コマを情報として取り扱い、静止画と同じように活用することができる。

そしてそのような写真資料を活用した博物館活動が新たに始まっている。これまで写真は単なる資料に付ける記録として扱われ、独自の活用は余り行なわれてこなかった。しかし写真はあるモノを記録しているだけではなく、ある時代の事象を記録しているものであり、その写真に記録された事象は、他の博物館資料では分からないような多くの情報を含んでいる。そのような例として民俗芸能などの写真から民具などだけでは分からないような具体的な使用方法に関する情報が読み取れるという例が挙げられてきた。現在では写真機が普及して普通に撮影がされるようになってから年月がたってきたため、特別な祭や行事だけではなく、普通の人々の日常生活の記録が写真の中で見られるようになっている。また写真の性質として、偶然性によって、目的として意図していた以外の多くの物が視野の中に入ってしまう（加藤秀俊 1958:155-157）ということは広く認識されていることである。港（2000:18）は、「写真は人間が欲しいと思わない細部まで取り込んでしまう。記録装置としては優れていても、写真には特徴抽出の能力はないのである。」と述べ、そういう性質による写真の可能性について論じている。そしてこの様な性質によって、風景写真などに写し込まれたものを記録として利用することが可能になっている。

　このように写真はもともとはフィルム上に記録された特定の情報として利用されてきたが、現在はそれ以上に、一つの時代や一つの景色、あるいは一つの物を客観的に記録した媒体であり、多重構造を持った多目的な情報を含んだものと考えることができる。写真を撮影した人の意図とは離れて、その意図したもの以上の多くの情報が写真の中に写し取られているのである。従って、例えば祭の情景を撮影した写真として扱っていても、同時に必要があれば、背景の社殿の様子、人の衣服、交通標識などの多くの情報を含んでおり、そのような情報が必要な場合には、目的にあった情報を引きだすことができる。静止画や動画の資料は従来考えられてきた以上に、博物館資料としての多様な利用がされるようになってきており、それが写真の中に写し込まれている情報の活用である。

（2）近・現代の情報としての画像の意義

　普通の人々の暮らしぶりの変化は近年に入って非常に早くなり、少し前のことが分からない、あるいは記憶に残らなくなってきている。過去の記録の中から情報を引きだすことは博物館として必要な仕事であるが、ある意味ではそれ

以上に過去の記憶から情報を引きだすことは博物館の現代的な、大切な仕事になりつつある。

例えば近年では、ほんの10年あるいは20年前のことであっても、生活習慣の変化などによってその当時の生活の様子は多くが記憶からなくなっている。そしてその当時のことを普通にはもう思いだすこともできない。しかしその当時の写真を目にすると、写っている景色や写っている物によって記憶が呼び起こされ、それが切っ掛けになって当時の状況が再現される。このような写真の利用によって、過去と現在とをつなぐことが可能であり、展示やフィールドでのヒアリング調査等の際に、写真を使って目的を果たすことができる（嘉田1997:6-12）。現在の社会や暮らしを見つめ直し、今後の暮らしについて考える場としての博物館の役割は今後ますます重大になり、そのための写真資料の重要性はますます大きくなると考えられる。

さらに港（2000:6）は、「写真は観察、確認、支持といった世界の＜経験＞と、意図、見解、判断といった世界に対する＜期待＞の両方をひとりの人間のなかで同時に扱うことができる装置だ。」と述べて、写真には未来が潜在していることを示している。そしてそういう意味において、博物館では古い写真を収集すると同時に、現在の写真を撮影し、また収集しておくことが、もうひとつの課題となるだろう。

そしてこのような普通の写真の場合には、大部分の人びとはそのような写真に価値を見いだせていない。琵琶湖博物館では具体的な生活の変化を写真の中に記録されていることを通して振り返る材料として昭和30年代の写真のコレクションを行なっている。幸いにも第二次世界大戦当時からずっと「毎日のメモのかわりに」（前野隆資 1996:3）して写真を撮影し続けてこられた方の写真の提

写真24　ハネツルベの作業（前野隆資氏撮影）　　　**写真25　休憩**（前野隆資氏撮影）

供を受けることができ、その写真の展示会を行なったところ、「なつかしい」という声とともに、「こうした写真だったら私の家にもある」という反応もあって、それを切っ掛けにして多数の古い写真の寄贈があった。博物館が資料を活用することで、古い写真を見直すことができた例である。

もちろんこのような写真の利用例以外に、従来から利用されているとおりに写真を見ることで姿や形がわかるため、博物館資料の写真や生物の生態写真等を収集し、活用するという利用法がある。博物館で行なう利用者向けの行事や出版などで有効な写真があるかないかで、その理解の程度や効果がまったく異なることは明らかである。

また動画についても、静止画と同様な利用とともに、動画でしかできないような利用がされる。民俗調査や民具の使用等についての動画資料の利用はよく話題になるが、このような例では、地域での実際の民俗事例や民具使用等がもう行なわれておらず、動画の中だけにしか残されていないというような例がある。また琵琶湖博物館で展示用に琵琶湖の丸子船を製作したが、この船は第二次世界大戦以後にはまったく作られておらず、かろうじて若いころに製作経験のある船大工さんに製作を頼んだ。図面等はもともとなく、今回の製作過程を画像で記録し続けたものが唯一の製作の記録となるものである。

(3) 博物館資料としての画像

映像資料については、これまでずっと一次資料の記録として、二次資料と位置付けられてきたが、青木 (1997:41-48) は民俗映像等にそこでしか記録されていない一次的な内容が含まれているために映像資料の一部のものは一次資料とするのがふさわしいとして、一次映像資料と二次映像資料とに区別するという提案を行なっている。おそらくこの提案は現実的なものである。図書においても一次資料といえる図書と二次資料といえる図書があるように、映像においても同様に、資料分類において、形態だけで決まってしまうものではない。また資料価値から分類を行なうということは困難な場合がある。

むしろ含まれている情報の内容や量から考えるなら、映像には、その画面に記録されているほぼ全ての情報が利用されているものと、現在は利用していない情報が含まれているものとがある。そしてこの区別は従来の一次資料（実物資料）と二次資料（記録資料）との関係と類似している。そして実は多くの動画と静止画は、どの画像もそれが持つほんの一部の情報しか利用できておらず、ど

ちらかといえば一次資料の範疇に入る資料の方が多いようである。

　なお、映像資料の場合には、その情報がのっている媒体自体が研究や保存の対象となる。しかしこれは比較的特殊な例であり、写真を専門とする博物館などにとっては、その「情報がのった媒体」そのものが収集の対象となる資料であるということになるが、その問題はここでは触れない。これは図書・文献資料において、古文書や希少本などのあり方と類似している。またこの議論では写真を芸術として扱う美術系の博物館資料としての議論は行なっていない。

4）デキゴトに関する資料

　博物館資料には、いわゆる一次資料、あるいは二次資料とされているもの以外にも形を持たない資料があると考えられる。千地（1978:53-56）は博物館資料をモノ資料と情報資料とに分けたが、この場合の情報資料とは、広義での図書・文献資料のことを指しており、加藤（1977:129-148）においても扱っている資料の内容は同じであることはすでに述べた。

　この二人の博物館資料の分類に対して、倉田・矢島（1997:161）では千地の情報資料の内容に伝承を付け加えた。また日本博物館協会（2001:14）では、科学館等の原理を説明する資料やデータベース化された資料など、「博物館資料が多様化し、一次資料と二次資料の区別がしにくい資料が増大しているが、それらには柔軟な対応が余儀なくされている」と指摘している。日本博物館協会の挙げる資料の例にある原理を説明する資料のようなものとともに、これまで記録されてこなかった記憶の中にあるような情報が博物館資料として挙げられる。

　柳田（1935:261-328）は民俗資料を大きく三つに分けて、有形文化、言語芸術、心意現象とした。武士田（1994:153）は、この柳田の見解を一部変更して、資料形態による民俗資料の分類として、有形文化（物質文化、有態文化）、無形文化、心意現象の三つとした。無形文化についても幾つかの議論があるが、例えば文化庁文化財保護委員会は、有形資料と無形資料を区別した細目例示を行ない、その内容の詳細を示した「日本民俗資料事典」（文化庁文化財保護部監修 1969:358-383）では、無形資料（口頭伝承）を「伝説、昔話、民謡、諺・秀句・その他、謎、命名、日常生活用語」という七種類に分けた。

　民俗学ではこのように記録されていない、形のない資料群があることが早くから認識されており、この資料群が文書や映像で記録されると従来の博物館資料の中の二次資料等になるということである。朝岡（1999:49-50）は歴史研究の資

料にはいろいろなメディアの形式があるとして、「みぶり・しぐさ・くせ」といったものも含めた、より広い観点から見ていく必要があると述べている。

確かにそのような資料は、記録されれば従来の資料の範疇に入ってしまうかもしれないが、そのような記憶や無形文化を受け継いできた人の持つものをすべて記録できるわけではない。ましてすでに滅んでしまったそのような文化があるだろうし、今後も放置すればますます消滅していくような文化もあるであろう。したがって、すでに記録がされている内容とは別に、人びとが受け継いできた知識や技術の体系というものは、一つの資料として扱うことが求められるであろう。

そして記録されなければ利用できないとはいうものの、民俗学でいう無形資料や心意現象と同じように、現在の日常生活の中にある記憶というようなものが現在の博物館の資料として利用可能な場合がある。現在の博物館は、博物館を通して将来の暮らしのあり方を問う場になると思われるが、そのような暮らしを考える上では、近い過去の、まだ記憶の中にある暮らしの有様が資料として有効な場合がある。その際に必要となるのは、例えば昭和30年代の記憶を思い起こすことであり、博物館の展示や古い写真等がその引き金となる。そのようなほんの数十年前の、当時であれば何でもない普通の暮らしというものを思い出してもらうことは、琵琶湖博物館のひとつの目標であり、その過程にある共通の記憶というものは、ヒアリング調査の際の思い出の言葉だけであるとしても博物館にとっての資料として活用できる。このようなまだ記憶にある時代の普通の暮らしに関する記録のようなことも博物館の資料として重要になろうとしている。

そしてそのような博物館資料として近年になって注目を集めるようになっているのが、無形文化遺産である。1960年代にエジプトのアスワンハイダム建設に伴う古代遺跡群の保護にかかわるユネスコの活動の中から、世界的な文化遺産を国際的な協力で保護しようとする動きが起こり、1972年に「世界の文化遺産及び自然遺産の保護に関する条約」、いわゆる世界遺産条約が締結された。日本がこの条約を批准したのは1992年であり、日本の遺産も13件が世界遺産一覧表に記載されている。

そして近年になって締結国の数が増えるにしたがって、当初の「文化遺産」の考え方も変化して、遺跡やヨーロッパ的なモニュメントを中心とした「国家や民俗の文化遺産」という考え方から「人類共通という観点からと、より地域

に密着した観点からの文化遺産」という二つの方向に向かい、さらに「これまでは範疇に入っていなかった近代化遺産や自然遺産と文化遺産の中間的な文化的景観等と呼ばれる複合遺産等の新しいタイプの文化遺産」(井上 2002:59) も登場してきている。

　このような文化や自然、景観を保護して保存するという国際的な流れは、さらに進んで、1997年のユネスコ総会で「人類の口承遺産の傑作の宣言」を行なうことの決定がなされ、1998年には名称に「無形」を加えて、「人類の口承及び無形遺産の傑作の宣言」規約が決定された。その目的は「文化的共同体によって生み出された創造物の総体」例えば「言語、文学、音楽、舞踏、遊戯、神話、儀礼、慣習、手工芸、建築などの傑作をたたえる」とともに「口承及び無形遺産の保存と活用を奨励すること」とされている。そして2001年には19件、2003年には28件の指定が行なわれており、日本からの推薦リストからは、2001年には能楽、2003年には人形浄瑠璃文楽が選定されている。

　このような国際的な動きは国際的な博物館の動きでもある。例えば2004年に開催された国際博物館会議（ICOM）ソウル大会のテーマは、「博物館と無形文化遺産」であり、博物館でも無形遺産の保存が課題となっていることを示すものである。大会テーマの解説文では、「無形文化遺産は、その例として、それを受容した人々の、声、価値観、伝統、言語、言い伝え、民芸、創造、適応、独自性を通じて衣食住、伝統技や技術、宗教的儀式、礼儀、風習、舞台芸術、民話などの形で表されます。世界の博物館コミュニティ内では、有形物のみならず無形である情報を学際的研究方法を開拓することにより、適切な関心を払うべきであると認識しています。有形無形を問わず文化遺産については博物館が、その基本的業務である収集、保存、調査、交換（交流）、展示や教育を一層継続して行なうべきであると考えています。」(ICOM日本委員会 2004：ウェブページ) としており、無形の情報を博物館の資料として、有形資料と同じように扱うことをはっきりと提案している。

　このことは、これまで民俗学などで扱ってきた祭や習慣、儀礼などだけではなく、普通に地域で暮らす人びと自身の暮らしそのものの中の情報をも、博物館の資料として扱うことを示している。それは博物館を利用する人びとと、地域の人びとにとっては、特別な習慣だけではなく、現代の身の回りにある地域の情報こそが大切であり、同時に収集可能だからである。

琵琶湖博物館では、たとえば地域で水道が使われるようになる以前に行なわれていた水の利用について、地域の人びとがヒアリングして調べてもらうという事業を行なっている。このような自分の暮らしの中にある情報など何の意味もないと思っている人たち自身が地域を調べることで、暮らしにかかわるさまざまな具体的な情報が集まるとともに、過去と現在を比較して見ることで、参加した人びとの地域を見る目が変わるという効果がある。そして、このような情報が滋賀県全域から集まってくると、水の利用ということから見た地域の変化の諸相が明らかになってくる。このようなまだ記憶にある時代の暮らしの情報は、博物館にとっては、研究資料としても活用でき、また事業でも生かしていくことができる。

博物館資料の一次資料を、直接資料、あるいはモノ資料と呼び、二次資料を間接資料あるいはコト資料と呼ぶことがある。このような資料は形態や見かけに意味がある、あるいは情報がのっている媒体がはっきりとしている資料といえるであろう。それに対して、形態や見かけには意味がない、いわゆる無形や記憶の資料は、モノやコトに対するデキゴト資料、あるいは直接資料や間接資料に対する事象資料と呼ぶのが相応しいと考える。そしてこれらのデキゴト資料も、博物館情報として博物館に収集される。

5）博物館で扱う情報とは

図書文献資料や静止画や動画というような資料は、博物館資料としては一般的には二次資料の一部として位置付けられている。もともと二次資料とは一次資料の記録であるといわれており、一次、二次という用語に見られるように、この用語に資料としての価値をも意識しているように思える。しかしすでに見てきたように、二次資料の中に、あるいは二次資料の中だけに一次的な情報が含まれている場合もある。したがって、この「実物資料と記録」という分類の方法には無理がある。

　（1）使える情報と使えない情報

二次資料の実際の利用例等を見ていくと、図書・文献がそうであるように、情報がのっているモノの形態やモノそのものに意味があるのではなく、そこに含まれている情報に意味があることがわかる。博物館二次資料の大部分は情報を収集しようとしているのである。しかし映像資料の様に従来は二次資料とさ

れながら、中にはその資料がもっている全ての情報がすぐに利用できない、あるいは全ての情報を利用することを目的とはせずに収集している物がある。

それに対して博物館の一次資料、いわゆる実物資料の場合は、その利用は、現在に利用可能な情報に限られる。つまり実物資料は利用可能な情報以外に、より多くの情報を隠しもっているのである。普通には現在の知識や技術で利用可能な情報を利用して研究を行ない、展示等に利用する。したがって資料が実物であるということの意味は、「実物だから展示して迫力が違う」「実物だから細部までよくわかる」というようなことは別として、実物資料はその持っている情報の一部を利用しており、研究が進み、技術が進むと、さらに多くの情報が入手可能な場合があるということである。

したがって、先にも述べたように実物資料が持つ情報を誤解して理解しているような可能性がある場合には、もとの資料にあたって確認する必要が生じる。またある資料にかかわる時代、分野などの研究が進んで改めて考え直す必要が生じたときには、やはりもとの資料にあたって調べ直すことが必要であろう。例えば生物資料についての記載や同定に疑問が生じた時には、もとの資料にもどって確認し、最初の記載の時には分からなかった情報や、場合によっては技術的に解明できなかったような情報すら取り出すことができる。これが博物館が一次資料と二次資料を区分し、さらには生物資料の場合に、タイプ標本を特別扱いしても大切に扱う理由である。

そして博物館の一次資料と二次資料の全体を「情報」というキーワードで改めて見てみると、実は博物館資料全体を情報として扱うことができることが分かる。

博物館では、当面利用可能な情報、あるいは見えている情報を利用するために資料を収集しているのであって、一次資料といえども、資料が持つ情報のほんの一部のみを目的に収集していると言える。そう考えると、一次資料といえども、利用しているのはモノではなく、そのモノの持つ情報であって、図書と同様に情報がのった媒体としてのモノを収集していると言うことができる。こうした視点からは、博物館で収集しているのは一次資料と二次資料を問わず、モノではなく情報であると言うことができる。つまり博物館資料とは情報であり、その情報がのった媒体は、その種類によって、さらに様々な情報を隠し持ったものもあれば、比較的一面的な情報を持ったものもあるという区別ができる。ただしすでに述べたように、資料の分類は形態や利用方法から行なうべき

であって、資料価値とは別であることが前提である。

(2) 梅棹の「博情報館」とのかかわり

このような博物館の資料は情報であるという議論は、すでに梅棹忠夫らが行なっている。梅棹は黒川紀章との館長対談（黒川・梅棹 1977:152）での黒川の「この民族学博物館は、博物館というよりも、博情館だと思う」という発言を受けて、「博物館というものは本当は博情館でなければならないといわれている。扱うのは物よりむしろ情報なのだ」（梅棹 1978:1-5）と言い、以後も同様な発言を行なっている。例えば国立民族学博物館創設十周年の記念講演（梅棹 1985:3）でも「博物館の物という字は誤解をあたえやすいので、むしろ博情報館、あるいはちぢめて博情館というほうがいいのではないかという意見もあるぐらいであります」と述べている。このような一連の発言は博物館資料論としての発言ではなく、むしろ国立民族学博物館にかかわった議論であり、博情館ということについてもその内容についてはそれ以上には触れられていない。そして例えば梅棹（1979:44-45）の「博物館においては物品、物資、物体はすべて情報として役立っているのである。あるいは物はここでは情報に転化しているのである」というような議論にあるように、博物館資料を使おうとすると情報の形にして発信していくことが必要であるということを強調しているように思える。どのような資料であれ、保管してあるだけでは活用のしようもなく、その物が持つ情報を利用できるように加工し、発信することが博物館の役割であるということであろうか。梅棹は情報産業論（1962）をごく初期にとなえたことで知られているが、情報を通じて世の中が動くこと、そして博物館は情報産業の場ととらえており、コンピューターを活用して、資料の持つ情報を広く発信することの大切さを述べたのである。

この博情館という言葉から、これからの博物館は情報だけがあればいい、あるいは情報だけの博物館の可能性について意見（高橋裕 2001:71）を聞くことがあり、また実際にそういう博物館ができている。しかしそれは資料と情報との関係を見ていない議論である。もともと、博物館資料は収集されているだけでは誰も利用はできない。そして資料に関する情報は、もとになる資料抜きにしては、その価値は大きく下がる。博物館が博情報館となって情報を発信すればするほど、博物館が持つ実物資料の価値はますます大きくなるというような性格を持つ。博物館の資料は、その資料に関する整備をし、情報を発信すること

第3章　利用者の視点に立った博物館の実践　　153

写真26　メディアラボで作業中　　　　写真27　ビデオ類を見る情報センター

で利用できるようになる。ここでいう情報とは利用するための手段である。

　このように梅棹の博物館に関する議論は資料論として行なわれたものではなく、また本人がそれ以上の議論をほとんど展開していないために誤解を受けていると思われる点もあるが、この一連の議論を博物館資料論として推し進めていくと、博物館で収集する資料はすべて情報として扱えるというところまで行き着く。

　これまで博物館の資料は情報であるという立場での議論を行なってきた。しかし情報という用語にも混乱があるように思う。情報とは一般的には「物事に対する事情」というような意味あいで用いられてきた。その情報を知ることで、その物事についての知識が得られるということである。しかし最近は情報というとデジタル情報、コンピューター上に加工された情報のことをさすことが多い。

　コンピューター上の情報は、画像であれテキストであれ、もともと何等かの情報をコンピューターで活用できるように加工したものであり、博物館資料としては新しいものではない。むしろ博物館資料の中の一部を加工し、大量にある、そして多様な資料を効果的に活用するための手段であり、コンピューターを使用した情報の表現形態である。そして、博物館資料を利用者と結びつけるための手法であるといえる。デジタル情報が直接資料（一次資料）である例は、おそらくない。

6）博物館の資料とは

　博物館の活動がより多岐にわたるようになり、これまでの博物館資料に関する議論だけでは対応ができない部分が生じている。本節では今後の議論のため

に博物館二次資料を中心にその資料のそれぞれの性格を改めて確認することで、一次資料、二次資料の両方にわたって、博物館資料を情報という視点で整理し直すことを提案した。

　博物館の扱う資料はすべて情報である、という立場で見ていくと、博物館資料の全体像がこれまでとは違ったように整理できる。また一次資料と二次資料との区別についても、中間的な内容を持った資料についても、その所在が明確になると考える。

　すなわち、資料が持つ情報の一部のみを利用することができて、現在はその他の情報は隠れた状態になっているような資料、その資料が持っている情報のほぼ全体が現在利用可能な資料、そして言葉のみ、あるいはまったく形を持っていない資料、という三種類の博物館資料が考えられる。この情報の一部のみを利用している資料は、これまでの範疇でいえば博物館の一次資料（実物資料）ということになり、全ての情報を利用している資料は博物館二次資料（間接資料）、そして形がない資料は、伝承等の無形資料として扱われてきたような資料である。そして個別の資料は、従来の一次資料、二次資料、そして伝承資料などと同じ分類の位置に落ち着くが、従来の分類で一次資料であるのか二次資料であるのかが曖昧であったような資料も、その情報の見え方によって、どちらの資料に入れればいいのかがはっきりする。

　また博物館の資料については、実際の収集や利用の上で、近年、新しい幾つかの課題があることが指摘されている。例えば、資料は博物館が持ち帰るのではなく、現地あるいはその地域に保存するべきという考え方や、博物館間の資料の交換あるいは博物館資料についての共同のデータベースの構築を含めた博物館資料ネットワークの構築とそれにかかわる人と博物館のネットワークのあり方、これまでどちらかというと保存することに力点をおいてきた博物館資料整備の考え方に対して、利用することを考えた資料整備のあり方などである。

　これらの課題についての議論がされはじめたのは必ずしも最近ということではないが、実際の運営についてはそれほど実施例が多いわけではない。それはもちろん技術的な問題もあると考えられるが、それ以上に博物館資料をめぐる理論的な課題を解決することが前提になっている。このような理論的な課題については、博物館資料を情報と考え、その情報の保存、利用のあり方を整理することで、統一的な博物館資料に関する課題を考えることができる。

3 博物館の図書室

　博物館で取り扱う情報資料として図書・文献についてはすでに論じたが、ここでは博物館内の図書室を、博物館の仕事の中にどのように位置付けるのかを示しておきたい。

　最近は博物館内に図書室を設けて利用者が自由に図書を利用できるようにしている博物館が増えてきている。かつて加藤有次（1977）は、図書室は本来は博物館の専門研究者が研究するための施設であるが、アマチュア研究者のために一般に公開し、活用しやすいようにその利用度を高め、利用者のための別の図書室を設置するのが理想である、と述べている。森田恒之（1978：240-241）は博物館が学術研究の先端に触れる情報センターとしての役割をはたすようになるとしながら、利用者に対しては博物館は「モノ」のみの情報には頼りきれず、文献資料の助けをも借りなければならなくなるとして、図書の公開を行なっているいくつかの博物館の例を挙げている。しかしその後は博物館内の図書室の意義についての議論はまったく行なわれていないようである。

　博物館の資料に関しては、一次資料と二次資料とがあることは広く認められており、例えば倉田（1979：20-32）ではモノ資料に対する情報資料として、報告書、研究書、学術図書などを挙げているが、博物館の資料としてそういう図書類があるということ以上には触れていない。いくつかの博物館学の文献でもだいたい同じ様な取り扱いで、博物館内の図書室の位置付けについては、まったくといっていいほど触れられていないようである。

　博物館にはモノ資料とそのモノに関する写真や模型などの二次資料があることは明らかなことであるが、これに加えて、モノにかかわる情報が博物館にとって大切であることを主張したのは梅棹（1978:1-5）である。博情報館あるいは博情館という用語を使いながら、情報を収集し、検索してすぐに使えるように整理しておくことの大切さを述べた。この点は梅棹の先駆性を示すものではあるが、同時に大量の情報を最新のコンピューターを使って実際に検索して利用できる時代になってきたことを反映したものとも言えそうである。

　博物館にはモノと情報があるということは一般的に認められるようになってきたが、その情報の大切な部分である図書文献の博物館の中での位置についての議論はあいかわらず行なわれなかったようである。しかしすでに森田が述べた以上に、一般的な情報についても博物館内の図書室は、博物館の機能の一部として、利用者に情報を提供する場となっている。

従来は博物館の図書室は、学芸員の研究用あるいは博物館活動のための情報入手のための施設として活用されていたようである。そこを利用するのは一般的には学芸員の他には、博物館の学芸員室への出入りを許されている一部の利用者のみであり、一般の利用者の立場からいうと、学芸員への質問などをした時に、間接的に図書室の図書の恩恵を受けるということになる。
　これは博物館という場を一方的な情報提供の場と考える博物館像であり、結果としては博物館の図書を学芸員が独占するということになってしまっているであろう。すでにくりかえし述べてきたとおり、博物館は一方的に指導し、教育する場ではなく、利用者がそれぞれの立場で主体的に参加し、情報を発信し、博物館という場の機能を活用するものであって、博物館からの情報発信を受けて、利用者もまた博物館に対して、あるいは利用者相互に情報の発信と交換を行なうような場である。そのような立場で博物館の図書室を考えると、これまでの学芸員が独占してきた図書室とはまた異なる姿が生まれてくる。
　また逆に博物館の中の図書室であり、一般的な図書館ではないという一つの視点も重要である。図書館は図書館法に基づいて設置されている社会教育施設であり、図書および図書にかかわる情報を提供することを目的としているが、博物館の中の図書室の場合には、一般的な図書館学で議論がされている図書館のあり方ではなく、また別の博物館の機能の中にある図書室としてのあり方を考えるべきである。すなわち、博物館が運営上の理念を掲げ、その実現に向かって日常の活動を行なうにあたり、図書室はその理念実現にどうかかわり、どう補完をしていくか、という視点で図書室の運営のあり方を考えることが必要である。
　このように考えると、博物館内の図書室の機能としては、二つの側面が考えられる。すなわち利用者への博物館からの情報発信の場としての面と利用者の自主的な学習の場としての側面である。
　博物館からの情報発信は、学芸員の研究の成果として、展示や日常の交流活動の中、あるいは個別の利用者とのつながりの中で発信されていくものであり、その情報をより幅広く、確実にするための補助材料として図書室の図書文献類がある。図書室での情報発信は、一般的な図書館のレファレンスサービスとは異なり、図書室という場を使って、あくまで学芸員と利用者とを図書文献を活用しながら結びつける際の補助の役割をはたすのであり、図書文献自体が直接に利用者と結びつく場ではない。あくまで学芸員からの情報発信にかかわって、

図書が補助的に利用される。この点は一般図書館とは根本的に異なる点である。
　またその個別の博物館が扱う内容に関する情報を補完するという役割も持つ。この場合には博物館が扱う自然や歴史、美術などの分野についてのさまざまな内容に関連した図書利用がされる。博物館によって、特定の分野があり、あるいはその博物館が特に扱うテーマがあるため、そのテーマや分野についての図書文献が集中的に収集されているはずであり、利用についても、多くの利用者の利用範囲はその分野に限られているはずである。あるいはまったく異なる分野についての利用の希望については、一般の図書館ではないという理由で断ることになるであろう。博物館の図書室は、特定分野の専門図書室にあたるものである。専門図書館は、特定の分野についての図書を収集し、その特定分野についての情報を必要としている人だけが利用する図書館である。博物館の図書室も、一般に開放されているとはいうものの、博物館の一つの機能として、博物館の情報発信の一部を担うものであり、特定の分野において、その分野に関心を持つ人が利用するという点において、専門図書室と考えられるのである。
　このような機能に対してもう一つの利用者による自主的な学習の場としての側面を軽視はできない。多くの人々は博物館に展示を見に来るだけではなく、博物館にかかわるさまざまな情報を求め、知的な好奇心を満足させるためにやってくる。その中には展示を見た後の疑問を解決するための図書利用の希望や、日頃考えていることを調べてみたい、知りたい、という希望をもつ場合も多い。またいわゆるリピーターの場合には、図書室を来館目的の一つとしている場合もあり、図書室の雰囲気と利用できる図書類の質によってその人びとの数も増えるであろう。そしてそのような使用者こそ、積極的な博物館機能の利用者となり、博物館の固定したファンといえるようになるであろう。
　また少しの時間、イスにかけて関連した図書を読んでいたい、という希望もある。そしてそのような図書を活用する中から、新しい疑問が生まれたり、博物館との新しい付き合いが始まることもある。いずれにせよ、利用者の希望として、博物館の施設の中で、自分でゆっくりと本を調べてみたい、読んでいたい、という希望に対して、対応できることが重要である。
　さらに最近の来館者の希望としては、展示を見た後にゆっくりする空間としても図書室が利用されるという場合もある。休憩場所として新聞を読んだり、家族が展示室に入っている間の待合わせ場所のかわりに図書室に入って、目についた雑誌を手に取るというような利用も行なわれている。これらは本来の図

書室の機能ではないかもしれないが、博物館の施設の中の一つの空間として、博物館の利用に少しでもつながることであれば、そのような利用があることも受け入れて、次の博物館との付き合いにつながっていくことを期待したい。

博物館は知的好奇心を伸ばし、満足することで新たな好奇心の発揮を促す場であり、その切っ掛けは展示だけではなく、建物すべて、あるいは学芸員という人を含めたそのすべての機能を発揮できる場である。図書室もそのような機能の一部であるという位置付けを持ち、博物館の利用者にうまく利用される場となることを目指して、その実現のためには可能な限り、ゆったりとした居心地の良い、そして必要な図書類がそろっている図書室を準備することが望まれる。

そしてこの様な利用者からの視点とともに、あわせて、博物館内部での位置付けが必要となるであろう。博物館の図書室を利用者と学芸員とを結びつける場と考えた場合、その学芸員の情報発信の能力が問題となる。もちろん学芸員といえども、世の中のあらゆる知識に通じているわけではなく、直接の専門分野以外は、それほど詳しくないのは当然である。また図書を見て確認しなければ質問に答えられない内容が沢山あることも当たり前であろう。

学芸員の研究の成果がおもしろく、その内容が分かりやすく発信されることによって、また新たな博物館の利用者を育て、呼び起こすとすれば、学芸員の研究の成果を上げるための図書利用ができるような図書整備と図書室の環境整備をすることも、間接的には博物館利用者の図書情報利用に結びつくことである。

博物館の図書室を、博物館利用者が活用し、学芸員の情報発信を補完する役割を持つ場と位置付けるとしても、同時に学芸員自身が情報発信の能力を上げ、より幅の広い情報発信を行なうために、すなわち研究の成果を上げ、日常の活動にその成果を生かすために図書を利用することは、間接的には博物館の利用者への情報発信に結びつくことである。したがって、学芸員の研究援助或いは研究環境の整備ということも博物館の図書室の大きな業務の一つといえる。

以上のように博物館の図書室は、博物館の持つ機能をよりその目的に従って発揮できるように、図書文献情報を使って補完することが本来の目的と考えるべきであり、利用者との関係、そして学芸員との関係においても同様に考えることができる。

そしてこの様に図書室を学芸員のためだけの施設ではなく、博物館利用者のための施設と考えた場合、同時に博物館資料としての図書文献を位置付けることが必要となる。博物館資料として図書を捉えた場合には、他の資料類とは異なる利用がされることになると考えられる。一般に博物館資料は、永久保存をめざし、利用されることを前提としながらも、一般利用者の動線からは離し、収蔵庫内で保管されている。資料を利用したい人がいた場合にも、自由に収蔵庫に入って資料を見てもらうということは普通はなく、請求のあった資料を収蔵庫から取り出して、他の部屋で見てもらうことになるのが普通である。その収蔵庫には、博物館員でも担当者以外は入れないようにしている博物館も多い。博物館資料は、保管をより優先しているということである。

閉架図書は一般に利用できないという部分もあるが、それに対して開架図書は動線の中にあり、博物館利用者に利用されることをより優先している場合が多い。この点はすべての博物館資料が唯一のものとして扱われることに対して、図書の場合には、そのモノとしての価値ではなく、印刷された情報の媒体として扱われているためである。したがってモノとしての価値をともなう図書文献などの場合には、その利用についての制限が加えられることになる。

本節では博物館資料について改めて論じた。博物館にとって資料はその活動の基礎であるが、保存管理の技術論が中心で、その本質論はあまり論じられていない。博物館の資料を博物館で行なわれる研究とのかかわりで見直すと、研究によって資料が集まってくること、そして研究の過程や発信の中から、必然的に資料の利用を考える必要が起こることを論じた。またこれまでの一次資料と二次資料という博物館資料の区分も、利用の方法という視点で見直すと、その境はほとんどなくなり、博物館の資料は情報として整理できることを示した。

第4節　来館者と展示とのかかわり

　展示室を博物館の顔であると言う場合がある。博物館で行なっている活動は、基本的にはすべて利用者に向けて行なわれているが、中でも博物館の展示室は、多数の利用者が、まず最初に訪れる場所であり、博物館のその後の利用が行なわれるかどうかは、やはり展示の質と面白さにかかっている。しかし展示についても、その技術については語られることが多いが、展示を作ることについての考え方についてはあまり議論が行なわれていない。ここでは利用者にとって展示とはどのようなものであるのか、ということを意識しながら、展示のあり方について考えたい。

1　作る側の視点

　博物館というものに対するさまざまな考え方があるなかで、おそらく共通していることは、利用者にとっての最初の入口が展示であるということであろう。展示は博物館の顔であり、その良し悪しはそのまま博物館の評価に結びつく（倉田・矢島 1997:177）という言い方がされてきた。このことはまず展示を気にいってもらえなければ、またおもしろい展示であると思ってもらえなければ、博物館を総合的に使ってもらうという次の段階には進めない、ということである。

　またこれまでの博物館に関する基本的な議論の中で、ヒトとモノ（鶴田 1956:86-87）という言い方がされてきた。博物館はヒト（すなわち博物館の利用者）とモノ（博物館がもつ資料）をつなぐバ（場）である、という博物館論の基本の考え方（高安 1997:102）があり、一般的な議論として認められている。このヒトとモノをつなぐのは、博物館の多様な運営全体であるが、博物館の利用が継続して行なわれるかどうかは、まず展示室での展示に対する印象から始まるといってもよい。

　そのような意味からも、筆者は展示室での楽しさ、ということをもっと前面に打ち出すべきであると考える。これまでの展示に対する議論の多くが、展示の原則論や技術論、そして分類などを議論してきたが（新井1981:3-34;加藤1996:211-240；佐々木 1990:122-149など）、その中でも展示を見た来館者が、どの様

な展示を面白いと感じるのかを論じた議論は、ほとんどなかった。これまでの議論では、諸岡博熊（1990:244-310;1991:155-163）が今後の博物館のあり方をめぐって、博物館には面白さが必要ということをくりかえし論じている。また上田篤（1989）はミューズランドを提唱して、博物館の楽しさを強調している。しかしその楽しさの実態はあまり議論がされていない。諸岡（1991）では、五感を通じて感じることができる雰囲気の楽しさを強調しており、体験とともに、その場の雰囲気やデザイン、そして人の対応などを挙げている。また上田（1989）では、想像力を発揮できるような展示の演出を強調しているようである。今後はさまざまなテーマの博物館ごとに、その展示の面白さとはどこから生じるものであるのかを論じていくことが必要である。

しかしそのような展示での演出やデザインなどを前提としながらも、博物館に来るより多くの人が楽しいと感じるのは、展示されているモノと自分との間で、対話が生じるときである。

博物館を訪れた人が展示を見て、楽しいと思う条件の一つは、自分が日常に考えていることと近い話題が展開されていて、その中に意外な発見があったり、自分がわからなかったことに対する答えが見つかったり、あるいは自分の意見とは正反対の議論が展開されていて、そういう考え方もあるのか、と驚いたりというように、来館者自身と展示との間で対話が成立することである。多くの人は博物館に勉強をしようと思って来るわけではない。あくまでも楽しみを求めて博物館にやってくる（Fork，J.H.他1992）。その中で知的な好奇心が刺激を受ければ、楽しく、満足できるのである。

そして多くの場合には、自分が日常に考えもしなかったことについては、そうだったのか、と驚きこそすれ、心に残るような納得の仕方はしない。昔の有名な壺を見て、これがそうかと思い、あるいは大きな恐竜の全身骨格を見ると多くの人は驚き、こんなに大きな動物が昔は地表を歩いていたのかと思うが、大半の人の興味はそこでとぎれてしまう。特別に関心を持っている人以外は、恐竜をみた、という以外には細部は記憶からもなくなってしまう。始めてみる物のおもしろさや大きな物の圧倒感などをうまく活用した展示というものも当然成立するが、それだけで終わってしまっては、その場で興味がとぎれてしまう。展示を見る人が意識し考えることができるような展示こそ、あとあとまで面白いと感じることができる展示である。

日本の博物館の歴史の中で、ひとつの資料で100万人以上の来観者を集めたも

のとして、「月の石」「ミロのビーナス」「モナリザ」などが挙げられるが、これらは実物を見てみたいという好奇心から人が動いたのであって、その展示物を見たことによって、興味や関心事が変わってしまうような人がいたとは考えられない。

　人が知的な好奇心を満足できるためには、一つには自分が考えていたことに対して新しい知識が付け加えられることと、そのアプローチとして、自分が選択して内容を選ぶことができる、という過程を持つことによる。そのような中で人は自主的に学び、知的好奇心を向上させ、結果として満足感を味わうことができる。

　そしてさらに人は自分からの情報を提供することができることに満足感を感じる。自分が知っている情報を博物館に伝える、展示されていない情報を伝えたり、博物館の展示に対して意見を言うようなことができれば、さらに展示を見て自分が面白いと思ったことや気がついたこと、これはおかしいと思ったことなどを直接に博物館に伝えることができれば、また違った意味での満足感を感じる。

　そして本当に楽しい場所とは、実は心から学ぶことができる場所である。博物館という場は、楽しみの場であり、人は楽しみを求めて博物館に来るが、その楽しさは好奇心が満足でき楽しく学ぶ、という中にある。ディズニーランドや各地で行なわれている博覧会などの催しは一時的には楽しく、興奮を誘うが、あくまでその時だけの一過性のものである。興奮が心に残り、いつまでも楽しいということはない。あくまで日常的に関心を持っていることが話題となり、その中に意外性があり、納得できることがあることで、人は学び、楽しいと思う。博物館の展示はまさしくそのための場であるといえる。

　人はさまざまな目的で博物館を訪れる。またさまざまな興味や関心を持った人が博物館を訪れる。その意味では、全員を満足させることのできる展示というものはありえないことになる。そのため、ある程度共通してより多くの人々が興味をもつような珍しいあるいは目新しい展示というものが、博物館から提供されてきたのである。

　さらに、博物館の展示は、展示を作る側が一方的な情報の送り手ではなく、双方向に情報をやり取りする場である。博物館の展示が伝えたいと考えるメッセージを、そのままに来観者に伝えることは難しい。むしろ来観者の側の関心事やそのときの気持ちに左右されて、展示が理解されることが多いことは、例

えば橋本裕之（1998:541-546）が、自分の展示会での経験やアイリーン・フーパー・グリーンヒルの議論を紹介しながら論じている。展示の議論は、これまで来観者をひきつけるためのグラフィックなどの技術を考えてきたが、来観者が何を考え、何を期待しているのかは考えてこなかったと思える。そして来観者は自分が展示を見て感じたことを博物館に残していくという、展示室での双方向性という面を評価しておくべきである。

　そして展示は、だれにでも同じように働きかけていくことができないため、より多くの人に面白いと感じてもらえる展示になるための条件として、展示のメッセージの明確さと背景にある博物館の研究の成果、そして博物館らしい展示資料の選択などが挙げられる。この点は、博物館の研究や資料が生かされ、そして何よりも博物館のメッセージを伝えるのが博物館の展示であるという基本的な考えによる。

　たとえば安藤敏博（1997:14-15）は、「エンターテインメントは細部に宿る」というテーマで議論を行ない、鳥取市内に開館した「わらべ館」の展示を材料としながら、展示の面白さは、デザインやサインはもちろん、造形の材料や具体的な展示物の細部にこだわればこだわるほど、面白い展示になるという趣旨の発表を行なった。展示の中の映像や音声にこだわり、また例えば教室を再現した展示の中の、壁の板のエイジングや子供の生活の跡、机に残された小刀の傷跡、黒板に書き残されている文字や壁に貼ってある紙類など、さりげなく細部にこだわることで面白さが生まれるというのである。展示の面白さをめぐっての議論の多くは、そのような方向であったように思われる。

　しかしながら、その議論は展示を面白くするためのテクニックの問題であり、決して展示というものの本質ではない。

　展示の面白さは、その基礎となる研究の成果と、その研究成果をもとにした博物館からのメッセージ性によって生みだされると考えられる。例えば、上記のわらべ館は、「童謡・唱歌のふるさと鳥取をPR」し、同時に「1989年に行なわれた鳥取・世界おもちゃ博覧会の成功を顕彰」することを目的にし、来館者に対しては、「子供が楽しめるだけではなく、大人には忘れていた子供の心をよみがえらせるものとなっています。この館を出るときには、子どもも大人もみんなが豊かな気持ちになって、瞳をかがやかせているように」（鳥取童謡・おもちゃ館1995）なることが期待されている。

　しかしこの場合には、わらべ歌とは何であるか、日本の子供たちの世界での

童謡や唱歌との区別点と類似性、現在の歌謡曲との差異、等を明確にした上で、わらべ歌というものの性格や位置付けを背景にしながらわらべ歌のいくつかの側面を展示として展開するということによって、よりその展示の深さがまして面白くなる。もちろんそのような成果を正面から展示するということではない。そのような背景をきちんと整理した上で、必要な展示を決め、だれでもが懐かしく思うようなわらべ歌や唱歌を扱うことで、来館者が博物館を楽しいと思うようになるのではないか。展示のためのテクニックのこだわりはその後に、具体的な形にするための方法として出てくる課題である。

　展示が博物館の学芸員の研究発表の場であるという位置付けは、黒川・梅棹（1978:142-148）や加藤（1977:96-106）などによって議論がされており、それに対する反論も見られる。しかし琵琶湖博物館では展示は研究の成果の発表であるとともに、博物館の日常事業全体にむすびつくものと位置付けた。

　例えば琵琶湖博物館の人気のある展示のひとつに、空から見た琵琶湖、という展示がある。琵琶湖を中心として、1万分の1の航空写真をタイルに焼きつけたものを、大阪湾の関西国際空港から若狭湾と日本海までを含む約直径10mの円形で床に貼り込み、その上を歩きながら琵琶湖盆地全体を見てもらおう、という展示である。この展示はおそらく日本中のどの場所で行なっても十分に人気を集めることができる展示であろうと考えられる。1万分の1という縮尺は自分の家を目で見て探すことができる大きさであり、まず多くの来館者は自分の家を探しはじめる。そしてだんだんと周囲の位置関係や、琵琶湖の大きさ、土地利用、滋賀と日本海との距離の近さ、などに気が付き、本来の展示の趣旨である琵琶湖盆地の全体像に目がいく。見る人のイメージで、通常とは異なる目線で琵琶湖盆地全体を見ることの意外性も伴って、いろいろな話題に興味を持ち、自分で地図を見ながらこんなことも調べてみたいと思わせると同時に、次の環境をテーマにした展示に期待感を持たせる展示である。

　しかし、この展示手法を他の場所で行なうとすれば、形式的な面白さは同じでも、琵琶湖博物館の展示の面白さと同じものを演出できるとは考えられない。なぜならば、この琵琶湖盆地を歩いてみよう、という展示にはその背景になる思想が含まれているからである。もともとこの展示は床を実際の琵琶湖盆地の起伏に併せて作り上げようという初期のプランがあった。その台本の元は米山（1995:21-29）がとなえた盆地小宇宙という文化論である。すなわち、京都や近江、その他いくつかの盆地地形を持った地域にはその地域独特の伝統的な文化が生

第3章　利用者の視点に立った博物館の実践　　165

写真28　空から見た琵琶湖のコーナー

写真29　民家展示のカワト

まれ、現在にいたるまで根強くいきづいているという議論を受けて、一つの盆地形を小宇宙と位置付けたものである。琵琶湖盆地には文字通り伝統的な暮らしの文化がいまも残っており、また展示室で考えた展示の趣旨自体も、身近な暮らしの中から環境について考えてみようということであったため、琵琶湖小宇宙として大縮尺の琵琶湖とその集水域を目前に再現しようというのが初期の展示プランであった。

　展示室の中に実際の起伏を作ることが現実的には困難であったために、１万分の１という航空写真になったが、まず展示の理念があり、メッセージとストーリーがあって、その結果として具体的な展示の形を作りだしていった。したがって形は同じでも、地域性にこだわったテーマを持った博物館の展示室にあるからこその面白さであって、どこにあっても同じということではないのである。初期の展示プランの中の、やや狭い展示室全体でこの地域を一望することで、琵琶湖盆地というこの地域を各人なりに考え直す切っ掛けの場を作るプランが形を変えて、実現したといえる。

　そしてその形ができた後は、琵琶湖淀川水系全体を体験できるように展示の向きを決め、さらに海外や遠方の人が滋賀県に来る際の通過地点として分かりやすい関西国際空港を床に取り入れることで、位置関係や経路をわかりやすくし、また意外性も持たせるために展示を本来の廊下にまではみ出させた。また子供であれば床に座り込むだろうが、大人ではそうはいかないだろうという考えから、特大の拡大鏡を置こう、というふうな細部の設計に入っていった。あるいは自分の家をみつけることができる、ということを確保するためにタイルのメジで写真に欠落が出ないようにタイルの製作に注意をするなどの工夫があった。あくまで展示で何を知ってもらいたいのか、という背景の理念があった

からこそ成功した展示の例であると分析できる。

　またその航空写真の展示の続きには、1軒の民家をその庭周りも含め、まるごと移築して、1964年（昭和39年）の暮らしをそのまま再現した展示がある。この展示も昔懐かしい面白い展示と人気の高い展示の一つである。

　この展示の時代設定を1964年としたのは、琵琶湖博物館の展示の基本的な切り口として、滋賀県での、あるいは日本の暮らしに対する考え方が大きく変化したのはこの前後であり、1964年に行なわれた東京オリンピックがその象徴的な出来事である、という考えによっている。担当した学芸員の個人的な研究の中から、環境を考えるためには、暮らしの現場から出発する、という姿勢があり、具体的な環境に関する議論の中から、この時代の水の利用、ということが中心的なテーマとして選ばれ、その背景となる水という資源利用についての研究成果が活用された。また移築した特定の民家を展示するにあたっては、具体的にその現場での水利用、あるいはその家に暮らした家族の水の利用についてご本人達からのヒアリングをくり返し行ない、その家で何があったのかを聞きだし、その結果として1964年5月10日午前10時という特定の時間の特定の家族の暮らし、に絞り込んで展示の細部に入っていった。さらにその家族からのヒアリングとともに、民家がある地域の人たちからのヒアリングを行ない、情報とともに、多くの民具も収集し、それらをまとめた展示とするとともに、調査の結果は琵琶湖博物館からの研究報告書（嘉田・古川 2000）としてまとめられた。

　したがって、この民家の展示は、博物館の研究成果を展示として形にしたものであり、同時に展示を目的として行なわれた研究の成果である。博物館の展示としては、展示のストーリーの中にあって中心的なテーマとしても位置付けることができる展示となっている。そしてその後に、その家に暮らしていた人たちから教えていただいた内容にそって、少しでも実際の家族の暮らし、その日その時間の様子が表現できるようにと細部へのこだわりを始めたのである。お風呂の水やヒナタミズなどの展示は担当学芸員のこだわりの結果である。この家族はその前年にお嫁さんが来ており、当時としては最先端の電化製品である洗濯機を嫁入り道具として持ってきており、赤ちゃんが産まれた直後である。おむつが干してあることやカワトに洗濯機がおいてあることなどは、実際に昭和39年の様子なのである。当時の様子を再現することについては細部にとことんこだわっている。そしてその後ろに干してあるフトンにグラフィックを書き込んだり、カワヤに実際にコイを飼うことにしたり、初期にはニワトリの剥製

第3章　利用者の視点に立った博物館の実践　　167

を動線上に出したりといった、一種の遊びを含んだ展示の工夫があった。この展示も、メッセージを決め込んだ上で住民からの聞き取りを徹底して行なうことで、成功した展示であると考えている。

　作る側から考える展示の面白さは、テクニックから生まれるのではない。あくまで展示を作る側が何を伝えたいのかを決め込み、その内容を研究の成果として形にし、それを展示全体のストーリーの中に落とし込んでいく作業が基本である。そしてその理念を形にした上で、とことん細部にこだわることで、本当に面白い展示が作られていくと考える。そしてこの一連の作業の中心となるのは、当然のことながら学芸員自身であって、展示会社のプランナーやデザイナーではない。

　なお、最近は博物館の展示評価を行なうことを専門とする展示専門家や展示プランナーが活動を始めており、博物館の展示をそのような博物館外部の専門家に依頼して調査をしてもらい、学芸員と議論を行ないながら展示の更新をしようとする動きがある。これらは、博物館学に基づいた展示研究の相互評価が始まるという点においても、また外部利用者の視点で展示を評価するという点でも、これまで日本の博物館界で待たれていた評価体系であり、今後の各博物館の動きに注目をしたい。

　しかしながらあえて付け加えると、そのような博物館展示の評価は、多くの場合には博物館外からの意見であって、博物館の展示を製作した学芸員の意図を踏まえたものではないことがある。外部からの客観的な意見は大変に貴重なものではあるが、あくまでそれは、博物館としての考えがあり、その考えを検証するために外部の意見を出してもらうのであって、内部の意見がないままで外部の意見を聞くのであっては、本来の評価の意味がなくなってしまう（布谷・芦谷　2000a:40-41）。博物館の展示は誰でもが納得できるように作るのではなく、まず博物館の意図があり、その意図を伝えるために最も効果的な展示の手法で展示が作られる。さらに重要なことは、展示は全てが同じように、同じ頻度で、あるいは同じ重みで見れることを期待はされていないものである。したがって、展示評価も単なる人気投票ではなく、博物館の展示意図が伝わっているかどうかを調査するのである。テーマによっては大部分の人は特に注目はしないが、来館者の一部の人には非常に好評を得ることを期待して作られているような展示もある。そのような博物館の側の展示作りに対する考えを十分に考慮した上での展示評価が必要であり、そのためには評価者と博物館側との認識一

致が求められる。

展示の評価は、まず博物館としてのはっきりとした展示に関する意見があり、それに対してどのような外部からの評価がされるかを聞くことで、博物館が再度の自己評価をすることが目的であろう。内部の意見なしに外部からの意見を無条件に受け入れるのでは、本来の博物館展示評価の意味がない。

2 地域の情報をわかりやすく展示する

来観者にとってもっとも身近でわかりやすい展示を考えるための前提として、地域情報の考え方と展示手法としてのハンズオンについて触れておきたい。

博物館という場は、知識を一方的に伝える場ではなく、博物館とその利用者とが、双方向に情報を交換する場であり、それが実行されることで逆に面白い展示、楽しい博物館というものにつながっていくと考えられる。したがって展示を作る際には、展示を見る人たちからの情報発信を可能にすることが必要であり、そのための展示作りのための理念というものも大切である。

琵琶湖博物館の場合には、開館前の全体の議論の中から、展示基本計画において、九カ条の基本方針を設けて具体的な展示作りの作業を始めるための基本方針を明確にした。それらは博物館の基本的な理念を形にする上で、展示ではどのようにその理念を生かしていくか、という内容を示したものであった。その九カ条とは以下の様な内容である。

(1) 「湖と人間」のよりよい共存関係をめざして、琵琶湖の地学、歴史、環境、水族を取り扱う。
(2) 地域に根ざした展示活動を行なうと共に、広く世界をも視野に入れる。
(3) 来館者が体験、交流を通して、共に考え、成長していく展示をめざす。
(4) 県民参加の企画展示や移動展示を開催するなど、展示をより深く、幅広いものとする。
(5) 身障者や高齢者、子供等にも配慮した展示づくりをこころがける。
(6) 研究調査事業の成果を絶えず取り入れ、展示を成長させる。
(7) 琵琶湖を知り、水と親しむということを出発点とし、さまざまな要求や経験をもった人が楽しめ、引き付けられる展示とする。
(8) フィールドへの誘いとなるような展示をめざす。
(9) 地域からの情報が展示のなかにリアルタイムで反映され、また、日々の活動の中から得られた来館者の声を取り入れることによって、成長・発展させ

る。

　内容的には一般の博物館として当然のことが大部分であるが、それらの中で、展示を考える上で最も基本になる考えは、地域の情報を基礎にする、そして地域に暮らす人、すなわち博物館の利用者を中心に考えるということである。

　かつて日浦（1967:3-4）はその地域にあるからこそ分かる課題、逆にいうと世界中でその課題については、その地域が最先端であるような課題で情報を発信していくことが地域の博物館の役割であり、強みであるという地域主義を主張した。そして浜口・小島（1977:1-3）はそのような立場を取る博物館を地域博物館と名付け、地域の博物館利用者の活動の場となる博物館を課題として、新設の博物館作りを行ない、平塚市博物館という評価の高い博物館を作り上げた。この地域博物館の議論を博物館の運営全体の議論として発展させ、伊藤（1986:264-265）は「地域課題を軸とした迫り方によって、地域に新しい価値を発見していく」と述べて博物館の地域主義を主張した。

　ここでいう地域は行政区画や学問領域にしばられることなく、あくまで人の暮らしの現場での現状を基礎にして、現在を確かめ、将来につなげていく姿勢であろう。この二つの地域博物館論が、これまで実践的な博物館論として主張されていた内容である。

　このような地域博物館の姿勢を展示作りで生かすのであれば、地域の情報を地域の人びととともに収集し、地域の課題を取り上げながら、一緒に展示を作っていくということが重視される。

　展示を作るうえで重要なことは、展示するテーマや話題、また展示する資料が、地元の資料やテーマから成り立っていることである。例えば琵琶湖博物館の場合には、準備にあたってきた学芸員とその協力者が集め、研究してきた成果が展示されており、当然ながら資料は滋賀県産の資料である。滋賀県という地域、そしてそのテーマの中心にある琵琶湖という湖について深く調べ、資料を集め、研究し、そしてその成果を広く情報発信することではじめて、その地域の利用者からの情報を集めることができる。すなわち、本当の意味での双方向の情報交換を行なうことができる。そしてそのような状態を確保することで、その博物館から発信する情報はひとつの地域だけではなく、日本中あるいは世界中への情報として価値を持つようになると言えるだろう。まず展示の材料そのものを地域の中から見いだそうとする姿勢である。

　そしてその展示を作る過程での地域との連携が挙げられる。展示に関するテ

写真30 「河原の石」の展示コーナー　　写真31 「ホタル調査」の展示コーナー

ーマを選ぶだけではなく、実際に展示を作るための展示内容や資料を収集し、展示として形にしていく上でも、その地域の人びと、すなわち博物館の利用者と一緒に作り上げていくということが可能であろう。

　琵琶湖博物館の展示の中の例をあげると、「琵琶湖のおいたち」というタイトルの、地史的な時代にまでさかのぼって、過去の琵琶湖地域を振り返ってみようという展示室では、その多くの展示内容が、地域の共同研究者との研究の成果であり、たとえば「河原の石はどこから」というコーナーは河原の石という身近なものを導入材料としながら、河川敷からあらわれた木株の化石の共同研究の成果を展示し、しかもその実物を展示室に展示することで、調査された特定の場所と、調査に参加した人びとと、そして展示室での展示とを結びつけようとした試みである。

　また「湖の環境と人々の暮らし」展示室のホタルの展示は、ホタルダスとよばれる10年間のホタルの分布調査の結果を展示してあるが、実際に調査に参加された人の中から、80人の方の了解を得た上で取材をして、本人の写真を展示として配置し、展示の前に置かれたパソコンを使って、その調査参加者のホタルに対する意見が写真と音声であらわれ、展示を見る人は自由に選択をしながら、ホタル調査参加者といわば対話をすることができる。この調査の参加者は、けっして皆がホタルについて同じ考えを持っているわけではなく、何人もの人の多様な考えを聞く中で、ホタルというものを含めた環境について考えることができるという展示である。この展示では、ホタル調査に参加した人が主人公で展示が作られている。

　このように地域の住民の調査結果や調査の過程、あるいはその参加者自身の

意見をそのまま展示していくことで、地域を材料にするというよりも地域の人びとの声が作り上げていく展示が構成し得る。

そしてこのような展示作りに対する姿勢に加えて、展示を形にするためのテクニックが必要となるであろう。しかしここでは展示物の配置やグラフィックなどの問題ではなく、来館者に展示というものを身近なものと考えてもらう、ということだけに絞って考えてみたい。近年は展示の中でハンズオンということが議論されることが多い。染川（1994）、染川・吹田（1996）は子供の博物館という視点からそれについて論じており、またハンディキャップ対策であるとともに、一般的な展示の手法としても、「触れる」ということが必要という議論（例えば平田・奥野・田口〈編〉1999）が多く見られる。

もちろん触れる、ということはハンディキャップをもった人だけではなく、当然ながら誰にとっても楽しい展示であり、これからの展示として求められる方向であることは間違いない。しかし、なぜ触れる展示が必要なのかについては、もう一歩踏み込んだ議論が必要である。ひとつには触ることで増加する情報量が大きくなるということである。その質感や温度、肌触り、小さな突起の有無など挙げていけばきりがない。目で見てわかる以上の情報が入手できるということが、触るということの利点である。あるいは目で見ているだけでは分からないことまでも触ることで分かるという指摘もされている（鳥山 1999）。そして人の好奇心からしても、触ることで好奇心が満たされて、楽しいという感覚を多くの人は持つ。そしてそれを前提とした上で、これまで見過ごされてきたことは、展示してある資料と展示を見る人との間に、精神的な壁を作らないためではないかと考える。

例えば化石であったり、文書であったり、これまで触ったこともないものに対してどんな感触の物だろう、と好奇心をもち、触ってみて納得するということはあるだろう。しかし例えば、オケであったりゲタであったり、古い食器であったり、というような展示物は多くの人は同じものを触ったことがあり、あるいは実際に使った経験がある。これらは触ったことで増える情報の量が、それほど増えるわけではない。しかしそのような物を展示物として展示の中に配置する際に、ガラスのケースの向こうに置いてあったのでは、自分の暮らしの中で使っていたものではなく、何か特別な価値があり、自分の暮らしとはかかわりのない特別なものという意識の方が先にたってしまう。このような意識をもって展示を見ると、本来は地域の中の課題を考えるための材料としての展示

が、その展示物を見るための展示に変わってしまうのである。展示と展示を見る人との間に壁ができ、その壁によって、展示の意図はまったく変わって受け取られてしまうのである。

　触ることのできる展示に人気があることは間違いないが、その本来の意図は、まず触ることで好奇心が満足されること、触ることで得られる情報が増えること、あるいは別の表現をするなら、触って初めてわかることがあるということが必要であり、それに加えて展示物を特別扱いしないことで自分の暮らしの感覚で展示を見ることができるということが挙げられる。

　そのことを逆にいうと、展示の意図によっては触れないようにしておく方がいいという場合もある。日常の暮らしとは異なることを意識してもらうための展示では、ガラスケースの中に置いて、その物を見てもらうという展示手法も必要である。無条件に触れることがいい展示ということではない。またこれまでの大部分の博物館の展示での例としては、触る展示を作るとどうしても壊れてしまうことが多いために、触るという展示手法が取れないという展示があるのも当然である。

　最近はハンズオンという用語が新しい展示手法として使われているが、この意味を触れる展示という意味だけに使うのは誤りである。もともと触ること自体が展示を主体的に楽しむことを目的とした一つの手段であり、ハンズオンとは展示を楽しむための工夫を含むものであると考えたほうが本来の意味に近い。触れない場合でも、資料をただ見るだけではなく、展示の意図を受け入れることができるような工夫がされた展示をハンズオン展示と呼ぶことができる。手で触るということではなく、おそらく展示を見る人の心にふれることができるような楽しい展示というような意味ではないだろうか。

　ただし、これまでの日本の展示では、触れる展示がほとんどなかったため、触ることができる展示、ということで逆に注目を集めているのだろう。もっとも現状では、触ることのできる展示は、多くの来館者の利用を受けると必ずといいたいほど破損していくものである。そのことについての日常的なメンテナンスの体制、具体的には修理の予算と人手を準備しておくことが必要となる。

3　展示室での展示解説

　以上のように展示について考えると、展示室での案内をどうするかということを考える必要があるだろう。パネルや展示配置、あるいは映像の使用に加え

て、人がどう対応するのかという課題である。

　展示室での来館者の意識は人によってかなり異なるものであるため、誰に対しても共通な展示に加えて、人が対応することで一番展示の効果があがると考えられてきた。そのような考え方から、展示室に展示説明の女性を初めて配置したのは、北海道開拓記念館、青森県立郷土館、秋田県立博物館など、東北と北海道のいくつかの博物館である。そして、その後かなり多くの博物館がこの手法を取り入れたが、大きな問題点があった。それは実際の解説の効果の問題と、それと裏腹な学芸員の展示に対する責任の問題である。

　建て前としていうと、博物館の展示を運営し、来館者に博物館の主張を伝えるのは学芸員の責任で行なうべきことであり、それを他の人に依頼する場合には、博物館の趣旨が確実に来館者に伝わるように、絶対に誤って伝わらないようにするのが、博物館の側の責任である。ところが、多くの博物館の学芸員が気がついているように、博物館の展示室で扱っている展示の内容を他の人に正確に伝えてもらうということは、かなり難しいことなのである。

　そもそも展示空間に人がいて解説と案内をするというシステムは、モーターショーなどのイベントで行なわれており、「展示」空間の中で一般化されたのは、1970年の大阪万国博覧会であるといわれることが多い。たくさんのパビリオンがつくられ、その各パビリオンには、コンパニオンという名前で、制服を着用した若い女性がいて案内をしてくれるという展示解説方法が、評判となった。博物館でもこのシステムを取り入れたのであろう。

　そのために初期の多くの博物館では、展示室にいる展示解説員をコンパニオンとよび、内心は最初から展示室での解説の効果などは期待していなかったのではないかとさえ思うような対応であった。すなわち、黒っぽい制服を着た、いかめしい男性が警備に立っているよりも、若い女性が展示室にいて、質問にも答えてくれる方が、警備の役にも立つし、展示室の雰囲気も柔らかくなる、という考えである。そのことはどこの博物館に行っても、いわゆるボランティア解説員を除き、展示室にいる解説員は若い女性だけであることからもわかる。

　これに対して本気で展示解説をしてもらおうとすると、たとえば栃木県立博物館では、解説員を導入した初期には、およそ半年にわたる展示についての研修を行ない、その研修を終えた人を初めて展示室に出すというような努力をしていた。そしてその仕事が一種のステイタスとなって、逆に女性たちが永く続かず回転が早いことを嘆いているのを聞いたことがある。

すなわち、最初から解説は建て前で、監視と相談受け付け業務を期待しており、展示の内容があやまって来館者に伝わることについては最初から避けてしまうというような傾向が強かった。この傾向は基本的には現在も変わっていない。ただ各地の博物館の経験が蓄積され、研修のノウハウも分かってきて、実質的な展示解説員を置こうという努力はされている。しかし、多くの博物館が今もこの様な解説員をコンパニオンとよび、また大多数の博物館で配置しているが、若い女性に限っているということは、展示室における解説業務についての理論化がされてこなかったということの反映である。

　多くの来館者は、博物館に勉強をしにくるわけではない。そして展示を見た時の楽しさは、自分の関心事に対して新しい知識が付け加えられる時に生じる。したがって、展示室の解説は、時として逆効果になる場合がある。また多くの来館者が満足感を味わうのは、自分が主体となり、自分から発言し、自分の考えを人にあるいは博物館に対して伝えることができた時である。多くの人は博物館の展示室においても、一方的に知識を教えられるのではなく、対話の中から、展示されていることに関連して自分が知っていることを自分も発言したいのである。

　そのように考えると、展示室に配置されている人の立場と役割もまた変わってくる。展示室が体験と発見、そして対話の場であるならば、いわゆる解説員は教えるよりも、来館者の話を聞き、来館者が新しい発見をするように手伝ってあげ、来館者が考える時の手助けをするというのが役割となる場合がある。

　人は何が知りたいかを言葉で正確に表現できる時には、ほとんどその答えに近づいているものである。正確な質問には90％の回答が隠されているという。残念ながら展示室における多くの来館者の質問は、本当に知りたいことが表現されていないことが多い。頭に浮かんだ質問が未整理のままで発せられるのが普通である。あるいは何が気になるのかがはっきり分からないままで、話しかけてくる場合が多い。したがって、質問されたことに対して、そのまま正直に答えてあげても、本当はその人の期待には応えられていないことが多い。

　たとえばある民具について、これはどういう使い方をするのですか、と聞かれたとしよう。本当にそれを知りたいと思って聞く人もいるかもしれない。しかし、もしかすると、よく似た民具を見たことがあって、その記憶を思いだそうとしているのかも知れない、あるいは自分でも使ったことがあって、あるいは記憶が曖昧で確かめておきたいということかもしれない。あるいはその民具

についての懐かしい思い出があり、そのことを話してみたいと思って声をかけてみたのかもしれない。したがって、民具の使い方を正確に答えてあげるというのがまず最初であるが、そこで終わってしまってはせっかくの機会が失われてしまうことになる。

　逆に考えるなら、博物館側のスタッフが、もしその民具の使い方を知らなかったとしても、展示室での来館者との対応ができないわけではないということである。聞かれた側は全てに答えなければならないということではない。「私は知らないのですが、あなたは、こういう民具を使われたことがあるのですか」と聞いてみると、自分の知っていることを話してくれるかもしれない。展示室で博物館の側は無理に教えようとする必要はないのである。まず来館者の話を聞いてみて、必要があれば、博物館の側からの知識も伝える、というぐらいの考え方でいいのではないか。

　しかしこういう対応を実際にやろうとすると、実は聞かれたことにすなおに答えるよりも、もっと難しく、もっと正確な知識が必要であることがわかる。十分な知識を持った上で、その知識を一方的に伝えるのではなく、来館者の気持ちを察しながら、その人の発見のお手伝いをするというのが、博物館側の展示室での考え方ではないだろうか。そういう知識が背景にあるほど、来館者との対応にも幅ができ、必要に応じて知識も生かしながら、来館者の話を聞くという姿勢を持つことができる。そして結果として展示を活用できる人の幅が広がる。

　琵琶湖博物館ではこの様な考え方に基づいて、展示室に展示交流員（布谷1999:161-166）というスタッフを配置している。新聞の一般募集によって集まった派遣職員という身分であり、専門の知識はない人の集団であったが、研修として開館当初より、毎朝のモーニングレクチュアーとよぶ学芸員による短時間の話を継続して行ない、博物館が扱う展示や日常活動の方針などは十分に理解してもらっている。

　また当初から展示交流員は、若い女性に限るのではなく、性別、年齢にはまったくこだわらない、という方針で募集を行なった。琵琶湖博物館のように、地域の暮らしと自然に目を向けようという趣旨の博物館の場合、展示室で来館者の対応をする人も、地域で一定の経験がある人の方がスムーズに行なえるはずであり、若い男女から熟年層まで、来館者の年齢、性別と同じに、博物館の側のスタッフも幅広い人をそろえるべきであると考えた。例えば昔の民家で来

写真32　展示交流員の活動　　　　　写真33　質問コーナーで対応する学芸員

館者の対応をする交流員は、若い人よりもそのような民家で暮らしたことがあるような年齢の人の方が相応しい。その結果、若い男女から定年後の男性、子供から手が離れた女性と幅広い層のスタッフが集まり、集団としてもうまく運営されている。

　そして、展示室で来館者の声を集め、これまで博物館の側がわからなかったいくつかの県内での話題についての情報収集にも成功している。日常的な来館者との対応や質問などの記録とともに、例えば展示室の大きな丸子船という船の周辺では、来館者との会話や質問を受ける中で、昔からの湖上交通に関する話題を情報収集し、その結果を柱として、「湖の船」という企画展示会（用田正晴・牧野久美 1999）の中のひとつのコーナーを作り上げるというような例もある。

　展示室内で来観者に解説をするということ以外に、学芸員が直接に来観者の質問などに対応することについて、さまざまな試みが行なわれてきている。これは専門的な質問があった場合には、展示室のスタッフでは対応しきれないために、学芸員に質問などを回して、直ぐに応えることができるようにするための方法である。琵琶湖博物館では、質問コーナーとフロアートークがあげられる。質問コーナーは、図書室と情報利用室との両方にまたがるカウンターに学芸員と展示交流員とが常駐して来館者への対応をするコーナーである。特に学芸員は開館日には全員が毎日交代で座り、来館者からの質問に答えることになっている。また、いつ、誰が担当しているのかが分かるように、室外に毎日の担当者とその学芸員の専門分野を予定表にして2ヵ月分を掲示している。特定の専門分野の学芸員に話を聞こうとすればいつ来ればいいのかが分かるように、予定を公開することにしたものである。そしてこの輪番の質問コーナーには、琵琶湖博物館の館長と副館長も座っている。

この質問コーナーは、来館者が博物館の展示を見て疑問に思ったこと、あるいは日常的に疑問をもっていたことや調べたいことを、直接に学芸員に問い合せる場所を博物館内に確保するために作ったコーナーで、いわゆる顔が見える博物館を意識している。この様なコーナーは各地の博物館でもいろいろな工夫をしており、展示室での疑問がすぐに解決できる場として活用されている。

しかし同時にこの質問コーナーは学芸員にとっても非常に有意義な機会となっている。博物館が開館してしまうと、日常的には学芸員は展示室に出ていく機会は少なく、展示室で来館者がどのように考え、過ごしているのかはあまり分からない。また展示室に限らず、来館者が博物館に対してどのような注文があり、どのような意見をもっているのかを聞く機会はあまりない。展示室や来館者の様子や要望を知らないままで博物館の運営をするような状態では、来館者の期待に応えるように博物館のスタイルを変えていくようなことはできない。学芸員が直接に来館者と対応する窓口を作り、意見を聞くことで、学芸員自身が学び、利用者の視点で博物館を考えることができる。そのことを強く意識して、館長も含めて全員がそのコーナーを担当することにしている。

4　企画展示

博物館では、企画展示あるいは特別展示というような名前で、常設の展示とは別に一定の期間だけの展示が行なわれている。このような展示の実際の運営と位置付けは、博物館にとっては幾つかの課題を含んでいる。

博物館の学芸員にとって、企画展示とは日常の研究の成果を形にして来館者に見ていただき、批判を受ける機会である。もちろんその研究は学芸員の個人的な研究の場合もあれば、ほかの研究者との共同研究、そして住民との共同の研究の結果である場合もある。常設展示は多くの場合には開館した後、全面的な更新をするということは、最近までは非常にまれなことであった。展示コーナー一つを入れ替えるとしてもかなりの予算が必要であり、また展示全体のストーリーとの関連からも大きな変更を加えることはあまりできないことが多い。したがって自分が主として研究している研究の内容を、展示としてまとめるということは、常設展示の中で実現することはほとんどできない。それに対して、企画展示であれば、かなり自由に学芸員が研究してまとめた内容を一つのストーリーをもった展示として作り上げることができる数少ない機会である。

企画展示は学芸員の研究の成果を発表する場であり、そのことは博物館から

の新しいまとまった情報発信の貴重な機会ということができるであろう。そして展示は比較的短期間しか行なわれないが、多くの場合には展示会の解説書などという形で、その成果は出版物としても発表され、残される。あるいは企画展示の解説書は一般向けの読み物を意識して作られるために、まとまった成果は博物館からの研究報告書や学会誌などで報告することが多い。

　これまでに企画展示を取り上げての議論は意外と少ない。浜口・小島（1977:1-14）は学芸員の地域研究の成果と資料収集の成果発表の場として企画展示を論じ、また千地（1978:47-48）は企画展示の目的として、常設展示を補うこと、新しい調査研究の現状や成果を報告する場、そして学芸員の日ごろの研究の成果を発表する場、という三つを挙げている。企画展示が特定のテーマを設けて行なう展示会である以上は、千地のいう前者二つの目的は当然のこととして含まれるであろう。そういう意味では学芸員の研究の発表の場ということを、特に重く見たい。なお、『博物館学事典』（倉田・監修 1996）では企画展示という項目について「博物館・美術館の調査・研究に基づいたオリジナルな自主企画の展示をいう」「学芸員の調査・研究の成果をストレートに反映するまたとない機会でもある」（宮瀧 1996:64）としている。

　このように企画展示は学芸員の研究発表の場であるという考え方は博物館の学芸員の中では大方の意見である。

　これに加えて金山（2002:25-30）は、博物館からの情報発信が地域を巻きこみ、地域の文化的な運動全体を変えていくような力を発揮できることを示した。野田市出身の作曲家を掘り起こし、紹介する展示会を行ない、音楽会や楽譜の印刷などを計画的に進め、あるいはその経過の中で研究会を作るなどして、市の中でその作曲家を軸とした文化運動を作り上げていったことである。もちろんその中心は博物館であり、運動の高揚は博物館としての活動の広がりとなっている。

　博物館の側から地域に打って出る戦略のひとつとしての企画展示ということであるが、研究内容においてもそれだけの実力を持って地域の人とともに行動し、地域の運動とすることをはっきりと意図したものである。この場合には単に学芸員の研究発表という以上に、企画展示は博物館が地域の中での機能として力を発揮するための場となるという主張である。企画展示がそのような新しい方向性を持つことができるということを示したものである。

　このような博物館での企画展示の位置付けに対して、まったく視点の違った、

しかし現実的な考えがある。それは企画展示は目新しい仕事であり、博物館に人を呼び込む手段であるということである。もちろん営業的にはそのような考え方で博物館に人を集めることは必要である。しかし企画展示が学芸員の研究発表の場としての性格を薄められていくと、単なる人集めの手段ということだけが表面化してしまい、多くの人に人気があるテーマだけになる。現実には年に5～6回の企画展示を行なって、その企画展示の実行が博物館の仕事のほとんど全てになってしまっている博物館もある。もちろん博物館が全力をあげて取り組む必要があるようなテーマとともに、ある程度は日ごろの資料収集などの成果によって、比較的楽に行なえる企画展示もあるだろう。学芸員が主体となってプランを作り、計画的に企画展示を行なうことが必要である。他館との共同で行なう企画展示なども、博物館のネットワークを生かした仕事として評価されるが、企画展示としては同じ様な課題を持っている。

5　子どもの利用と博物館

博物館はどうしても大人が対象となる場合が多い。近年は子どものための博物館も建設されているが、博物館での子どもへの対応の考え方について述べておきたい。

多くの日本の博物館では体験学習室という展示室がある。その展示室では昔の衣服を着てみたり、楽器を鳴らしたり、土器を作ったりというような、博物館の展示とかかわった体験をするための場であり、対応するための人が配置されている。子供の遊びをテーマにして日本の昔からの遊びの道具があり、自由に使うことができたり、音にこだわっていたりというような特色をはっきりと出しているような例も見られる。

写真34　ザリガニになろう　　　　写真35　おばあちゃんの台所

そのような体験をすることができる部屋は、子どもたちにとって、もちろん楽しいには違いない。しかし、その楽しさが、単なる遊びになってしまっていては、何のための博物館の展示室であるのかが分からないはずである。やはりその博物館の展示のメッセージを子ども向きに加工し、分かりやすく伝えるための工夫がなされ、展示室として機能するのでなければ、博物館の意味はないはずである。

　もちろん昔の衣装を着たり、楽器を鳴らしたりという体験だけによって、展示のメッセージが伝わるわけではなく、その部屋全体のコンセプトのあり方や、部屋の作りこみ、あるいは対応する人の姿勢の問題のほうが大きい場合がある。

　このような体験学習やワークショップのような活動の効果についての研究は非常に少なく、最近行なわれることが多い展示評価の議論とともに、今後の課題の一つである。

　博物館という場は「ヒトとモノ」という表現がされるように、博物館が収蔵しているモノを博物館にくるヒトと結びつける場であると考えられてきた。それはヒトの知識や体験をとおして博物館のモノを楽しんでもらうということである。

　そうはいいながらも多くの博物館は家族で楽しめる場にはなっていない。大人はそれなりの経験や知識があるので、何とか楽しめるとしても、子供の場合には、知識も経験も少ないために、テーマによっては分からないことばかりである。そのために家族づれで博物館に行って、親は満足できても、子供は博物館とはつまらない場所だ、というイメージがすり込まれてしまって、一生そう思っているということもある。子供が家族づれで来て楽しめる部屋を作ることで、小さいうちから博物館という場所を親しみのある施設と感じてもらい、生涯にわたってうまく利用してもらう切っ掛けを作ることが必要である（芦谷 1997:145-147）。

　琵琶湖博物館でも体験型の博物館を作るという理念に基づいて、当初の計画では体験学習室を作るという計画があった。そして同時に、子供のための展示室（チルドレンズルーム）を作ろうという考えがあった。そして議論の中から、子供のための展示室の機能と体験学習室を一つにした部屋として計画を立てた。

　この部屋の考え方は、子供の時代から博物館を好きになってもらって、博物館のファンを小さなうちから作っていこうということである。

第3章　利用者の視点に立った博物館の実践　　181

　したがって、あくまでも琵琶湖博物館の展示室の一部であり、琵琶湖博物館が展示を通して主張しようとするメッセージの一部を展示し、子供の立場でイメージを理解してもらえるような内容にしようとした。そしてそのうえで、そのような部屋の展示手法として、全てを触ることができ、ゲームになっていたり、パズルのような遊びを通して展示を楽しむことができるように、また暮らしの中の季節性などを取り入れて、暮らしと結びつけることなども意識できるようにした。

　このような展示室は、最近日本でも紹介されているアメリカやヨーロッパの「こどもの博物館」と似通った所があるが、当時はそれをあまり意識はしていなかった。というよりも、計画していた当時はこどもの博物館の情報があまり日本には入ってきていなかったということもある。もっとも実際の計画を進めるにあたっては、アメリカの子どもの博物館でボランティア活動をした経験があり、滋賀県で子どもの博物館を作ろうと活動していた女性から、多くの御教示を受けた。最近はこのディスカバリールームをこどもの博物館の琵琶湖博物館版というような紹介がされることもあるが、こどもの博物館を目指したわけではなかった。あくまで琵琶湖博物館の中の子どもが楽しめる展示室として計画がされたのである。子どもの博物館利用についてはあまり議論が進んでいないが、これまでの博物館の議論とはまた異なった専門性が必要であるため、今後の課題となるだろう。

　この部屋の名前をディスカバリールームとしたのは、既存の体験学習室とはかなり違った展示室をねらっていたために、横文字ではあったが、子供が発見をする展示室という本来の目的に近い言葉として選んだものである。

　この節では利用者がまず最初に利用する展示室は、どのようにして人を集めるのか、楽しい展示室はどのような条件を持ち、どのような考え方で作られているのかについて述べた。博物館の展示室は利用者と博物館との情報交流の場であり、利用者は展示室でも主体となって、自分が考え、自分の持つ情報を人に伝えることで楽しさを感じる。そして交流事業と同じで、楽しさの中で学ぶのである。琵琶湖博物館で成功したと考えられる展示を例として、そういう展示の背景にあった考え方を分析した。また博物館展示の効果を挙げるために展示室で交流にあたるスタッフのあり方や子どもに対してどのような対応が必要なのか、といった考え方についても整理を行なった。どちらも博物館で楽しい

体験をしてもらうためにどのように対応すればいいのか、ということであると考える。

第4章　使いやすい建物とは

　博物館についての議論は、一方では技術的な方法について、そして基本的な運営理念について行なわれてきたが、建物などのハード面については、ほとんどその分野の専門家に任せきってしまって議論が行なわれてこなかった。しかし、実際には博物館に来る人は、展示を見に来るだけではなく、博物館という場を楽しみに来るのであり、博物館にいることの居心地のよさや使いやすさなどは、博物館が提供する楽しさの中の大きな部分を占める場合がある。したがって、博物館の建物のあり方や付属施設などについても、利用者の視点を生かしたものとして作り上げていくことが必要である。

　そのためにはやはり技術だけではなく、博物館の建物の在り方についての理念も必要である。建物については建築上の専門的な課題ではなく、設計上の考え方の問題について、及び使いやすい建物のあり方について、非常に具体的な内容については琵琶湖博物館の事例を挙げながら、簡単に議論をしておく。

上空から見た琵琶湖博物館
（中島省三氏撮影）

第1節　博物館の建物

　利用者にとって居心地のよい、使いやすい建物を考えるに当たって、まず博物館内の建物の利用空間のあり方について考えておきたい。

　博物館の建物について、実際には細部にわたって注意をするべき事は多いが、非常に個別の技術的な事が多く、建築学の専門の領域であり、博物館の建築の専門書（半澤 1991、ギャリー・トムソン 1988）や論文（野村・池田・柳沼 1985、1986；野村・柳沼 1986；野村 1992、1993）なども出版されている。しかし博物館に関係する人の大部分は建築には縁がないのが普通であり、専門家に頼らざるを得ないのが現状である。しかし学芸員が建築にかかわる場合に考えるべき最低限度の注意点（小島 1978:393-428；用田 1997:207-232；我孫子 1997:242-252）は、なによりも使いやすく、居心地が良い建物とする事におくべきである。

　多くの博物館の建設の例では、まず建物ができてしまい、その建物にあわせて展示を作り、そして開館寸前に博物館の運営方針が決められ、そして開館日付けで学芸員が採用されるというような博物館作りがされる事がある。県立クラスの博物館においてすらそのような博物館作りがされているという場合が現実にある。もちろん建築設計者も、博物館は人が集まる場であり、展示がある場である以上は、そのことを前提にして設計をされているであろうが、どうしても建築の設計者にとっては、建物のデザインが先にあって、それを使う人のほうにまでは十分な配慮がないのではないかと思われる場合がある。たとえば典型的な例として、展示室内のフロアーに段差がある博物館があるが、それは来館者にとっても、内部で仕事をする博物館の学芸員にとっても大変不自由なものであり、また危険すら伴う。

　また博物館にはその運営方針において、それぞれ独自の考え方があり、その考え方によって、展示が構成され、展示室が作られていき、建物にも必要な要素が加えられていく。例えば、参加性を強く意識した運営方針を持つとすれば、博物館の利用者が集まる場所を最初から想定して、それを目的とした場所を考える事が必要となるだろう。企画展示の運営の考え方によって、その展示室の場所と動線のとりかたも変わってくるであろう。

博物館を運営する上で、あればいい空間のリストを作るのは容易だが、多くの場合にはその全てが可能になるほどの面積がないために、必要と思われる空間を、多目的にしたり、削ったり、あるいは狭くしたりして現実的な面積に落とし込んでいくことになる。従ってその過程で、どの部屋を残し、どの部屋を削るのかは運営方針に直接にかかわる問題であり、展示や運営方針とまったく別に議論ができるものではない。したがって、博物館の建物作りは、博物館の開館以後の運営に大きくかかわる問題であって、担当者は建築の事は分からないからといって避けるべきではない。建築の設計を担当する人たちと十分な議論をして、その中で自分たちの意見を伝えるべきである。あるいは実際の多くの場合には、伝える事ができるような組織のルールとシステムを作るべきである。

　建築設計を専門にする立場の人たちは、当然のこととして建物の外観や見かけのコンセプトを大切にする。先に述べた展示フロアーに段差を設ける事や空間を区切るための階段の設置、外観を優先するために生じる無駄な空間なども、建物設計上では大切なことと考え、提案がされる事がある。博物館側からの予件を十分に伝え、必要な部屋の使用目的、動線、計画などを伝えても、博物館の側の思いと設計者の受け取りはかなり異なっていると考えた方がよいようである。納得がいかない場合には、お互いの誤解を避けるために徹底した議論をする事が必要である。そして見かけを重視したための、無駄な空間やそこを使用する上での不便さは、けっして一時的に我慢をすればすむような問題ではない。建築は一度できてしまうとおそらくは学芸員の在職期間中は使用することになるわけであり、細部にわたっても使いやすさについてははっきりと主張して解決をすべきである。

　また逆に博物館の側は一般的には使い勝手だけを考えて、意見を述べる事が多い。もちろん建築のことがわかる専門家が博物館側にはいないのが普通であるためやむをえないが、多くの来館者を迎える施設としては、学芸員が気がつかない工夫や空間配置などについては、やはり建築の専門家の目で見た利用者への配慮と一定の外観やコンセプトにみあった建物が必要である。利用のしやすさと形の両方が満足できるような建物になるようにするためには、博物館側と設計者との認識一致がどうしても必要である。

　また最近は、バリアフリーあるいはユニバーサルデザインが重視され、最初からそういう意図を強く持った設計がされるようになってきている。博物館の

側の主張が使いやすさということであるならば、これは博物館にとって当然の動きと捉えることができるであろう。博物館内のみならず館外でも、誰でもが不自由を感じることがなく、また過剰な疲れを感じることもなく、楽しく展示を見ることができ、また博物館の機能を楽しむことができるような博物館の建物を考えたいものである。

なお、以下には博物館の建築計画に際して、課題となりがちな幾つかの点について述べる。

1) 雨天昼食場

　必要なことが分かっていながら、その面積の大きさを理由に最後には消えてしまう計画の一つが、雨天の昼食場である。博物館を団体見学することを計画した場合には、計画者はまずその日の昼食をどこで食べるかを考える。そして野外で食事をすることにしたとしても、雨天の場合にどうするかということが必ず問題となる。博物館の運営にとってけっして本質的な問題ではないのだが、利用者にとっては現実にはそういう雨天の場合の昼食場がないと、立ち往生となり、大変に困った状況が生まれてしまう。

　もちろんそういう場所は雨天の場合の食事場所だけではなく、冬場の食事場所、学校団体へのオリエンテーションやミーティングの場などに活用をすることができる場所となるはずであり、建築計画の初期から与件にあげてぜひ確保をしたい。可能であれば学校団体1学年が入る規模が必要であるが、面積的には、時間差を作って使用するなど、後の運営方法によって調節ができる。

　そうはいうものの、博物館の現場経験者の大部分の人がその必要性を感じていながら、自由に使える昼食場所を確保してある博物館は現実には国立の博物

写真36・37　　お弁当広場（雨天昼食場）

第 4 章　使いやすい建物とは

写真38　水族展示室のイス　　　　写真39　上がりこんで座れる展示

館以外ではほとんどないに等しいのが現実である。それはやはりある程度の広さがなければ利用できないため、その面積を食ってしまうのであれば、それよりは普通の講義室を作っておきたい、というような選択による。そして多くの場合、そのような講義室は団体の昼食の場所として開放される事はあまりない。

　琵琶湖博物館の場合には、建物設計の初期からそうした場所を確保する事を考えていたが、やはり予算とスペース不足から後回しにされるようになり、結果として1階の屋上のスペースをそうした場所として使用する事になった。しかし結果としては、天井だけは確保したものの、屋上の壁を作れなかったために、風が強い時には横なぐりの雨になって使う事ができず、また冬は寒くて不満足な状態である。計画時に机の作業だけで進められていったために、学芸員がその図面を現実の姿として読み切れなかった結果である。このため、今ではセミナー室や実習室などを昼食用に開放している。

　なお、そうした場所を作る際には、学校団体の利用を想定して、ごく近くに多いめのトイレと、手を洗うための水道、展示を見ている間に団体の荷物を入れて置くやや大型の物置のような施設を幾つか作っておくと便利である。

2）休憩コーナー

　来館者が休憩をするための場所も、少しでも多く取りたいが一方で展示のためのスペースとの取り合いになってしまう。しかし、最近では博物館疲労という言葉が使われるほどに博物館が疲れる場所であることが指摘されている。休息コーナーも利用者に博物館を楽しんでもらうために展示とともに必要な場所としてできる限り確保したい。つまり、計画時には展示のスペースの確保とのからみで、この程度あればまあいいだろうと考える休息コーナーの面積は、ほ

とんどの場合には少なすぎるのである。何よりその数を多く、面積を広くすることを意識すべきである。

そのためには、展示と一体にしてしまうような工夫も考えられる。美術館の場合には、壁に絵画作品がならんで、部屋の真ん中にはその場所に腰掛けて絵画を鑑賞する事ができるような場所を設けてある場合が多い。美術館以外の博物館でも、そういうスタイルのイスやコーナーを作ったり、展示室の座敷にあがりこんで座ってしまう展示や、ディスプレイを眺めるためのイスなどの腰掛けることができる場所をできるだけ多くすることを考えたい。もちろん空いたスペースや通路なども、見苦しくなく活用できるものならば、休憩コーナーとして使えるようにしたい。

なお、このような場所に置くイス類はできるだけシンプルなデザインとし、例えば走ってきた子供がつまずいてイスに倒れても怪我がないような設計にしておくことが大切である。

3）駐車場

博物館の所在地によっても違いはあるのだろうが、近年はかなり広い面積の駐車場を併設することが博物館の計画の一つの与件になっている。この場合には適当な規模が個別に考えられるだろうが、その駐車場についても博物館の施設の一部として博物館側の計画をすべきである。実際には別経営である場合のほうが多いのかもしれないが、多くの利用者にとっては、その経営がどうなっているかなどということは意識にはなく、あくまで博物館にいくために車を置いたのであって、何か不満や考える事があれば、それは博物館への不満や批判として印象づけられる。従って専用の駐車場であればもちろんのこと、公園や他の施設との共用である場合にも、博物館としてどの様な駐車場にするかを考え、全体として共通の運営やイメージとするための協議の場などを設ける必要がある。

料金や駐車場の担当者の態度の悪さなどはほぼ直接に博物館への批判として聞こえてくる。料金設定の工夫や現場担当者の研修や教育などについても、博物館の側から積極的に口をはさみ、協力をするべきである。そしてもしもその駐車場の設計の段階からかかわることができるとすれば、駐車場自体を博物館のコンセプトにのっとった設計にしていくように議論をリードすべきである。例えばアスファルトで固めただけの駐車場ではなく、木立の中に車を置くこと

ができるような設計であったり、駐車場に入った時点で、博物館に来た最初の場所として博物館への期待が高まるような仕掛けや、博物館のイメージが作られ、そのまま博物館の入口にまで誘導されていくようなデザインが考えられる。

また公共交通で来る来館者の数とバスを使用する団体、自家用車で来る場合の車の数などを想定して、必要な駐車場の面積を確保することが必要である。自家用車の利用率などはその地域によっても異なるが、近い地域の同様な施設の車とバスの利用数などの調査によって、必要なバス駐車場と自家用車駐車場の面積を確定することができる。ただし駐車場は来館車数の平均では意味はなく、最大値を基準に考える必要があるため、ある一定面積の確保と、その数を超えた場合の対策とを同時に計画しておくことが必要になる。

4）休日と閉館日の博物館施設利用

多くの公立博物館は月曜日と祝日の翌日が休館日である。しかしその休館日にも展示以外の博物館利用は行なわれる。学芸員の出勤状況とのかかわりもあるが、休館日にも利用者の展示見学以外の利用は行なわれるはずであるため、その利用のしやすさということも博物館にとっては重要な課題の一つである。そしてこの問題は、運営方針の問題であると同時に、具体的には博物館の建物の動線の問題でもある。

休館日や開館時間以後の博物館の利用には、個人利用と団体での会議室などの利用がある。開館日でも会合が開館時間内には終わらず、来館者の入館入口が閉じてしまった後でも建物内部に会合参加者が多数いるような状態が生じることもある。多くの場合には入館のための入口と職員のための入口とは別になっているが、そのほかに休館時の利用のための入口を別途に設けておくと利用しやすい。個人的な利用の場合には、休館日であれ、開館時間以後であれ、同じように職員の通用口から出入りをして、学芸員と話し合ったり、博物館資料を利用したりする事はできる。しかし会議室などの団体の利用の場合には、一方では開館時間以外の利用のための人の動線、または開館時間の会議室への動線を確保しておかないと、入館料金などのトラブルのもとになる。外部利用のためだけの入口を外に向けておくという考えもあるだろうが、実際には管理上の課題が生じる。いろいろな利用のされ方を想定しながら、使いやすい動線と構造を考えておきたい。

しかし実際にはこの問題は、建築構造の問題であるとともに、博物館の運営

の問題でもある。構造的には、展示空間、交流利用空間、管理空間の三つを動線的に区分することで個別の利用が可能であるが、その空間の管理をどのように行なうのか、という課題が残る。基本的にはどのような交流利用空間の利用であっても、博物館職員とくに学芸員がかかわらない利用というものは考えられない。職員や学芸員がともに活動に参加をしながら空間の管理に責任を持つような運営の形態を持つことで、その空間を活用できる。

5) 学芸員の所在場所

　学芸員が日常的にどこにいて仕事をしているかということは、実際の利用者とのかかわりの中では重要なことかもしれない。それは多くの場合には利用者からの最初の連絡窓口は、事務室の事務職員になる場合が多いため、その事務職員から学芸員への連絡をスムーズに行なうことができる体制が必要ということである。

　琵琶湖博物館の場合には、学芸員は研究部に全員が本務で入り、兼務で事業部に入るという組織体制を持っている。したがって、全員が研究をするための研究室と実験室を持ち、同時に事務学芸室に全員の机を置いて、事業部の各科での仕事を行なっている。

　この事務学芸室は琵琶湖博物館の特徴の一つである。博物館の運営や事業は学芸員が考えて行なうが、実際にその作業を行なうための予算執行などの仕事は事務職の人たちの仕事であり、事務職の人たちと学芸員との意思疎通がうまくいかなければ、博物館の事業もうまく進まないという側面がある。琵琶湖博物館では日常的に事務職と学芸員とが同じ部屋で仕事をすることで連絡を密にし、お互いの仕事の内容も分かるようにしておきたいという意図で全員の机を置く部屋を作り、学芸員の本務の研究のための部屋は別に準備をした。

　もちろん規模の小さな博物館の場合には、必然的に学芸員と事務職員とは同じ部屋にいるという場合も多いが、意識的に学芸員の所在場所を隔離してしまわないということも考える必要がある。もちろん学芸員の本務は研究であり、日常的には資料の整理や博物館利用者への対応が大きな仕事になるため、その仕事をスムーズにすすめるための部屋を、事務作業の部屋とは別に確保する事が必要であることはいうまでもない。

写真40　折り紙ピクト「トイレ」　　　　写真41　折り紙ピクト「エレベーター」

6）館内サイン計画

　博物館内のサインも展示の一部と考えて、計画をすることが必要である。サインや誘導の看板など、そしてピクトなどが展示室の雰囲気にあったしゃれたものであると、博物館内にいることが楽しくなる。材質や色合いなどもその選択によって、周囲の雰囲気はかなり変わる。木質を選ぶのか、金属か、ガラスか、などの選択は、博物館内の材質とも当然マッチしたものでなければならないし、博物館のイメージにもかかわってくる。サイン計画は建築設計者に任せてしまいがちであるが、来館者にとっては博物館の印象の中の大切な要素である。またサインには十分な遊び心を含ませる事もできそうである。魚が泳ぐ絵で動線の方向を示すような案やモダンアートのような博物館の展示イメージをモニュメントのようにして製作し、それをサインの台にするようなこともできる。

　しかし一方で来館者は意外なほど意識してはこのサインを見てはいないという現実がある。サインは通常は目立ちすぎてはじゃまであり、あまりに大きな物は避けざるを得ない。一方では日常的に館員に対する質問の多くはトイレの場所であったり、展示室への動線上であったりして、博物館の側が計画したサイン計画は思うほどには効果が上がっていないと思い知らされることが多い。

　実は琵琶湖博物館の開館準備時期に開館した大規模な博物館の開館直後に、大きな紙に展示室やトイレの案内を書いてあるのを見た経験があり、そういうことをしなくても十分なサイン計画を作ることを目指したが、琵琶湖博物館の場合も、開館後の状態は館内のあちこちに白い紙を貼りつけるという状態であった。デザインの専門家と議論をしながら今後考えておくべき課題である。

7）自由に使える空間

　博物館の活動が始まると必然的に考えもしなかった空間が必要になってくる。例えば出版物の発送のための作業空間、企画展示会を行なう際の作業空間、博物館を利用する研究会等が標本を広げるための空間、新しく始まるイベントなどの事務局の部屋、映像整理や考えていなかった事業のための部屋など博物館の側の直接的な利用だけに限っても、数時間から数か月の想定で、一定期間を専有的に使いたいというような部屋の希望がある場合が多い。

　また短期的に研究者が博物館の資料を研究するために滞在したり、学芸員との共同研究のために長期に滞在したりするために、学芸員が机をおく研究室以外に、別の研究用の空間が必要となる場合もある。

　なかなか自由に使えるような空間を最初から空けておくのは計画上からも難しい場合が多いが、このような作業空間は必ず必要になることは間違いないので、計画時には考えていなかった事業に使うための空間を確保しておきたい。もちろん時間的、空間的にさまざまな事業が住み分けて行なわれるのが普通であるため、会議室が短期的な作業場になるばあいもあるだろう。

8）利用者のたまり場

　利用者が自由に使える空間は、予定外ではなく当初からの計画として確保したい。博物館が多くの人々に利用されるためには、熱心な博物館ファンの存在が欠かせない。それは展示を見る人、観察会に参加する人、研究会などに参加する人、などに共通して博物館のファンであり、そういう人の存在が、博物館の利用者の雰囲気を高めていくことになる。そしてそういう人たちを呼び込むためには、博物館がいろいろな事業を計画実施するだけではなく、たまり場となる空間を準備しておきたい。博物館の積極的な利用者が、展示室以外にまったく身を置く空間もなく、もちろん小さな集まりをする空間もないようでは近寄る事もできない。積極的に博物館を利用しようという考えを持っている人であっても、博物館の側が歓迎してくれているという感触がなければ参加がしにくいものである。そのために一番必要なのは学芸員の姿勢であるが、あわせて利用者が集まって腰を下ろす事ができる場所が欲しい。

　そういう空間が、学芸員の仕事場所である場合もあるし、会議室のような場所が確保されている場合もあるだろう。もし可能なら利用者専用のたまり場となる部屋を確保したい。友の会やいわゆるボランティア的な組織を作る例が多

いが、この部屋はそういう利用のための事務局や日常の連絡などにも使うことができる。そしてそういう部屋をうまく活用することができるような人の存在は、博物館にとって非常に大切なことであると考えるべきである。

9）トイレ

　トイレは利用者にとっても非常に印象の強い空間であるため、利用者の立場に立って考えると、配置とともに清潔さなど、ハードとソフトともに幾つかの注意すべき課題がある。博物館の理念と運営の両方をトイレで判断することができそうな気さえする。

　トイレの配置については来館者の動線を考えながら、休憩できる場所には可能な限り数多く置くことが望まれるであろう。館内での案内の質問では大部分がトイレの位置を聞くことであることを考えると、できるだけ分かりやすいサインを設けることも必要となる。また男性用トイレの中にも幼児のチャイルドシート、女性用トイレには男児用の小便用トイレを設けておくことは、近年の利用形態からして必要な措置である。これらの配慮は建築の常識から外れる部分があるために、建築の与件に入れても意識的に無視されてしまうことがあるので、博物館の側が十分な注意をして、計画をすることが必要である。そのほか身障者用のトイレを設けることは最近では常識になっているが、車椅子で利用するにはやや狭くなることが多い。専門家や車椅子利用者からの声を十分に聞いて設計をすることで、使いやすいトイレを作ることができる。また女性用トイレを男性用トイレよりも広く取れるように計画したい。

　そしてトイレが暮らしの中で大切な場であるからこそ、トイレを遊びのある展示の場とすることも可能であり、その意外性が効果的である。幾つかの博物館で例があり、琵琶湖博物館でも水族展示室内には魚の泳ぐ水槽のあるトイレを設け、屋外のトイレでは世界のトイレの展示を行なっている。

10）建物の外観

　博物館の建設に参加できたとしても、口をはさめるのはせいぜい建物の内部の間取りくらいまでで、建物そのものの形や外観にまでは、図面を見て解説を聞いても、本当の所は建築の素人には分かるものではない。従って外観や大きな建物のコンセプトなどについてはほとんど設計の担当者にまかせてしまい、博物館の側からは意見を出さない場合が多い。それどころか現実には新しい博

物館の場合には、有名な建築家が設計することが前提で、芸術作品のような建物ができ上がっていたり、設計者が有名人であるために設計には一切手がつけられない、あるいは建物が先に進んで工事が始まったりある程度進んでしまった後で、運営や展示の議論が始まるという例も多い。

しかし例えば過剰に豪華な建物は、利用者からすれば親しみの持てるものではなく、利用者を意識して作られたものではないという印象をもたれてしまう。建物そのものについても、やはり博物館のコンセプトがあってこその建物であり、建築物としての一定のイメージを大切にしながら、可能な限り設計段階で博物館のコンセプトを話し合い、イメージを共有できるようにしていきたい。特に大規模博物館においては不必要に過剰な装飾等は避けるべきである。

11) 将来の増築の可能性

博物館が開館して10年もすると、必ずといっていいほど増築の必要に迫られる。もちろん利用者が増えるにつれてこれまで挙げてきたような活動に必要な空間の必要性が深刻になってくるということもあるが、それ以上に深刻なのは収蔵庫である。博物館の資料はそのスピードの差こそあれ、かならず増えていくものである。したがって、開館以後の時間が経つにつれて収蔵庫は満杯になり、ケースが床に並べられるようになり、そのうちに整理ができなくなっていく。開館準備には全体の建物の建築面積、延床面積の制限から、当面は必要と思われない収蔵庫が狭く設定されがちである。

以前に博物館の延床面積から、研究、管理、展示、交流、収蔵庫などの面積の比率を比較する事で博物館の運営の方針が分かるという議論がされたこと（小島 1978:402-404）がある。博物館の規模や分野にもよるが、一般的には展示面積と収蔵庫の面積とが同じぐらいであればバランスのよい博物館とされている。

当初の比率がどうであれ、収蔵庫の増築は将来には必ず必要になると考えて、その増築の可能な建物の設計やスペースを当初から考えておくことが必要である。

12) 環境への配慮

新たに建築が行なわれる博物館であれば、博物館の建築自体が環境への負荷を減らすように配慮したものとなることが望まれる。特に現在ではどの分野の博物館であっても、環境は博物館共通のテーマとなるはずである。もちろん予

算規模や立地によってもその内容は変わってくるだろうし、博物館のテーマによっても環境に対する配慮の度合いには差があることが考えられる。しかし現在がそうであるように今後も環境に配慮した建物の手法は次々と新しい考え方や技術が開発されてくる。このあたりは建築の専門家に情報を教えてもらいながら無理のないところで計画をすることが必要である。建築においても必要な環境配慮をしておくことは、これからの公共の建物の義務であり、同時に博物館のコンセプトを実現する上での外向けの主張につながっていくものである。また現実的には、そのような配慮によって、建物の維持費は低く抑えられる。

　また、新しく建設される場合には、周辺の景観に対する配慮も必要である。もちろん建築としては景観に溶け込んで目立たないということだけが目的ではないが、意識して特別な建築の主張をするのでなければ、周囲の景観と合った外観や形態を計画するほうが無難である。

　この節では利用者が楽しく感じ、居心地のいい建物を準備するには、どのような考え方が必要であり、またどのような空間が必要であるのかについて論じた。全体としてきわめて技術的な課題が中心ではあるが、ある空間を作るかどうかは、やはり個別の博物館の基本的な理念によるものである。したがって、利用者の声を生かし、その声をどう使用可能な空間の中に入れ込むことができるのか、空間の位置の作り方を具体的に述べた。

第2節　ハンディキャップ対応の考え方

　近年はだれにでも使いやすいユニバーサルデザインに配慮した建築設計ということが言われるようになっている。しかし博物館の場合には展示空間が広いことから、博物館特有の問題がある。その考え方について議論をしたい。
　まずハンディキャップをもった人を、身体に障害を持った人ということではなく、幼児や高齢者、妊娠中の女性なども含めた博物館の利用に対して不自由な条件を持った人と捉え、そういう不自由な条件の人が博物館で過ごすことができるにはどのような展示や建物のハードとソフトが必要か、という立場で考えると、ハードで必要なことはきちんと整備したうえで、同時にハードを固めてしまえばそれで終わりということではなく、ソフトの対応、人が対応するということを基本にする方が現実的である。
　例えば車イスで博物館内を移動するということを考えると、博物館のどこにも車イスで行けること、展示のパネルや展示物が車イスの目線で見えること、展示室内の例えば顕微鏡などが車イスに座った状態で利用できることなどが必要になる。これらの条件を確保するためには、建物や展示の設計段階からそのことを意識した視点で図面をチェックし、確認していくことが必要である。このことは一方ではかなり困難なことである。たとえば博物館内を車イスで移動ができるというようなことは当たり前であろうと考えるが、実際にはそうでもなく、博物館内には意外と床の段差があり、また車椅子での目線では展示が十分に見えないこともある。
　最近は神奈川県立生命の星地球博物館が「ユニバーサル・ミュージアムをめざして　視覚障害者と博物館」というタイトルのシンポジウムの結果を3周年記念の論集（生命の星地球博物館 1999）として発行しており、その分野での博物館での対応の大切さを博物館界の共通認識とすることができる。また奥野（1998:127-135;1999:95-106）は全国の博物館の調査や盲学校の博物館利用に関する調査などを行ない、これまでの各地の博物館でのバリアフリーの現状と方向性などについてのまとめを行なっている。そのほか山本（1998:151-222）や鳥山・他（1998:20-23）などでもこの分野での議論が行なわれている。

第4章　使いやすい建物とは　　197

　しかしこれだけユニバーサルデザイン、あるいはバリアフリーということが意識されているにもかかわらず、建築あるいは展示のデザインにおいては、みかけや意匠が重視されて、床の段差などは二の次にされてしまうようなことが起こる。結局は内部で仕事をする学芸員がその設計の初期にチェックする以外にはないように思われる。この様な基本のハードについては十分な配慮ができるようにしたい。

　しかし一方ではこのような床に段差を作らないとか、車イスの目線で展示を見ることができるというようなことは、例えば子どもの目線を考えると必ず必要であるはずであり、この事はハンディキャップ対策というよりは、利用者の中に子供がいることを考慮した博物館としては当たり前の対応ということになる。

　また視覚障害者への対応を考えると、例えば点字での解説パネルが作られていても、そのパネルがあることが分からないと実際には何の意味もないため、その点字パネルがあることを示すための点字ブロックやパネルが必要になる。そのようなパネルなどのハードで攻めていこうとするとどうしても無理があり、ハードだけでは対応がしきれないことになる。逆に展示室では視覚障害者への対応として触れる展示を増やすということが対策として考えられるが、実は視覚障害の人でなくとも、博物館に来る誰にとっても展示は触れられるほうが面白いということは当たり前のことであり、触れる展示をハンディキャップ対策として行なうのではなく、博物館の展示製作方針として触ることのできる展示を増やす方が博物館としては楽しい展示ができるに違いない。

　このように考えていくと、誰もが楽しく利用できる博物館という基本的な理念を実現するための展示や建物の作りを考えると、基本になるハードのみを整えておけばあとはハンディキャップ対策として特別な事を行なう必要はなく、ハードで対応できないところがあれば、それは展示室内の人で対応していくのが本当であろう。したがって特別なハンディキャップ対策だけになるような対策をするよりも、ソフトを充実させることが先決である。

第3節　ショップとレストラン

　ショップやレストランの人気で博物館に人が来るというような話題を聞くようになってきた。博物館をある時間を過ごす場と考えた場合には、ショップやレストランをどのように位置付けて運営するかということは非常に大きな課題である。
　博物館内にショップやレストランがおかれるようになってきた。実は博物館のミュージアムショップやレストランのしめる位置について議論がされるようになったのはごく最近のこと（塚原　1997:189-205）である。博物館内の関係者の中では、お土産を買ってもらうことで宣伝効果および教育効果があることや、博物館内でゆっくりと過ごしてもらうためには気持ちのいいレストランが必要であるという意見はあったが、なによりもまず、博物館の展示や収蔵庫などの基本的な施設の充実が先で、なかなかミュージアムショップやレストランにまでは議論が行き届かなかった。
　それに対して、海外の大きな博物館では、ミュージアムショップやレストランはその博物館を評価するための材料のひとつとして取り扱われており、ショップではその博物館が持っている資料のレプリカなどを販売して、博物館を出てからも、あるいは家庭に帰ってからもその博物館の資料に触れることで博物館を思いだすというような教育的な意味が強く、また一方ではひとつのファッションとしても十分に通用するような質の高い土産物がオリジナルグッズとして販売されている。その博物館でなければ購入できない、ということが大きな販売戦略として通用するように、ミュージアムグッズが社会的に位置付けられているようである。
　そうした状況は日本ではある百貨店がミュージアムショップという販売フロアーを設けて海外の博物館オリジナルグッズを販売したり、そのようなグッズの輸入を専門にする企業がうまれたりするというような変化を作りだした。またミュージアムショップの問題に力をそそいだ雑誌の創刊や、ミュージアムマネージメント学会のなかにショップをあつかう委員会が作られるなどというような変化も現れてきた。

第4章 使いやすい建物とは　　199

　しかし残念ながら博物館の現場では、ショップやレストランの問題は、まだ緊急の課題としては意識されていない。施設内の面積の制約や位置付けの不明確さ、あるいは運営上の課題などによって、それらは二次的な課題と考えられてきた。しかし、博物館という場は来館者からみると、展示だけではなく、建物の中すべてが博物館であり、博物館に対する印象はどちらかというと展示を見ての印象よりも、展示周辺の博物館施設である休息所、ミュージアムショップ、レストランの方が強く印象に残っているという意見（塚原 1997）もあるほどに大切な課題なのである。

　展示がどれほど良くできていても、休息する場所がなかったり、通路の掃除ができていなかったり、博物館の職員の対応が悪かったりすると、博物館に対する評価は下がってしまう。それは大多数の来観者の場合には、博物館の個別の要素をそれぞれ評価しているのではなく、あくまで全体として評価しているためであろう。そしてそういう博物館に対する評価の基準として、面白いミュージアムグッズを売っているショップの存在、そして落ち着いたレストランの存在は欠かせなくなっている。

　基本的な考え方としては、博物館の中で来観者が通過する施設はすべて博物館であり、展示の一部と考えるべきであろう。ミュージアムショップもレストランも、本来の設置の目的はあるものの、まず博物館のイメージを作りだしていく展示の延長線上にあるものなのである。したがって、本来は展示や博物館の運営が、博物館の学芸員が中心になって、統一した理念にしたがって行われていくように、ミュージアムショップやレストランの運営も博物館の理念に沿った方向で、博物館自体の意見が反映できるような運営形態を持つのが本来の姿である。単に博物館内の場所貸しのお土産物店であったり、飲食店であって

写真42　琵琶湖博物館のレストラン　　　　　**写真43　ミュージアムショップ**

はならない。

　したがって、外部委託やテナント店が入ってくる場合にも、その経営者に対して、十分に博物館の意図を伝え、博物館の一部として運営してもらえるように日常的にも調整ができるようなシステムを作っておくことが必要である。

　ミュージアムショップの場合には、来館者はまず博物館の展示を見て、印象に残った内容を記録として持ち帰ろうとする。また面白かったことを家族や友人にも伝えたいと思い、記録となるものをお土産として購入して帰ろうとする。あるいは展示を見て考えたことに関連した図書類や写真集などがあると、改めてじっくりと考えてみるためにそのような書籍類をすぐに手に取ってみたいと考える。ミュージアムショップはその場が博物館の展示の一部というだけではなく、販売しているものがそのまま展示の一部であり、しかも有料ではあるが家に持ち帰ることができる展示物なのである。その目的で、博物館の写真や絵葉書、展示資料のレプリカ類、書籍類、博物館のコンセプトに関係した衣類や小物、その他の博物館の楽しみを持続できるような販売物を中心にした店構えを考えるべきである。

　児童の団体などをターゲットにした小物を多く販売することで利益を上げることができるために、そのようなものを中心にしたショップを見掛ける。ショップの維持のための方策としては止むをえない面もあるが、あくまでも博物館の理念やイメージに合致した内容物としたいものである。

　レストランの場合には、展示を見た後、あるいは途中で一休みをしながら博物館の印象を話し合ったり、考えてみたりする場としての機能と食事をする場としての機能がある。したがって落ち着いた雰囲気とおいしい料理は欠かせない条件である。特に料理は多くの人がまず関心がある分野であり、せっかくの博物館のレストランである以上、その博物館のイメージや展示内容などと関連があるような食事ができるようなメニューを持つようでありたい。町中のどこのレストランでもあるような統一メニューは無難ではあるだろうが、せっかく博物館にきて時間を取ってレストランに入る以上は、そのレストランが博物館内であることが印象付けられるようなメニューであることによって楽しさが増すはずである。博物館がある地域に特有の料理をメニューに含ませたり、展示されている食事文化に関するメニュー、あるいは特別展示などが行なわれている場合には、その展示に関連した特別メニューがあるなど、博物館に来て時間をとってレストランに入ってもらうことが納得できるような内容でありたい。

ミュージアムショップやレストランはこれまであまり博物館の世界では考えてこなかった場所であるが、今後は博物館の展示の一部として、評価のための重要な部分と位置付けられていくようになることはまちがいない。

この節では、これまでどちらかというと付帯施設といわれ、軽視されていた、レストランやショップが利用者の立場から見ると博物館のなかで大きな比重を占めるものであり、展示の一部として扱うことが必要であることを述べた。

第5章　結　論

　博物館が行なう多くの事業の中で、どの事業が一番大切なのか、という議論が行なわれていたことがある。時代によっては、あるいは現代においても、博物館の設置目的にしたがって、博物館法にいわれている博物館の「四つの事業」のどれかを特に重視して行なう博物館は当然のことながら存在する。例えば資料の保存を目的とした博物館においては、開館期間を短くし、利用者向けの行事などはまったく考えないというような場合も、現実に存在するが、そのこと自体は批判すべきことではない。

　しかし博物館のもっとも博物館らしいところは、その四つの事業を総合的に行なうことである。研究、交流、資料、展示がそれぞれに成果を上げ、その成果が影響を与えながら、事業全体が進んでいくというのが、博物館の事業の進め方であり、大学や研究施設の研究とも、あるいはテーマパークなどとも、そして公民館や図書館などの社会教育施設とも、違うところである。この点を意識して博物館の事業全体を改めて見直してみることが必要である。

　そして、四つの事業のそれぞれの進め方を検討すると、その事業だけに特化するのではなく、必ず他の事業とのかかわりが問題となっていき、ひとつの事業を行なうためには、他の事業の進展が必要になることが分かる。博物館の運営のひとつの課題は、全ての事業が相互に連携して、総合的に行なわれることである。

　利用者にとって使いやすい博物館とはどのような運営のスタイルを持ち、どのような事業展開を行なうのがふさわしいのかということを考えるためにも、運営全体あるいは個別の事業ごとに考えてみることが必要である。これまでのどちらかといえば管理者の都合を優先して行なわれる博物館の運営に対して、今後は、利用者が主体となる運営をしていかなくては、博物館は広い支持を得ることはできなくなる。そして利用者が主体の運営とは、展示に触れることができたり、観察会やワークショップなどの事業を数多く行なうということでは

なく、博物館の運営の理念そのものを見直して、博物館の文字どおりすべての機能に利用者が意見を言い、主体的に参加できることが必要である。そして利用者が希望する博物館のすべての機能に対してアクセスができるようにすることで、初めて利用者主体の博物館が準備でき、そうなることで博物館の利用者が、より主体的に博物館を利用し、その結果として自分が暮らす地域を見直し、自身の生活を見直すことにつながるであろう。博物館は個人の人生観を変える力を持っているのである。

このようにすべての博物館の活動を利用者主体にして見直したことが、本書のもっともオリジナルな特徴であり、また今後の博物館学に対して貢献できる内容である。

そしてこのような博物館像を考えるとき、現場からの実情を生かした博物館学を考えることが必要である。もちろん、これまで数多くの博物館に関する議論が行なわれてきているが、現場からの発言は比較的少なく、そのため、現場の学芸員から見ると現実からは離れた議論が行なわれているように見える場合がある。日本の現状では、博物館現場は非常に忙しく、また人手が少ないために、日常の活動を整理し、まとめて公表するような時間は取れないという声を聞くことがあるが、現場からの情報発信なしには、博物館のあり方を考えるような博物館学は発展しないであろう。

また現場では逆に全国の他の博物館などの経験や博物館学の蓄積に学ぶことなく事業が行なわれることもあり、個別には事業の進展はあっても、博物館全体の発展には結びつかないような場合もある。博物館学の目的を「博物館とはどのような存在なのか、どのように社会に存在すべきなのか、を考える」（加藤有次 2000:3）とした場合には、現場の実情を見ていない博物館学は、ほとんど意味がなく、そして博物館学に基づかない現場の事業は大変に弱いものといわざるを得ない。

本書は、現場の学芸員の立場で、著者がその建設とその後の運営に当たってきた滋賀県立琵琶湖博物館の例を取り上げながら、その準備過程を理論化して、現場の現状にあった、利用者の視点を持って運営する博物館像を探ろうとしたものであり、同時にそういう課題の整理によって、利用者の視点を取り込んだ新しい博物館学を提案しようとするものである。

利用者を意識した博物館を考える場合には、まず第一になぜ人は博物館を訪

れるのか、博物館は利用者に何を提供することができるのかということを明確にしておくことが必要である。博物館を人が利用する理由はさまざまであるが、その中心は、家族や友人、団体などでの楽しみを得るためであるといえる。そして博物館での楽しみは、自身の学びにつながるということが特徴である。博物館が生涯学習の場であることは明白であるがその学習の内容はどちらかというと誤解をされていた。博物館の学習は、学校教育のように、博物館が既存の知識を一方的に伝えるのではなく、利用者が自分に必要な情報や知識を求め、また博物館の側は、そのような切っ掛け作りの働きかけはするものの、基本的には情報発信をして博物館の学芸員や資料、情報をうまく活用してもらえるような窓口を準備してある場である。博物館は利用者の自主的な活動の場であり、利用されることで、結果として利用者と博物館との間での双方向の情報のやり取りが生まれる。

　博物館はあらゆる人々があらゆる期待を持って訪れるが、展示を見るのも、学芸員に質問するのも、観察会などの事業に参加するのも、資料を閲覧するのも、研究会や同好会などに参加するのも、博物館の側の準備した受け皿を活用していることであり、利用者の自主的な学習活動である。

　そして博物館はそのような利用に応えるためには、利用可能な状態に整備した資料、研究の成果、魅力的な展示室などを準備しておくことが必要であり、この準備ができておれば利用して楽しいという状態を作ることができる。人は自分が知りたいこと、疑問に思ったこと、調べていることなどが自分の力でかなえられたときに、もっとも楽しく思うものである。博物館はそのような自主的な学習の場である。

　そのようなことが可能になる博物館の姿として、参加型の博物館についての検討を行なった。参加型という用語が非常に曖昧であるために、博物館の何に参加ができれば参加型であるのかということが誤解を与えてきたが、大切な点は展示室での参加性のある展示や事業の多さなどではなく、博物館が行なうどの事業においてもその運営に対して意見を言うことができ、それが反映されるということである。そしてその結果として事業に主体的に参加ができ、参加することで新たな好奇心が発揮され、関心を広げていくことが可能になるような運営が行なわれていることである。

　そしてこのような運営が行なわれるようになれば、利用者からの博物館への情報発信も活発になり、結果として博物館が利用されるほどに、その博物館は

成長・発展していくような状況が作り出せる。

　またそのような運営理念を持った場合の一つの例として博物館ボランティアのあり方についての検討を行なった。多くの博物館では博物館ボランティアの活動場所が展示室での解説や質問対応である場合が多い。その場合、博物館を活用するさまざまな利用者とボランティアとの違いを考えておくことが求められる。博物館はそのすべての事業について利用者が参加し、博物館が準備した資源を使うことで、利用者からも博物館に双方向に多くの情報がもたらされる場である。利用者からの情報を受けることで博物館の資料や情報、あるいは研究は発展するはずである。もともと博物館は利用されるために設置されている機関であり、そのような利用者がいることが前提ともいえる。そういう博物館に多くの情報をもたらす利用者と、展示室で博物館の運営に協力してくれる利用者とは区別できないのではないか。資料を利用して論文を書くため博物館を訪れる人は、資料を使うことでその資料の価値をあげていくことになり、現実には使うために資料の再整理をしたり、資料の研究をすることでさまざまな新しい情報を博物館にもたらす。

　このように考えると、博物館の利用者はすべて博物館に対して利益をもたらす人であり、すべての人が博物館へのボランティアということができそうである。もちろんそうなるとボランティアという用語は意味がなくなるし、また展示解説ボランティアのような活動を別に位置づけることも必要になってくる。博物館を利用する人々と博物館との関係は、このように視点を変えることでまったく異なったかかわり方が見えてくるのである。

　このように利用者の視点に立って、利用者主体での博物館運営を行なうことによって、日常的な博物館の事業についてもその実施方法は変わってくる。

　博物館で行なわれる研究は、博物館の持つ学際性や地域性を生かして、博物館らしい研究が行なわれるが、その研究の成果が専門分野の学会などで公表されるだけではなく、博物館の事業の中で生かされ、利用者の目に触れることで直接に学芸員に対する意見や批判を受けることができる。そういう中から、新しい研究のアイディアが生まれることも期待でき、研究自体を利用者の博物館利用の中に位置付けることができる。そして、研究のテーマや研究のスタイルも、地域課題を扱うことが多いために、地域の人々を巻き込んで、一緒に研究を進めるということが可能となる。これは利用者の学習活動の発展段階とも言え、もっとも博物館らしい研究スタイルである。

博物館を活用した学習活動も、一方的な知識の伝達ではなく、双方向に行なわれるため従来使われてきた普及教育活動という用語ではなく、利用者との交流活動と位置付けるべきである。博物館の事業展開は、基本的にはどのような分野や目的を持った利用者であっても、参加できるようないろいろな興味段階の事業を準備し、その事業に参加することでステップアップを図ることができるような計画性と事業展開を持つことで、可能性を広げることができる。そしてより自主的な学習の方法として、地域を皆で調査をするという参加型の調査が、そのような博物館での学習として非常に効果的であること、その調査も、参加しやすいものから、組織を作ったやや専門的なものまで準備することで、多くの人の参加を促し、効果的であることを示した。

　博物館の資料整備に対しても、従来はどちらかというと保存することを目的とした資料研究が行なわれてきたが、利用することを意識した資料整備の必要性を示した。これは、博物館での資料収集が利用者と共に行なわれるようになり、利用者が博物館の活動に参加する中で、資料の収集を独自にも行なうようになる。この時、利用者からの資料提供を前提として考えると、その資料を利用者がかなり自由に活用できるようにすることが求められるであろう。そしてこれまではどちらかというといわゆるモノ資料（一次資料）を中心にして議論が行なわれることが多かったのが、情報（二次資料）の意味を見直し、実際には一次資料についてもその中の、現在、利用できる一部の情報だけを活用しているという考え方において、改めて一次資料と二次資料の整理を行ない、一時資料と、画像資料や動画資料、無形の文化財などを含めた二次資料とを、一括して博物館情報として扱うことが可能であることを示した。

　展示においては、展示を見るその個人が、展示と自分とのかかわりを感じることができる展示が楽しい展示につながっていく。展示自体は博物館からのメッセージを伝える場であるが、そのメッセージは、知識の伝達ではなく、博物館の理念に基づいた自主的な学習に結びつくものであるべきである。したがって、裏付けとしての調査や理念があり、そのデータを十分に生かしながら、博物館が伝えたいことを展示し、その展示を通して来観者が自分の暮らす地域に目を向けられるようになることが望ましい展示であろう。

　また博物館活動の主な場所となる博物館の建物についてもその空間配置や構造など、利用者にとって使いやすいことをまず第一にして設計と運営がされるべきであり、空間の使い方や必要な空間などについてのいくつかの提案を行な

った。

　博物館が利用者に使われる際にどのような博物館であれば使いやすいのか、ということはこれまでにはあまり論じられたことがない。本書では博物館のすべての事業が相互に連携して行なわれているということを主張しながら、利用者とのかかわりはそのすべての事業について意識的に行なわれる必要があること、そしてその結果として、利用の結果も博物館の事業の中で総合的に相互に関連しながら発展していくものであること、それらの利用を通して、博物館は成長・発展していくものであることを論じた。

　博物館の理念や実際の事業についての個別の議論は、これまでもそれぞれに行なわれてきたが、利用者の視点を持つことで、博物館の理念はどのように変わる必要があるのか、またそうした理念を持った博物館は実際にはどのような事業展開を行なうのか、ということを総合的に行なった例はない。今後、日本の博物館が、利用者を迎え入れ、利用者とのかかわりを強めながら運営がされていくことは明らかであり、本書の議論は今後の日本の博物館のあり方を考えていく上で、現実的で重要な提案になると考える。

　本書の議論は、筆者が新しい県立博物館を建設する事業に携わり、開館以後はその博物館の運営に当たる中で、利用者とのかかわりを追求しようとした議論をまとめたものである。このような議論を通じて、利用者が使いやすい博物館としての「利用者の視点を持った博物館」といえる博物館像を明確にして、改めてその実現のために努力したい。

　琵琶湖博物館は開館前の12年の準備期間と、すでに開館以後10年に近い年月が過ぎた。この間に博物館づくりを共にしてきた学芸職員や事務職員の皆さん、利用者の皆さんとの議論によって、本書は生まれたものである。記して感謝したい。

要　約

　ここ10数年の間に博物館についての議論が非常に盛んに行なわれるようになり、博物館学についての出版物も多数出版されるようになった。これまでの博物館学は、どちらかというとうまく運営をするため、あるいは博物館の事業を維持することを目的とした内容が多かったが、近年になって始まっている議論は、初めて利用者と博物館との結びつきをどのように行なうのか、ということがテーマとなるようになってきた。

　しかし、利用者に目を向けるとは言いながら、その内容は、博物館を教育・学習の場としてとらえ、博物館を利用することで、効果的な生涯学習を行なうというものが大半である。したがって、議論はプログラムなどの技術的な内容に偏ってしまう。利用者にとって博物館が自己学習の場であることは間違いないが、多くの生涯学習施設などがある中で、なぜ利用者が博物館を活用しようとするのか、あるいは逆に博物館だからこそ提供できる学習内容とは何であるのか、ということを考える必要がある。

　それは利用者の視点から、改めて博物館とは何をするところであるのかを考え直してみることにつながる。

　博物館法の定義によれば、博物館が行なう事業は、「資料整備、展示、普及教育、調査研究」ということになっている。そして一方で博物館とは利用者なしには、考えることができない機関である。非常に特殊な博物館として資料の保存だけを考えたとしても、その保存はある時点での何らかの利用を想定したものである。大部分の博物館は、利用してもらうために資料を整備し、利用してもらうために展示を作り、利用してもらうために教育事業を行ない、そして成果を公表して利用してもらうために調査研究を行なう。このように利用されることをすべての前提にして博物館は存在するはずである。

　したがって博物館と利用者とのかかわりを議論する場合には、利用者の視点で、利用しやすい博物館の存在とはどのような状態かを考える必要がある。つまり、教育活動だけではなく、資料整備にも、展示にも、調査研究にも、利用者の視点での考察が必要である。

またそのような博物館を利用する利用者への視点には、博物館らしさとは何かを明らかにすることが求められる。博物館の事業が他の生涯学習施設や大学・研究所などと大きく違うのは、博物館の個別の事業が相互に結びついて行なわれることである。研究の成果は展示や普及教育の事業で生かされ、資料の収集につながる。そして利用者と結びつくことで、展示や普及教育事業から新しい資料収集につながり、また新しい研究の成果が上がっていく。このようにすべての事業が相互に結びついて進んでいくのが博物館の事業であるため、そのどの事業にも利用者のかかわりが必要なのである。

　そしてそれらの事業の中の研究こそが博物館の事業の根幹にあり、研究事業の進展と成果の情報発信があってこそ、もっとも博物館らしい事業の展開が可能になる。利用者が博物館を利用するのは、研究成果に裏付けられた情報が直接に利用可能だからである。

　「すべての事業において利用者の視点」、「事業が相互に関連しておこなわれること」、そして「研究成果の発信が博物館利用者との結びつきをつくる」という三点が、本稿の最も基本的な考え方である。

　どれもある意味では当然のことであるが、博物館の議論ではほとんど意識されてこなかった。本稿では、このような視点を持って、博物館で行なわれるすべての事業の見直しを行なうことを意図した。利用しやすい博物館、あるいは誰もが利用できる博物館とはどのような理念を持ち運営されるべきなのかという立場を明確にして議論を行なうと、これまでの博物館の議論とはかなり異なった内容を含むことになる。

　第1章では、博物館と利用者との関係についての議論を行なった。博物館とは何をする場であるのかということについては、博物館の歴史などにおいての議論がされているが、特にアメリカやヨーロッパなどでの議論を見ると、日本よりも一歩先だって利用者が博物館の議論に浮かび上がってきている。しかし、多くの場合には、博物館は教育の場と位置付けて、学校とともに社会的弱者などへのサービスを中心的な課題としていることや、一方で前提としながらも、博物館資料や研究についての議論や、学習とのかかわりについての議論がされていないこと、一方で長い博物館の歴史と文化的な状況の違いから、博物館スタッフの多様化や層の厚さが見られるなど、日本での現状からは欧米とは同列には議論ができないと考え、日本の問題に特化して議論を行なうこととした。

　博物館の利用者には、博物館へのさまざまな期待や要望があり、その基本は

博物館の機能を活用して楽しい時間を過ごしたいということであろう。しかしその楽しさは、テーマパークのような一過性、同一性で、興奮を伴うものではなく、利用者個人の希望に応じた個別的で個人的な発見が体験できる、という楽しさである。このような楽しさは、継続性があり、希望する個人に対しては、ステップアップのためにいくつもの選択肢が用意されるべきである。

このような博物館の利用について考えるために、日本の博物館の歴史を概括した。時代ごとの博物館設置の意図はその時代の要請によって起こっているが、それはやはり利用者への啓蒙や教育など、政治的意図も含めて、利用者と博物館との関係の中にある。特にその中で注目すべきことは、第二次世界大戦直後に全国各地で起こった、地域の博物館作りの動きである。今でこそ住民参加の博物館作りということが言われているが、この時期には、利用者が、自分たちの力で、自分たちが使う博物館を作ろうとしており、かなりの程度に成功したといえる。博物館は利用者との関係においてどのようであるべきなのか、ということを考えるためには、この時代の博物館作りを分析することが必要である。

また多くの人々が博物館に対してマイナスのイメージを持っており、博物館の利用の仕方も知らないであろうということを前提にしながら、利用者と一緒に作っていく博物館の姿について議論を行なった。

第2章では、これらの議論の前提として、博物館がどのようなテーマを扱うのか、を議論した。美術館などを除いた狭義の博物館においても、博物館の分類については、これまでに多くの議論がある。しかしどのような分類にあたる博物館であっても、利用者はまず自分の暮らす地域や自分たちの暮らしとのかかわりを求めて、博物館を利用しようとする。したがってこれまでの多くの博物館のように、複数の分野が同居しているだけではなく、実際に自然や歴史と暮らしとのかかわりが分かるような総合化を目指し、分かりやすい明確なテーマを持って、活動をすべきであろう。

そのような例として現在の博物館として避けて通れないテーマである「環境」についての議論を行なった。それは現在の博物館の役割のひとつは、博物館の活動が、地域での町づくりにつながることであると考えるためである。

しかし、一方では博物館は教育の施設ではないということを意識すべきであり、この点では「環境」という人の意識の中にある課題は、分かりやすい例であると考えた。つまり、博物館は「環境」を良くするため、あるいは好ましい「環境」についての提案をするのではなく、実際に地域で暮らす人々が、自分の

足元で起こっていることに目を向けて考える切っ掛けを作り、一歩すすんで考えるために情報を提供する場である。

　博物館と利用者とのかかわりにおいては、どのような場合にも、利用者の側が主体であることを前提とした分析が必要と考える。

　そして利用者の視点を持って運営される博物館を、近年に議論されることが多い「参加型博物館」と位置付け、参加型博物館の運営の理念の中に必要な条件について検討を行なった。その結論としては、1) 利用者が博物館で行なうすべての事業分野への参加とともに、運営への発言ができること。2) 自分が主体となる形での参加ができること。3) 参加することで新たな好奇心が発揮され、関心を広げていくような発展性があること、という三点であるとした。そしてこのような方向性を見据えながら、博物館の現場での具体的な実践例を増やしていくことが必要である。

　そして参加型博物館とのかかわりで、最も特徴的な課題として、博物館ボランティアのあり方について分析を行なった。これまで多くの博物館ボランティアは、ほとんどが展示室での解説を行なっている。しかし博物館は利用者が使う機関であり、利用されることで資料や情報が増え、研究が進むという側面が強い。展示室の来館者からの情報にも貴重なものがある。このように考えると、博物館は利用者の手によって運営されている面があり、利用者はすべて博物館に手助けをしてくれている人と言うことができる。したがって、一部の展示解説を手伝ってくれる人をボランティアと呼ぶのではなく、多くの利用者の手によって博物館が成長発展していることのほうに注目をするべきであろう。そして利用者全体がボランティアである以上、ボランティアという言い方は理念的に誤解を招く恐れがあるので、その呼び名を改めるべきであると考える。

　第3章では、博物館を利用者の視点で見直したときに、どのようなことを考えるべきであるかについて、博物館の事業ごとに議論を行なった。

　研究については、総合性や現場に近いこと、あるいは発表して批判を受ける機会が多いことなどの博物館らしさを生かして、博物館ならではの研究の可能性があること、そしてそういう研究の成果を博物館の日常活動の中で発信することこそが博物館の楽しさの根拠であるため、職種分担をしないで、学芸職員が全面的に博物館の運営に当たっている日本の現状は、日本の博物館の事情の中では、必ずしもマイナスばかりではなく、積極的な面があると考える。

　利用者向けの事業については、これまで一般的に普及教育事業という呼び方

がされてきたが、博物館の事業として「普及や教育」はふさわしくないため、交流事業などの名前で呼ぶことを提案し、交流の事業は、どのような人にとっても、参加できるような幅の広いプログラムを準備するとともに、自分で調査をして、データを解析することにまで参加することが最も効果的な自己学習であるという考えから、参加型調査と呼ぶ、どのレベルの人でも参加できるような調査の例を、その調査組織の形によって分類して紹介した。

　また学校連携の事業では、単に出前授業などで学校にサービスをするのでは、博物館にとっても学校にとってもプラスにはならない場合があることを指摘し、新しい連携の形として、博物館が情報を提供し、それによって学校が地域に出て、地域で調査をし、地域の人に教わるという、博物館と地域と学校の三者の連携があることを示した。

　資料整備事業では、博物館では研究成果の発信がもっとも基本的な活動であることを改めて確認した後に、資料は研究成果の発信によって収集されてくるのであって、逆ではないこと、そして収集の過程で多くの利用者の協力を得ることが必要であり、それに対して、資料の保存だけを目的にするのではなく、博物館の側は、その資料を利用者が利用できるように努力をする必要があることを指摘した。

　そして博物館の資料にはどのようなものがあるのかを整理し、これまで一次資料、二次資料と呼ばれながら研究者によってさまざまに扱われていた資料群を、すべての情報が利用できる状態である資料と、現在は利用できない情報が隠されている資料とに区別することで、資料の分類をしなおすとともに、その意味を明らかにした。あわせて画像やデキゴトという資料についての、博物館としての新しい活用方法を示した。そして図書を資料として扱う図書館での利用者とのかかわり方と、博物館での博物館と利用者とのかかわり方との違いを示し、博物館の図書室の役割は、利用者と学芸員を結びつけ、博物館の機能を発揮できるように補完していくことであると考えた。

　展示では、面白い展示の条件として、展示を見る人にとって自分との関係が分かり、自分の問題として考えることができるような、いわば自分化できるような展示を作ることをあげた。日常なんとなく考えていたことに対する答えを発見したり、思い込んでいたこととまったく異なる考え方があることに気がついた時に、人は本当に納得して面白いと思うものである。展示室は勉強をする場ではなく、展示を見ながら、展示との対話をする場所といえる。

そしてそのような展示を考えると、展示室で解説をすることについては、かえって不親切である場合がある。展示室で必要なのは、解説をしてくれる人ではなく、自分の考えを進めるために相談相手になってくれる人である。展示室で来客の様子を見ながら話しかけ、必要があれば解説もするが、相手の人の話を聞く役になって、自分の知識や経験の中から新しい発見をすることを手伝うような役割の展示室でのスタッフの立場があることを示した。
　また子どもづれの家族を主な対象とした展示や生き物を展示することについての考え方を加えた。
　そして第4章では、あまり議論がされてこなかった博物館の建物についての議論を行ない、利用者にとって使いやすい建物として、博物館の建物の中にある空間にはどのような条件が必要であるか、ということや、近年に重要な課題とされているハンディキャップを持った利用者と博物館とのかかわり、そして時として博物館の展示以上に大きな影響力を持つとされている、博物館のショップとレストランについて議論を加えた。
　これらの議論の結果は、現在の日本の博物館が求めている利用者の立場にたった博物館、求められている新しい博物館像である。

引用文献

我孫子三男
　1997「建築設計の概要」『琵琶湖博物館開館までのあゆみ』pp.242-252,
　　　滋賀:琵琶湖博物館。

秋田県立博物館
　2000「普及教育事業」『秋田県立博物館年報』pp.32-38.

American Association of Museums
　1987 Museum studies programs:：Guide to evaluation. American Association of Museums Technical Information Service. pp.27. Washington D.C. American Association of Museums.

アンダーソン・D
　2000「英国の挑戦　ミュージアムが作る知の成長社会」塚原正彦編、井上利彦訳
　　　『ミュージアム国富論』pp.100-389, 東京：日本地域社会研究所。

安藤正人
　1998「記録史科学と現在」『アーカイブズの科学をめざして』pp.352,
　　　東京：吉川弘文館。

安藤敏博
　1997「エンターテイメントは細部に宿る」
　　　『日本展示学会第16回研究大会研究発表主旨綴』pp.14-15, 日本展示学会。

青木豊
　1985『博物館技術学』pp.231, 東京：雄山閣。
　1997『博物館映像展示論』pp.252, 東京：雄山閣。
　1999「博物館資料の分類」加藤有次・鷹野光行・西源二郎・山田英徳・米田耕司編
　　　『博物館資料論　新版博物館学講座・5』pp.13-104, 東京：雄山閣。

荒井一政・勝山輝男・田中徳久・奥野花代子
　1998「博物館ボランティア活性化に関する調査研究」pp.7-19,
　　　平成7〜9年度文部省科学研究費補助金研究成果報告書.

新井重三
　1973「博物館における「研究」の性格と機能的に見た博物館の分類」
　　　『博物館研究』45（2）1-20.
　1979a「博物館学（理論）と博物館実践学」『博物館学講座（1）博物館学総論』

pp.3-33，東京：雄山閣。
　　1979b「博物館の性格と分類」『博物館学講座（1）博物館学総論』
　　　pp.121-134，東京：雄山閣。
　　1981「展示概論」新井重三・佐々木朝登編
　　　『展示と展示法　博物館学講座 7』3-34，東京：雄山閣
有元修一
　　1999「博物館資料とはなにか」有元修一・編
　　　『博物館資料論　博物館シリーズ・2』pp.1-11，東京：樹村房。
朝岡康二
　　1999「民俗学的な資料としてのモノとその記憶」国立歴史民俗博物館編
　　　『民俗学の資料論』pp.49-73，東京：吉川弘文館。
芦谷美奈子
　　1997「「ディスカバリールーム」ができるまで」
　　　『琵琶湖博物館開館までのあゆみ』pp.145-147，滋賀:琵琶湖博物館。
琵琶湖環境教育研究会
　　1999『ビワコダス・湖国の風を探る　生活と科学の接点としての気象研究の試み』
　　　琵琶湖博物館研究調査報告第14号　pp.315，滋賀:琵琶湖博物館。
Borun，Minda and Randi Korn（eds.）
　　1999 Introduction to Museum Evaluation. pp.94. Washington，D.C. American
　　　Association of Museums.
Brown，Claudine K.
　　1992 The Museum's Role in a Multicultural Society. In Patterns in Practice：
　　　Selections from the Journal of Museum Education，1992. Washington，D.C,
　　　Museum Education Roundtable.　pp.3-9.
武士田忠
　　1994「地域博物館の抱える諸問題」
　　　『日本民俗学』（再掲『民俗世界と博物館』pp.148-163，東京：雄山閣。
文化庁文化財保護部（監修）
　　1969『日本民俗資料事典』pp.412，東京：第一法規出版。
千地万造
　　1975「博物館つくり」『大阪市立自然科学博物館年報　特別号』(5)，2-14
　　1978a「博物館における調査・研究」千地万造・編

『調査研究と資料の収集博物館学講座　5』pp.3-52, 東京：雄山閣。
　1978b「博物館資料とその収集」千地万造・編
　　『調査研究と資料の収集　博物館学講座　5』pp.53-82, 東京：雄山閣。
段木一行
　1998『博物館資料論と調査』pp.296, 東京：雄山閣。
Diamond, J.
　1999　Practical Evaluation Guide. Tools For Museums & Other Informal
　　EducationalSettings. pp.192, Maryland, Altamira Press.
藤本正博
　1993「自己実現をめざすボランティア活動」『Museum Data』(24), 1-4
藤原学
　1998「博物館資料の収集と保管」網干善教・編
　　『博物館学概説』pp.116-125, 兵庫：関西大学出版部。
Fork, John H. and Lynn Dierking
　1992　The Museum Experience. Wasington, D.C., Whalosback Books
フォーク／ディアーキング（高橋順一訳）1996『博物館体験』pp.215, 東京：雄山閣。
　1996『博物館体験』高橋順一訳　pp.215, 東京：雄山閣。
　2000　Learning from Museums：Visitor Experiences and the Making of Meaning.
　　pp.263. Maryland. Altamira Press.
フランク・ゴーブル
　1972「第三勢力　マズローの心理学」小口忠彦・訳pp.295, 東京：産能大学出版部。
ギャリー・トムソン
　1988　東京芸術大学芸術学部保存科学教室・訳『博物館の環境管理』
　　pp.220, 東京：雄山閣。
博物館と学校をむすぶ研究会
　2000『学ぶ心を育てる博物館「総合的な学習の時間」への最新実践集』
　　pp.126, 東京：ミュゼ。
半澤重信
　1991『博物館建築』pp.346, 東京：鹿島出版会。
橋本裕之
　1998「物質文化の劇場　博物館におけるインターラクティブミスコミュニケーション」
　　『民族学研究』62（4）537-562.

浜口哲一
  1992「放課後博物館の考え方」『Museum Data』丹青総合研究所 (20), 1-5.
  1998『生きもの地図が語る街の自然　自然史の窓・1』pp.152, 東京：岩波書店。
  2000『放課後博物館へようこそ』pp.239, 東京：地人書館。
浜口哲一・小島弘義
  1977「地域博物館における学芸員と特別展」『博物館学雑誌』2 (1・2), 1-14。
浜根洋
  1963「博物館学について」『博物館研究』36 (12), 3-4.
早瀬昇
  1 994「変りはじめたボランティア「正しさ志向」から「楽しさ志向」へ」
  『窓』(20), pp.18-23, 東京：窓社。
Herzy, Ellen Cochran (ed.)
  1992 Excellence and Equity: education and the public dimension of museums.
  pp27. Washington, D.C. American Association of Museums.
日比野秀男
  1988「ボランティアによるギャラリートクについて（上）」
  『博物館研究』23 (11), 12-19.
  1989「ボランティアによるギャラリートクについて（中）」
  『博物館研究』24 (6), 8-12.
  1990「ボランティアによるギャラリートクについて（下）」
  『博物館研究』25 (2), 8-13.
  1994「職業人としての美術館学芸員」
  日比野秀男・編『美術館学芸員と言う仕事』pp.34-56, 東京：ペリカン社。
樋口弘道
  1997「博物館資料論」大掘哲・編『博物館学教程』pp.67-84, 東京：東京堂出版。
平田大二・奥野花代子・田口公則・編
  1999『ユニバーサル・ミュージアムを目指して　視覚障害者と博物館
  生命の星・地球博物館三周年記念論集』pp.209,
    神奈川：神奈川県立生命の星・地球博物館。
日浦勇
  1967「研究と展示」『大阪市立自然科学博物館館報』(2), 1-4.

堀田満
　1977「近畿地方におけるタンポポ類の分布」『自然史研究』1（12）117-134，
　　大阪市立自然史博物館。
　1986「時間的な分布の変動からみた環境指標生物としてのタンポポ」
　　『関西自然保護機構会報』(13) 5-11
　1994「参加型調査と博物館の役割」
　　『瓦BAN』(仮称) 琵琶湖博物館開設準備室ニュース (3) 2-3
Hood, M.
　1986 Getting Started in Audience Research. Museum News, 64（3），24-31.
Hooper-Greenhill, Eilean (ed.)
　1994 The Educational Roll of the Museum (First ed.). London. Routledge.
　1999 The Educational Roll of the Museum (2nd ed.). London. Routledge.
兵庫県立近代美術館
　1991a「兵庫県立近代美術館におけるボランティア活動状況」『博物館研究』
　　26（6），12-16.
　1991b「兵庫県立近代美術館におけるボランティア活動状況」『博物館研究』
　　26（7），10-13.
兵庫県自然保護協会
　1972「第1回自然破壊度調査の報告」『兵庫県の自然』(2)，1-20.
ICOM日本委員会
　2004　2004年ICOM総会のお知らせ　ICOM日本委員会ウェブサイト
伊木稔
　1996「都市の愉しみ　都市のたくらみ」サントリー不易流行研究所編
　　『都市のたくらみ、都市の愉しみ』pp.217-231，東京：日本放送出版協会。
井上　敏
　2002「エコミュージアム憲章2001をどう見るか　国際的な文化遺産保護の観点から」
　　『エコミュージアム研究』No. 7:58-60.
石川昇
　1996「ボランティア」大堀哲・小林達夫・端信行・諸岡博熊・編、
　　『ミュージアムマネージメント』pp.266-273，東京：東京堂出版。
　1997「市民が運営に参加する」倉田公裕監修　『日本博物館総覧』pp.26-27，
　　東京：東京堂出版。

伊藤寿朗
 1978「日本博物館発達史」伊藤寿郎・森田恒之編『博物館概論』pp.82-218，
  東京：学苑社．
 1986「現代博物館の課題と展望」長浜功編『現代社会教育の課題と展望』
  pp.233-296，東京：明石書店。
 1991『ひらけ博物館』岩波ブックレット　No.188、東京：岩波書店。
 1993『市民の中の博物館』pp.190，東京：吉川弘文館
岩淵潤子
 1995『美術館の誕生　美は誰のものか』中公新書1261，東京：中央公論社。
岩橋恵子
 1997「フランスにおける博物館運動とボランティア」日本社会教育学会編
  『ボランティア・ネットワーキング』pp.119-128，東京：東洋館出版社。
時事通信社
 1999「県立琵琶湖博物館の利用状況」『地域政策情報（付）地域住民ニーズ情報』
  pp.32-38.東京：時事通信社。
角野幸博
 1996a「まちづくりと文化施設」大堀哲・小林達夫・端信行・諸岡博熊
  『ミュージアムマネージメント』pp.32-36，東京：東京堂出版。
 1996b「遊び場としての商業空間」サントリー不易流行研究所編
  『都市のたくらみ、都市の愉しみ』pp.101-138，東京：日本放送出版協会。
嘉田由紀子
 1995　生活世界と住民の意思決定」『生活世界の環境学』pp.74-98，
  東京：農山漁村文化協会。
 1996「コミュニティー水環境カルテ」『湖人　琵琶湖とくらしの物語』pp.62-53，
  京都：同朋舎出版。
 1997「写真がかたる環境の変遷」『わたしとあなたの琵琶湖アルバム
  （琵琶湖博物館企画展示解説書）』pp.6-12，滋賀：琵琶湖博物館。
 1998「地域から地球環境を考える拠点としての博物館
  第三世代の博物館の新たな展開をめざして」
  『Museum Data』丹青研究所（41），1-10
嘉田由紀子・高橋政宏・布谷知夫
 1998『水の今昔を調べてみませんか』pp.14，

滋賀県立琵琶湖博物館.滋賀:琵琶湖博物館。
嘉田由紀子・古川彰（編）
    2000『生活再現の応用展示学的研究　博物館のエスノグラフィーとして』
    pp.326，琵琶湖湖博物館研究調査報告　16号、滋賀：琵琶湖博物館。
金山喜昭
    1999「街づくり」と市民意識の形成に関する地域博物館の可能性　博物館學雑誌　24（2）37-50
    2000「「教える」から「学ぶ」への転換」博物館と学校をむすぶ研究会・編『学び心を育てる博物館』pp.8-23，東京：ミュゼ。
    2001a「一次資料のもつ「真実」とは　博物館と情報公開②」『ミュゼ』(46)，24-25.
    2001b「一次資料と二次資料の特性を共に生かす　博物館と情報公開④」『ミュゼ』(48)，26-27.
    2002「市民と博物館・学校・行政の連携による新しい地域文化　千葉県野田市における童謡作曲家山中直治の復活の軌跡」『博物館学雑誌』27（1），25-36.
Karp, Ivan
    1992 Introduction::Museum and Communities: The Politics of Public Culture. In I. Karp, Christine Kreamer and Steven D. Lavine, (eds.) Museum and Communities: The Politics of Public Culture. Pp.1-17. Washington, D. C. Smithsonian Institution Press.
加藤秀俊
    1958「よけいなものの美学」『中央公論』中央公論社（再掲　大島洋一選　1999『採録　写真論』pp.153-172，東京都写真美術館叢書）
加藤有次
    1977『博物館学序論』pp.263，東京：雄山閣。
    1996『博物館学総論』pp.378，東京：雄山閣。
    2000「博物館史」加藤有次・鷹野光行・西源二郎・山田英徳・米田耕司・編　『博物館学概論　新版博物館学講座・1』pp.27-46，東京：雄山閣。
加藤有次・鷹野光行・西源二郎・山田英徳・米田耕司・編
    1999『博物館資料論　新版博物館学講座・5』pp.247，東京：雄山閣。
加藤有次・内川隆志

1990「総合博物館」加藤有次・椎名仙卓編『博物館ハンドブック』pp.44-45,
　　　東京：雄山閣。
加藤有次・椎名仙卓編
　　1990『博物館ハンドブック』pp.337, 東京：雄山閣。
記録史料の保存・修復に関する研究集会実行委員会
　　1995『記録史料の保存と修復　文書・書籍を未来に遺す』pp.240,
　　　東京：アグネ技術センター。
小島弘義
　　1978「博物館の建築」伊藤寿朗・森田恒之・編『博物館概論』pp.393-428,
　　　東京：学苑社。
国立科学博物館教育部
　　1988「国立科学博物館における教育ボランティア制度の現状と課題」
　　　『博物館研究』23（11）, 25-28.
国立科学博物館編
　　1997『第2回全国科学博物館ボランティア研究協議会報告書』pp.74, 国立科学博物館。
国立教育政策研究所社会教育実践センター（編）
　　2002「博物館に関するデータ　平成14年度社会教育調査による」
　　　『博物館に関する基礎資料　平成14年度』, 445-450.
熊野正也・石渡美江・松浦淳子
　　1999「博物館法・館長・学芸員」『明治大学博物館研究報告』(4), 5-19.
倉田公裕
　　1979『博物館学』pp.290, 東京：東京堂出版。
　　1988『博物館の風景』pp.215, 東京：六興出版。
倉田公裕・監修
　　1996『博物館学辞典』pp.491, 東京：東京堂出版。
倉田公裕・矢島國雄
　　1997『新編博物館学』pp.408, 東京：東京堂出版。
栗原　祐司
　　2001「イギリスにおける博物館政策」『博物館研究』36（1）, 24-29.
黒川紀章・梅棹忠夫
　　1977「回遊式博物館の原理」『月刊みんぱく』（再掲　梅棹忠夫・編『民博誕生』
　　　pp.133-154, 中央公論新書・519. 東京：中央公論社。

京都新聞　2001「熊谷直孝の肖像写真、文化財指定へ」（3月12日）
前畑政善　1997「C展示室「淡水の生き物たち」（水族展示）ができるまで」
　　　『琵琶湖博物館開館までのあゆみ』pp.135-144，滋賀：琵琶湖博物館。
前野隆資　1996『琵琶湖水物語　湖国の絆は時代＜とき＞をこえて』pp.3，
　　　東京：平凡社。
窓編集部・編
　　1994「ボランティアに関する文献集」『窓』(20).139-152，東京：窓社。
三木美裕
　　1999「博物館・美術館の来館者研究　アメリカの事例から」
　　　『国立民族学博物館研究報告書』24（3），633-701.
港千尋
　　2000『予兆としての写真』pp.168，東京：岩波書店。
宮本馨太郎
　　1952『博物館学講義要』（再掲　1985『民俗博物館論講』pp.51-80，東京：慶友社。
宮瀧文二
　　1996「企画展示」倉田公裕監修『博物館学事典』pp.64-65，東京：東京堂出版。
水谷綾
　　1998「社会教育施設におけるボランティア・マネージメント」
　　　『月刊ボランティア』(334)，4-11.
望月一樹
　　1994「学び合う　講演会・学習講座・ワークショップ」
　　　『美術館・博物館は「いま」　現場からの報告24篇』pp.175-183，
　　東京：日外アソシエーツ日外教養選書。
文部省生涯学習局社会教育課
　　1999「親しむ博物館づくり」事業実施要綱
森田恒之
　　1978「博物館の機能と技術」伊藤寿朗・森田恒之・編『博物館概論』pp.221-229，
　　　東京：学苑社。
諸岡博熊
　　1990『MI（ミュージアム・アイデンティティ）変革する博物館第三世代』pp.494，
　　　東京：創元社。
　　1991『ミュージアム・シティ』pp.220，兵庫：コミュニケーションサービス株式会社。

ミュージアムパーク茨城県自然博物館
1996『自然博物館発見ノート（加除式ワークシート集）』茨城：ミュージアムパーク茨城県自然博物館。

根元弘
1988「ボランティアについて」『博物館研究』23（10）、35-38.

日本博物館協会
1988a「博物館のボランティア実態調査報告（1）」『博物館研究』23（10），30-34.
1988b「博物館のボランティア実態調査報告（2）」『博物館研究』23（11），4-10.
1993a「博物館のボランティア活動について（1）」『博物館研究』18（5），15-20.
1993b「博物館のボランティア活動について（2）」『博物館研究』18（6），4-10.
1993c『博物館ボランティア活性化のための調査研究報告書』pp.152，東京：日本博物館協会。
1994『博物館ボランティア導入の手引』pp.106，東京：日本博物館協会。
2001『「対話と連携」の博物館―理解への対話・行動への連携―市民とともに創る新時代博物館』pp.27. 文部省委嘱事業「博物館の望ましいあり方」調査研究委員会報告
2003『博物館の望ましい姿　市民とともに創る新時代博物館』pp.26，博物館運営の活性化・効率化に資する評価の在り方に関する調査研究委員会報告書

日本生態学会環境問題専門委員会・編
1975『環境と生物指標　1　陸上編』pp.291，東京：共立出版。

日本生態学会環境問題専門委員会・編
1975『環境と生物指標　2　水界編』pp.310，東京：共立出版。

日本自然保護協会（編）1985
『指標生物　自然を見るものさし』pp.358，東京：思索社。

日本図書館協会図書館員の問題調査研究委員会
1974「図書館員の専門性とは何か（最終報告）」『図書館雑誌』63（3），104-111.

日本図書館情報学会用語辞典編集委員会
2000『図書館情報学用語事典（第二版）』東京：丸善。

西日本新聞
2001「銀版写真、国の重要文化財指定へ」（4月12日）

野田市郷土博物館
1999『野田文化のめばえ　明治から昭和中期の社会教育史』pp.78，

東京：野田市立郷土博物館平成11年度特別展図録。

野村東太・池田千春・柳沼良一
 1985「我が国博物館の基礎的現状分析　博物館に関する建築計画的研究（Ⅰ）」
 『博物館學雑誌』11（1），4－13.

野村東太・池田千春・柳沼良一
 1986「資料内容似寄る博物館の類型化に関する研究
 博物館に関する建築計画的研究（Ⅱ）」『博物館學雑誌』11（2），11-19.

野村東太・柳沼良一
 1986「博物館における諸活動と利用の特性、および資料・活動・利用に即した
 博物館類型化の研究　博物館に関する建築計画的研究（Ⅲ）」
 『博物館學雑誌』12（1），15-31.

野村東太
 1992「博物館各部門の建築的問題点と現状（1）
 博物館に関する建築計画的研究（Ⅱ）」『博物館學雑誌』17（1・2），37-52.
 1993「博物館各部門の建築的問題点と現状（2）
 博物館に関する建築計画的研究（Ⅲ）」『博物館學雑誌』18（1・2），19-34.

興梠寛
 1994「ボランティアの歴史から考える」『窓』（20），104-116.

布村昇
 1980「博物館のマスコミュニケーションとカスタムコミュニケーション」
 『博物館学雑誌』5（2），19-21.

布谷知夫
 1997a「博物館のイメージ調査」『博物館ができるまで
 （企画展示「博物館ができるまで」展示解説書）』pp.11-12.
 1997b「利用されることで成長発展する博物館をめざして」
 『博物館研究』32（2），31-35.
 1998「参加型博物館に関する考察　琵琶湖博物館を材料として」
 『博物館學雑誌』23（2），15-24.
 1999「博物館活動担当者」加藤有次・鷹野光行・西源二郎・山田英徳・米田耕司・編
 『生涯学習と博物館活動　新版博物館学講座10』pp.151-166，東京：雄山閣。
 2001a「博物館資料と研究およびその利用」『博物館学雑誌』26（2），11-20.
 2001b「博物館内の図書室の役割」『博物館研究』36（8），29-33.

2001c「博物館への評価からの展開」村山晧・編
　『施策としての博物館の実践的評価』pp.153-159，東京：雄山閣。
布谷知夫・高橋政宏（編）
　1997『身近な環境調査資料集』pp.138，滋賀：滋賀県立琵琶湖博物館。
布谷知夫·芦谷美奈子
　2000a「「博物館を評価する視点」の企画に当たって」
　　『ワークショップ＆シンポジウム博物館を評価する視点』
　　滋賀県立琵琶湖博物館研究調査報告（17），13-15．
　2000b「評価の考え方と理念」『博物館学雑誌』全日本博物館学会　26（1）:37-49．
小笠原慶彰・早瀬昇
　1986「ボランティア活動の理論「Ⅱ」『活動文献資料集』pp.74-84，
　　大阪：社団法人大阪ボランティア協会。
岡田憲三
　1995「ミュージアム・トークを開始して」『博物館研究』29（2），10-13．
奥野花代子
　1998「全国の博物館縁における視覚障害者の対応に関するアンケート調査報告」
　　神奈川県立博物館研究報告（27），95-106．
　1999「全国の盲学校の博物館利用に関するアンケート調査」
　　『神奈川県立博物館研究報告』（28）127-136．
大場達之
　1988「おわりに」『神奈川県植物誌1988』pp.1413-1414，神奈川：神奈川県立博物館。
大堀哲
　1997a「新しいミュージアム・トレンド」大堀哲編『日本博物館総覧』
　　pp.4-24，東京：東京堂出版。
　1997b「博物館経営論」大掘哲・編。東京堂出版。
大堀哲（編）
　1997a『博物館学教程』pp.344，東京：東京堂出版。
　1997b『教師のための博物館の効果的利用法』pp.245，東京：東京堂出版。
大堀哲·小林達夫·端信行·諸岡博熊・編
　1996『ミュージアム・マネージメント』pp.424，東京：東京堂出版。
大村和男
　1994「弥生時代にタイムスリップ　静岡市立登呂博物館

参加体験型ミュージアムへの改装」『Museum Data』(24), 1-4.
Paris, Scott G.
    2000 Situated Motivation and Lnformal Learning. In Joanne S. Hirsch and Lois
        H. Silverman (eds.) Transforming Practice:：Selections from the Journal of
        Museum Education 1992-1999 (ed.) Washington,
        D, C. Museum Education Roundtable.
榊原聖文
    1992「もう一つの博物館学を求めて」『博物館学雑誌』17 (1・2), 9-24.
佐々木朝登
    1990「展示」『博物館ハンドブック』pp.122-149, 東京：雄山閣。
澤四郎
    1985「釧路市立博物館50年の歩みと新刊建設」『國学院大学博物館学紀要』(10),
        1-33.
柴田敏隆・太田正道・日浦勇・編
    1973『自然史博物館の収集活動』pp.293, 東京：日本博物館協会。
柴田勝重
    1997「科学技術と環境教育の融合の場を目指して」『望星』28 (6), 54-60.
滋賀県立琵琶湖博物館
    1996「琵琶湖博物館における学芸職員の配置計画について」滋賀:琵琶湖博物館。
    1997「琵琶湖博物館基本構想」『琵琶湖博物館開館までのあゆみ』pp.59-68,
        滋賀：滋賀県立琵琶湖博物館。
    1998『水環境カルテ』49分冊, 滋賀:琵琶湖博物館。
    1999a『平成10・11年度　びわ湖・ミュージアムスクール　モデル事業実施報告書
        (簡易印刷)』pp.31, 滋賀:琵琶湖博物館。
    1999b『琵琶湖博物館学習プログラム集』pp.122, 滋賀:琵琶湖博物館。
    2001「来館者アンケート調査結果報告」『琵琶湖博物館年報』(4), 53-54
滋賀県立琵琶湖博物館・滋賀県博物館ネットワーク協議会
    2000『ワークショップ&シンポジウム博物館を評価する視点』pp.209,
        琵琶湖博物館研究報告書17号。
椎名仙卓
    1988『日本博物館発達史』pp.366, 東京：雄山閣。
    1993『図解博物館史』pp.195, 東京：雄山閣。

染川香澄
　　1993「欧米・こどものための博物館」染川香澄・西川豊子・増山均共著
　　　　『子ども博物館から広がる世界』pp.5-38，京都：たかの書房。
　　1994『こどものための博物館　世界の実例を見る』岩波ブックレット・362,
　　　　東京：岩波書店。
染川香澄・吹田恭子
　　1996『ハンズ・オンは楽しい』pp.242，東京：工作社。
菅根幸裕
　　1988「民俗資料再考」日本民俗学会・編　『民俗世界と博物館』pp.108-113,
　　　　東京：雄山閣。
Spiess「Ⅱ，Philip D.
　　1996　Toward a New Professionalism: American Museums in the 1920s and 1930s.
　　　　Museum News，75（2），38-47.
鈴木良雄
　　2001「新しい公立図書館のあり方について」
　　　　『21世紀の図書館と図書館員　論集　図書館情報学研究の歩み・20』pp.9-23,
　　　　東京：日外アソシエーツ。
生涯学習審議会
　　1996「地域における生涯学習機会の充実方策について［関係部分］
　　　　生涯学習審議会答申」『博物館に関する基礎資料　平成11年』pp.289-300,
　　　　東京：国立教育開館社会教育研修所。
高田公理
　　1996「生活とエンタテイメント」大堀哲編『ミュージアムマネージメント』
　　　　pp.90-94，東京：東京堂出版。
高井芳昭
　　1988「博物館における体験学習について　歴史系博物館の体験学習室を中心に」
　　　　『博物館学雑誌』13（1・2），7-18.
高橋裕
　　2001「博物館は人づくり」日本展示学会・展示学講座実行委員会（編）
　　　　『地域博物館への提言』pp.65-73，東京：ぎょうせい。
高橋信裕・亀山裕市・越真澄
　　1996「第四世代の博物館　博物館の将来像（2）」Cultivate（2），40-42.

高森敬久・小田兼三・岡本栄一
　1974「ボランティア活動の理論」『ボランティア活動文献資料集』pp. 307,
　　大阪：社団法人大阪ボランティア協会.
高安礼示　1997「博物館展示論」大掘哲・編『博物館学教程』pp.101-128,
　　東京：東京堂出版.
竹内順一
　1985「第三世代の博物館」『冬晴春華論叢』龍崎安之助記念館, (3), 73-88.
田中克郎
　1989「岡山県立美術館におけるボランティア」『博物館研究』25 (8), 16-20.
田中貞之・布谷知夫
　1978「博物館の展示を利用した生物教育の試み」『生物教育』19 (3), 19-27.
田中徳久
　1998「生命の星・地球博物館の博物館ボランティア」
　　『神奈川県博物館協会会報』(69), 53-66.
鳥取童謡・おもちゃ館
　1995『わらべ館』pp.40.鳥取、鳥取童謡・おもちゃ館.
鳥山由子
　1999「触ることの意義と触ることの教育」
　　『ユニバーサルミュージアムをめざして　視覚障害者と博物館』
　　生命の星・地球博物館三周年記念論集, pp.73-82,
　　神奈川：神奈川県立生命の星・地球博物館.
鳥山由子・他
　1998[座談会「目が不自由な人のための優しい博物館のありかたをもとめて」
　　『博物館研究』33 (1), 20-23.
図書館情報学ハンドブック編集委員会
　1999『博物館情報ハンドブック　第2版』東京：丸善.
辻智子
　1997「資料編」『ボランティア・ネットワーキング　生涯学習と市民社会』
　　pp.226-238, 東京：東洋出版.
塚原正彦
　1999『ミュージアム集客・経営戦略』pp.254, 東京：日本地域社会研究所.
鶴丸高史

1994「ボランティアという概念のない世界を求めて」『窓』(20), 43-51.

鶴田総一郎
1956『博物館学入門』pp.248, 東京：理想社。

筒井のり子
1997『ボランティア・コーディネーター　その理論と実際』pp.230, 大阪：大阪ボランティア協会。

上田篤
1989『博物館からミューズランドへ』pp.223, 東京：学芸出版社。

梅棹忠夫
1963「情報産業論」『中央公論』79 (3)、46-58.
1978「わたしの知的生産の技術」「知的生産の技術」研究会・編『わたしの知的生産の技術』pp.1-5, 東京：講談社。
1979「現代の蔵としての博物館」『蔵　くらしを守る』東京海上火災保険株式会社 (再掲　1987『メディアとしての博物館』pp.31-48, 東京：平凡社。)
1985「博物館は未来をめざす」『月刊みんぱく』(1), 2-7.

若宮広和
1990「市民とのコミュニケーション」加藤有次・編『博物館ハンドブック』pp.156-157, 東京：雄山閣。

脇田健一
1997「「関係」について考える」『うみんど』滋賀県立琵琶湖博物館 (3), 6.

Washburn, Wilcomb E.
1996　Education and the New Elite: American Museums in the 1980s and 1990s. Museum News 75 (2) :, 60-63.

山本哲也
1998「博物館のバリアフリー計画」『国学院大学博物館学紀要』(21), 151-222.
2002「ハンズ・オンの解釈をめぐって」『博物館學雑誌』27 (2), 19-27.

山下雅之
1997「美術館の観衆調査」『博物館研究』32 (2) :3-9.

柳田國男
1935『郷土生活の研究法』刀江書房 (再掲　1970『柳田國男全集25』pp.261-328, 東京：筑摩書房。)

矢野牧夫

1993「「ボランティア活動」と「友の会活動」」『博物館研究』28（2），9-15.
米山俊直
　　1995「小宇宙文化と淡海文化」『滋賀県琵琶湖研究所所報』（12），21-29.
吉武弘喜
　　1988「博物館におけるボランティア活動について」『博物館研究』23（9），3-7.
吉見俊哉
　　1992『博覧会の政治学　まなざしの近代』中公新書1091，東京：中央公論社。
用田正晴・牧野久美（編）
　　1997「琵琶湖博物館の建物」『琵琶湖博物館開館までのあゆみ』pp.207-232，
　　　　滋賀:琵琶湖博物館。
　　1999『湖の船　木造船に見る知恵と工夫　滋賀県立琵琶湖博物館第7回企画展図録』
　　　　pp.71，滋賀:琵琶湖博物館。
遊磨正秀・嘉田由紀子・藤岡康弘（編）
　　1997『水辺の遊びにみる生物相の時代変遷と意識調査
　　　　―住民参加による三世代調査報告書―』琵琶湖博物館研究調査報告第９号
　　　　pp.207pp，滋賀:琵琶湖博物館。
Zeller，Terry
　　1996　From National Service to Social Protest: American Museums in the 1940s，
　　　　'50s，'60s，and '70s. Museum News，75（2），48-59.

あとがき

　博物館に就職したものの、博物館とは何をするところなのかはまったく分からないままであった。1974年のことである。そして博物館現場で仕事をしながら博物館学について勉強をした。しかし勉強をしようにも教科書はごく少なく、また読んでみても、現場の学芸員がどうすればいいのかについては、よく分からなかった。幸いなことに当時在職した博物館は、利用者とのかかわりについて、日本でも最も高い評価を得ている博物館のひとつであり、友の会会員や常連の利用者との付き合いを通して、博物館のあり方を考えるようになっていった。

　筆者が博物館に就職した当初の肩書きは「普及担当」学芸員であった。博物館の教育活動を専門として担当する学芸員という立場であり、おそらく当時の日本の博物館としてはまったく新しい仕事分担であったと思う。もともと学生時代から、自然観察会や自然保護に興味を持ち、活動に参加していたという経歴があったことが、博物館での教育普及活動に関心を持った理由であり、森林生態学という理系の出身ではあったが、博物館のあり方についてより強い関心を持つようになった。そして滋賀県で新しい県立博物館が建設されるという話を聞き、その事業で実践してみたくなり、電話をかけた。もう15年以上も前のことである。

　本書は平成8年(1996年)に開館した滋賀県立琵琶湖博物館を具体的な例としながら、利用者の視点に立った新しい博物館像を作り上げようとした試みである。博物館では日常的に様々な事業が行なわれており、それらの事業は博物館ごとの理念に従って行なわれる。また近年の最も新しい動きとして、利用者をより意識した博物館のあり方が模索されるようになっている。しかしそのような現場の事業の内容を情報発信し、共有化し、あるいはそれを理論化して、博物館学としてまとめていくような作業は残念ながらあまり行なわれていない。そのような現場の実情から考えるような博物館学が必要であると考えてきた。

　現場で学芸員の発想によるすばらしい事業が行なわれても、それが公開されず、また理論化されていかなければ、日本の博物館全体としては情報が蓄積されていかず、博物館学として生かされていかない。また逆に博物館の現場で、それまでの博物館学の蓄積に学ばず、独自に事業を繰り返すだけでは、やはり

発展性がなく、弱いものといわざるを得ない。このことを現場の学芸員が意識して、事業を理論化し、博物館の世界の中に発信をしていくことが必要であると考えてきた。そのため琵琶湖博物館の開館以後には、筆者は博物館を開設するための学芸員の中での議論や開館以後の事業の進め方などについても、その整理と理論化を行ない、できる限り論文として公表するように心がけた。本書はそれらの考えをまとめたものである。

　琵琶湖博物館運営の基礎になるアイディアは博物館の学芸員の議論の中から生まれたものも多く、そういう意味では本書には琵琶湖博物館での議論の成果である部分もあるが、個々の博物館に関する議論を全体的な博物館学の体系の中に位置付けて理論化しようとしたことは筆者の仕事である。

　とは言うものの本書をまとめるにあたっては、大阪市立自然史博物館の時代にお世話になった数多くの関係者、琵琶湖博物館の準備室時代以後、今日に至るまで、私たちを支えてくださった事務職の方々や一緒に議論をしてきた学芸員の仲間たち、滋賀県の関係部局の方たち、そして日常的に意見を言ってくださった多くの利用者の方々などに支えられてきた。あまりにも多人数の方々のお世話になっており、個別にはお名前は挙げないが、そうした数多くの方々のご意見を聞きながら本書をまとめることができたことに対して心から感謝するものである。

　なかでも博物館の基礎を教えていただいた大阪市立自然史博物館元館長の千地万造さん、12年間にわたって琵琶湖博物館開設の先頭に立ってこられた準備室長・初代副館長の田口宇一郎さん、本書執筆の切っ掛けを作ってくださった琵琶湖博物館館長の川那部浩哉さん、準備室時代から博物館の理念を作る議論を引っ張ってくださった同僚である嘉田由紀子さんには特にお名前を挙げて感謝したい。

　なお、本書は2004年9月に総合研究大学院大学から学位(文学)を授与された学位請求論文「利用者の視点に立った博物館の理念と活動様式の研究」を元にして、一部手を加えたものである。大きく書きなおすことはしなかったために、ここ1～2年の新しい議論については触れられていないことをお断りしておきたい。

著者略歴

布谷 知夫（ぬのたに ともお）

1948年生まれ　京都大学大学院農学研究科博士課程中途退学
大阪市立自然史博物館学芸員、のち滋賀県の県立博物館の設立に参加。
現在　滋賀県立琵琶湖博物館上席総括学芸員
論著　『施策としての博物館の実践的評価　琵琶湖博物館の経済的・
　　　文化的・社会的効果の研究』（共著）雄山閣、2001年
　　　『博物館を楽しむ』（共著）、岩波書店、2000年
　　　『博物館を評価する視点』（共著）、琵琶湖博物館、2000年
　　　『新編博物館学講座』第9, 10巻（共著）、雄山閣、1999, 2000年
　　　ほか

2005年8月22日　初版発行　　　　　　　　　　　　《検印省略》

博物館の理念と運営──利用者主体の博物館学

著　者　　布谷知夫
発行者　　宮田哲男
発行所　　株式会社　雄山閣
　　　　　〒102-0071　東京都千代田区富士見2-6-9
　　　　　電話　03-3262-3231（代）　FAX 03-3262-6938
　　　　　振替：00130-5-1685
　　　　　http://www.yuzankaku.co.jp
組　版　　株式会社　富士デザイン
印　刷　　株式会社　あかね印刷工芸社
製　本　　協栄製本株式会社

ⓒTomoo Nunotani
Printed in Japan 2005
ISBN4-639-01899-1 C3030